ENZYKLOPÄDIE
DEUTSCHER
GESCHICHTE
BAND 6

ENZYKLOPÄDIE
DEUTSCHER
GESCHICHTE
BAND 6

HERAUSGEGEBEN VON
LOTHAR GALL

IN VERBINDUNG MIT
PETER BLICKLE
ELISABETH FEHRENBACH
JOHANNES FRIED
KLAUS HILDEBRAND
KARL HEINRICH KAUFHOLD
HORST MÖLLER
OTTO GERHARD OEXLE
KLAUS TENFELDE

DAS REICH IM KAMPF UM DIE HEGEMONIE IN EUROPA 1521-1648

VON
ALFRED KOHLER

2., um einen Nachtrag erweiterte Auflage

R. OLDENBOURG VERLAG
MÜNCHEN 2010

Bibliografische Information der Deutschen Nationalbibliothek
Die Deutsche Nationalbibliothek verzeichnet diese Publikation in der Deutschen
Nationalbibliografie; detaillierte bibliografische Daten sind im Internet
über <http://dnb.d-nb.de> abrufbar.

© 2010 Oldenbourg Wissenschaftsverlag GmbH, München
Rosenheimer Straße 145, D - 81671 München
Internet: oldenbourg.de

Das Werk einschließlich aller Abbildungen ist urheberrechtlich geschützt. Jede
Verwertung außerhalb der Grenzen des Urheberrechtsgesetzes ist ohne Zustimmung des Verlages unzulässig und strafbar. Dies gilt insbesondere für Vervielfältigungen, Übersetzungen, Mikroverfilmungen und die Einspeicherung und
Bearbeitung in elektronischen Systemen.

Umschlagentwurf: Dieter Vollendorf
Umschlagabbildung: Ausschnitt aus dem Titelbild der „Cosmographei" von Sebastian Münster, Basel 1550. In der obersten Herrscherreihe gruppieren sich die
Vertreter der meisten europäischen Monarchien um den Kaiser. In zweiter Reihe
folgen die Kurfürsten und Fürsten des Heiligen Römischen Reiches Deutscher
Nation.

Gedruckt auf säurefreiem, alterungsbeständigem Papier (chlorfrei gebleicht).
Satz: Schmucker-digital, Feldkirchen b. München
Druck und Bindung: buchbücher.de gmbh, Birkach

ISBN: 978-3-486-59782-0

Vorwort

Die „Enzyklopädie deutscher Geschichte" soll für die Benutzer – Fachhistoriker, Studenten, Geschichtslehrer, Vertreter benachbarter Disziplinen und interessierte Laien – ein Arbeitsinstrument sein, mit dessen Hilfe sie sich rasch und zuverlässig über den gegenwärtigen Stand unserer Kenntnisse und der Forschung in den verschiedenen Bereichen der deutschen Geschichte informieren können.

Geschichte wird dabei in einem umfassenden Sinne verstanden: Der Geschichte der Gesellschaft, der Wirtschaft, des Staates in seinen inneren und äußeren Verhältnissen wird ebenso ein großes Gewicht beigemessen wie der Geschichte der Religion und der Kirche, der Kultur, der Lebenswelten und der Mentalitäten.

Dieses umfassende Verständnis von Geschichte muß immer wieder Prozesse und Tendenzen einbeziehen, die säkularer Natur sind, nationale und einzelstaatliche Grenzen übergreifen. Ihm entspricht eine eher pragmatische Bestimmung des Begriffs „deutsche Geschichte". Sie orientiert sich sehr bewußt an der jeweiligen zeitgenössischen Auffassung und Definition des Begriffs und sucht ihn von daher zugleich von programmatischen Rückprojektionen zu entlasten, die seine Verwendung in den letzten anderthalb Jahrhunderten immer wieder begleiteten. Was damit an Unschärfen und Problemen, vor allem hinsichtlich des diachronen Vergleichs, verbunden ist, steht in keinem Verhältnis zu den Schwierigkeiten, die sich bei dem Versuch einer zeitübergreifenden Festlegung ergäben, die stets nur mehr oder weniger willkürlicher Art sein könnte. Das heißt freilich nicht, daß der Begriff „deutsche Geschichte" unreflektiert gebraucht werden kann. Eine der Aufgaben der einzelnen Bände ist es vielmehr, den Bereich der Darstellung auch geographisch jeweils genau zu bestimmen.

Das Gesamtwerk wird am Ende rund hundert Bände umfassen. Sie folgen alle einem gleichen Gliederungsschema und sind mit Blick auf die Konzeption der Reihe und die Bedürfnisse des Benutzers in ihrem Umfang jeweils streng begrenzt. Das zwingt vor allem im darstellenden Teil, der den heutigen Stand unserer Kenntnisse auf knappstem Raum zusammenfaßt – ihm schließen sich die Darlegung und Erörterung der Forschungssituation und eine entsprechend gegliederte Auswahlbibliographie an –, zu starker Konzentration und zur Beschränkung auf die zentralen Vorgänge und Entwicklungen. Besonderes Gewicht ist daneben, unter Betonung des systematischen Zusammenhangs, auf die Abstimmung der einzelnen Bände untereinander, in sachlicher Hinsicht, aber auch im Hinblick auf die übergreifenden Fragestellungen, gelegt worden. Aus dem Gesamtwerk lassen sich so auch immer einzelne, den jeweiligen Benutzer besonders interessierende Serien zusammenstellen. Ungeachtet dessen aber bildet jeder Band eine in sich abgeschlossene Einheit – unter der persönlichen Verantwortung des Autors und in völliger Eigenständigkeit gegenüber den benachbarten und verwandten Bänden, auch was den Zeitpunkt des Erscheinens angeht.

Lothar Gall

Inhalt

Vorwort des Verfassers XI

I. Enzyklopädischer Überblick

1. Einleitung 1
2. Das Reich als Teil der „Monarchia universalis"
   Karls V. 4
   2.1 Ausgangslage und Programmatik 4
   2.2 Die Kriege um Italien 8
   2.3 Die Bedrohung durch die Osmanen 10
   2.4 Karl V. sucht die Entscheidung im Reich 15
   2.5 Der Niedergang der kaiserlichen Macht im Reich
       und in Europa 19

3. Das konfessionell geteilte Reich und seine Nachbarn 22
   3.1 Die neue Konstellation seit der Mitte des 16. Jhs. . . 22
   3.2 Polen, Ungarn und die Osmanen 26
   3.3 Westeuropa und die Zunahme der Konflikte im
       Reich 29

4. Von der böhmischen Ständerevolte zum Krieg um
   das Reich 33
   4.1 Der Sieg der katholischen Mächte (1620–1629) 33
   4.2 Das Pendel schlägt zurück (1631–1635) 38
   4.3 Der lange Weg zum Frieden 44

II. Grundprobleme und Tendenzen der Forschung

1. Zur Entwicklung des europäischen Staatensystems . 49

2. Das Reich als Teil der „Monarchia universalis"
   Karls V. 57
   2.1 Zu Person und Sache 57
   2.2 Das habsburgische Herrschaftssystem und seine
       Ablehnung im Reich und in Europa 61
   2.3 Der französisch-habsburgische Konflikt 69
   2.4 Die Osmanengefahr 73

3. Das konfessionell geteilte Reich und seine Nachbarn... 77
3.1 Zum Charakter der Epoche 77
3.2 Reichsitalien und die Niederlande 79
3.3 Die Herrschaft Maximilians II................ 84
3.4 Das Reich und die Türkengefahr in der Ära Rudolfs II. 88
3.5 Das letzte Jahrzehnt vor dem Krieg 92

4. Der Dreißigjährige Krieg 94
4.1 Gesamtdarstellungen und Terminologie 94
4.2 Der Kaiser und seine Verbündeten 98
4.3 Frankreich 105
4.4 Schweden......................... 109

5. Schlußbemerkung 113

6. Tendenzen der Forschung seit 1990. Nachtrag 2010 . . 114

III. Quellen und Literatur 129

A. Quellen............................. 129

B. Literatur 132

   0. Allgemeine Darstellungen 132
   0.1 Zur Geschichte Europas und des europäischen Staatensystems...................... 132
   0.2 Zur Geschichte des römisch-deutschen Reiches und der habsburgischen Länder................ 133
   0.3 Epochenübergreifende Darstellungen einzelner europäischer Länder und Staaten 134

   1. Die Epoche Karls V. 135
   1.1 Karl V., Ferdinand I. und das Reich 135
   1.2 Karl V. und Frankreich 137
   1.3 Italien, Spanien und Nordafrika 138
   1.4 Der Niederrhein und die Niederlande 138
   1.5 Die österreichischen Länder, Ungarn und die Osmanen 138

2.	Das konfessionell geteilte Reich und seine Nachbarn	139
2.1	Maximilian II. und das Reich	139
2.2	Rudolf II. und das Reich	140
2.3	Die Niederlande und Spanien	140
2.4	Reichsitalien unter spanischer Vorherrschaft	141
2.5	Ungarn, Polen und das Osmanische Reich	141
2.6	Das letzte Jahrzehnt vor dem Krieg	142
3.	Der Dreißigjährige Krieg	143
3.1	Gesamtdarstellungen, Sammelbände, Terminologie	143
3.2	Zur Politik Habsburgs und der Kurie	143
3.3	Zur Politik der Reichsstände	144
3.4	Zur Politik Frankreichs	145
3.5	Zur Politik Schwedens	145
4.	Nachtrag 2010	146
Register		151
Themen und Autoren		161

Abkürzungen

AKG	Archiv für Kulturgeschichte
AÖG	Archiv für Österreichische Geschichte
HZ	Historische Zeitschrift
MIÖG	Mitteilungen des Instituts für Österreichische Geschichtsforschung
MÖSTA	Mitteilungen des Österreichischen Staatsarchivs
N. F.	Neue Folge
QFIAB	Quellen und Forschung aus italienischen Archiven und Bibliotheken
RSI	Rivista Storica Italiana
ZBLG	Zeitschrift für bayerische Landesgeschichte
ZGO	Zeitschrift für die Geschichte des Oberrheins
ZGW	Zeitschrift für Geschichtswissenschaft
ZHF	Zeitschrift für historische Forschung

HEINRICH LUTZ ZUM GEDENKEN

Vorwort des Verfassers

In den letzten Jahren wuchs das Interesse an der Reichsgeschichte der frühen Neuzeit. Diesem Trend möchte der vorliegende Band Rechnung tragen, indem die Außenbezüge und -beziehungen des römisch-deutschen Reiches im 16. und 17. Jahrhundert untersucht werden. Wegen der sowohl bei der Darstellung als auch bei den Forschungsfragen gebotenen Knappheit wurde allerdings eine Konzentration auf die Hauptlinien der historischen Entwicklung und der damit verbundenen historiographischen Thematik erforderlich. Es handelt sich dabei um die Entwicklungen, die mit dem Kampf um die Hegemonie in Europa seit dem Streben Karls V. nach einer „Monarchia universalis" verbunden waren. Zugleich rücken jene an das Reich grenzenden oder diesem näher zugeordneten Regionen ins Blickfeld, die von der Dynamik der europäischen Politik erfaßt wurden. Dies gilt für die Niederlande und Reichsitalien. Im Zusammenhang mit der dynastischen Politik des Hauses Habsburg gilt auch dem mittel- und südosteuropäischen Raum besondere Aufmerksamkeit. Dies mag für einen in Österreich lebenden und wirkenden Historiker nahe liegen, aber auch unabhängig davon sollte diese Perspektive beachtet werden. Hingegen wurden Zonen der relativen Ruhe nicht weiter verfolgt, so die eidgenössische Sonderentwicklung im Rahmen des Reiches seit dem Ende des 15. Jahrhunderts.

Über die wechselseitige Abhängigkeit von Innen- und Außenbezügen bei der Entwicklung der frühneuzeitlichen Staatlichkeit Europas herrscht in der Geschichtswissenschaft breiter Konsens. Gerade der Schlußteil des vorliegenden Bandes führt eindrucksvoll vor Augen, daß der Kampf um die europäische Vorherrschaft auch innerhalb des Reiches geführt worden ist. Nicht nur aus Platzgründen, sondern auch der Sache wegen war es zweckmäßig, die Erörterung der Bedeutung der Westfälischen Friedensverträge als Ausgangspunkt der folgenden Epoche H. Duchhardt, dem Autor des zeitlich anschließenden Band 4 der EdG („Altes Reich und europäische Staatenwelt 1648–1806"), zu überlassen.

Herrn Prof. Dr. Klaus Hildebrand (Bonn) und Herrn Dr. Adolf Dieckmann schulde ich Dank für die umsichtige Betreuung des

Bandes, für Kritik, Ergänzungs- und Verbesserungsvorschläge. In
Wien haben mir wertvolle Hilfe geleistet: Frau Dr. Susanne Herrn-
leben-Edlinger bei der Literaturbeschaffung und mein Freund
Friedrich Skol beim Schreiben des Manuskripts. Mit Ratschlägen
und Anregungen stand mir mein Freund und Kollege Dr. Friedrich
Edelmayer stets zur Seite.

Wien, im Juni 1990   A. K.

Vorwort zur 2. Auflage

Wenn zwei Jahrzehnte nach der ersten Auflage der vorliegende EdG-
Band neuerdings publiziert wird, gilt es, die wichtigsten neueren For-
schungen anzusprechen. Signifikant dafür sind einerseits die neue
Wertschätzung der Geschichte der Internationalen Beziehungen und
die dafür stehenden Werke, andererseits sind neue Perspektiven und
Zugänge zur Geschichte des Heiligen Römischen Reiches (deutscher
Nation) in der Frühen Neuzeit und entscheidende Fortschritte bei der
Beschäftigung mit der Reichsgeschichte nach 1555 zu verzeichnen,
die wiederum in enger Verbindung mit der intensiveren editorischen
Tätigkeit - zur Bereitstellung der einschlägigen Quellen der Reichsversammlungen und Reichstage - stehen. Ferner boten die Jubiläen
des 500. Geburtstages Karls V. (2000) und 400. Todestages Philipps
II. (1998) der historischen Forschung die Möglichkeit, diese bedeutenden Persönlichkeiten der europäischen Geschichte ausgiebig zu
würdigen. Darauf nehmen die Ergänzungen in Teil II (Grundprobleme und Tendenzen der Forschung) ausführlich Bezug.

Wien, im Februar 2010   A. K.

I. Enzyklopädischer Überblick

1. Einleitung

In dem vorliegenden Werk sollen die zwischenstaatlichen Beziehungen Europas in der frühen Neuzeit vom römisch-deutschen Reich ausgehend dargestellt werden; eine umfassende Darstellung des frühneuzeitlichen Staatensystems in Europa ist also nicht beabsichtigt. Es versteht sich, daß bei einer derartigen Betrachtungsweise ganz bestimmte nachbarliche Bezugsfelder eingehender beleuchtet werden, während andere zurücktreten. Fragen der politischen Theorie und deren Vertreter – von Machiavelli über Erasmus zu Botero und anderen – werden daher nicht so gewürdigt, wie dies im Rahmen einer Analyse des europäischen Staatensystems erforderlich wäre.

Aus der das Reich prägenden „außenpolitischen Konstellation", nämlich dem doppelten Konflikt der habsburgischen Kaisermacht mit dem französischen Haus Valois im Westen und mit den Osmanen in Südosteuropa, ergeben sich zwei durchgehende thematische Schwerpunkte. Der westeuropäische Schwerpunkt mit Frankreich, mit den Niederlanden, weniger mit England, tritt im 16. Jahrhundert besonders hervor. Frankreich war *das* Hindernis auf dem Weg zu der von Karl V. erstrebten Suprematie in Europa. Während die französische Monarchie wegen ihrer inneren Krise in der zweiten Hälfte des 16. Jahrhunderts an Bedeutung verlor, rückten die um ihre Unabhängigkeit von Spanien kämpfenden Niederlande zeitweise in den Vordergrund. Diese mit dem Reich vielfach verbundenen Gebiete des ehemaligen burgundischen Staates gehörten wie die Eidgenossenschaft wohl de jure zum Reich, de facto aber hatten sie eine autonome bis unabhängige Stellung inne. Gerade die Niederlande sind, ähnlich wie die lothringischen Bistümer Metz, Toul und Verdun oder das Herzogtum Lothringen, in der deutschen Historiographie seit dem 19. Jahrhundert meist als „Verlustgeschichte" erörtert worden, was nur zum Teil ihren spezifischen Entwicklungen gerecht wird und heute umstritten ist.

Der südosteuropäische Schwerpunkt mit dem Osmanischen

_{Das Reich und seine Nachbarn: Frankreich, Niederlande}

Die osmanische Bedrohung

Reich war ein gravierender außenpolitischer Faktor zwischen 1521 und 1606, ihm war auch ein maritim-mediterranes Konfliktfeld zugeordnet. Es gilt zu bedenken, daß die okzidentale Staatengemeinschaft seit dem Beginn des 16. Jahrhunderts „auf den bisher engsten Raum in ihrer Geschichte zusammengedrängt" wurde [66: H. LUTZ, Das Ringen um deutsche Einheit, 18]: Der Fall Granadas 1492 wurde durch das Vordringen der Osmanen im Mittelmeer sofort kompensiert, indem von Ägypten bis in das westliche Mittelmeer der osmanische Einfluß anwuchs. Entsprechend läßt sich die südosteuropäisch-festländische Bedrohung durch die Türken betrachten: der Fall Belgrads (1521), die Katastrophe von Mohács (1526) und der erste Höhepunkt der militärischen Bedrohung des Reiches und der Christenheit, die mit der Belagerung Wiens durch die Türken (1529) verbunden wird.

Habsburg und die Idee der „Monarchia universalis"

In beiden Konfliktfeldern kommt klar zum Ausdruck, daß die Außenbeziehungen des Reiches weit mehr von der dynastischen Politik des Hauses Habsburg bestimmt und definiert worden sind als von den Reichsständen selbst. Das hängt aufs engste mit der seit Karl V. betriebenen Hegemonialpolitik zusammen. Diesem in die Geschichte der internationalen Beziehungen eingeführten Begriff der Hegemonie oder Vormachtstellung entsprachen im 16. und 17. Jahrhundert die Begriffe „Monarchia universalis", „Dominium mundi", d. h. Universalmonarchie, Suprematie und Weltherrschaft. Diesen Konzepten wohnte eine herrschaftsrechtliche und politische Konsequenz inne, die gegenüber dem mittelalterlichen Imperium als neuartig gelten kann. Das wird am Beispiel Karls V., der allerdings das römisch-deutsche Reich nur begrenzt in sein Konzept der „Monarchia universalis" einzubeziehen vermochte und dabei schließlich gescheitert ist, zu verdeutlichen sein. Das Machtzentrum des Kaisers lag außerhalb des Reiches, d. h. der Versuch, eine Universalmonarchie zu errichten, ging nur indirekt vom Reich aus, Karl V. aber beanspruchte die Rechtspositionen des Reichsoberhauptes, um eine politisch-militärische Entscheidung in Italien gegen Frankreich herbeizuführen, indem er als Kaiser die „iura imperialia" in den reichsitalienischen Gebieten Oberitaliens reaktivierte.

Das Reich im Spannungsfeld der Politik Philipps II.

Wäre die „spanische Sukzession" (Philipps II.) im Kaisertum gelungen, so wäre Karls „Monarchia universalis" im Reich perpetuiert worden. Deshalb war der Widerstand unter den Reichsständen, aber auch innerhalb der Familie Habsburg, von ungeahnter Heftigkeit und Beständigkeit. Doch hatten weder die Reichsstände noch Ferdinand I. die Einordnung Reichsitaliens in den Machtbereich

Spaniens verhindern können. Damit waren wesentliche Voraussetzungen für die Bestrebungen Spaniens, die Universalmonarchie zu erlangen, geschaffen worden. Seine imperiale Stellung in Europa beruhte nicht zuletzt auf der Sicherheit Mailands und Flanderns. Die Globalität der spanischen Herrschaft war seit der Eroberung des Aztekenreiches durch Hernan Cortés (1519/20) und des Inkareiches durch die Brüder Pizarro (1532/33) sprichwörtlich. Das Reich verspürte die Auswirkungen der spanischen Politik zunächst nur indirekt, etwa in den Beziehungen zu den Niederlanden, ansonsten durchlebte es eine Phase der „äußeren Ruhe", die sich von den Entwicklungen der ersten Hälfte des 16. Jahrhunderts grundlegend unterschied. Als konstantes Konfliktfeld erwiesen sich hingegen bis zum Beginn des 17. Jahrhunderts die Auseinandersetzungen mit dem Osmanischen Reich, erweitert durch ein ausgeprägtes dynastisches Interesse Habsburgs an Polen.

Im Zuge des Dreißigjährigen Krieges wurde das Reich zum Entscheidungsfeld der europäischen Mächte, wie dies bis dahin nie der Fall gewesen war. Von Anfang an ging es dabei um die Machtstellung des Kaisers und Spaniens im Reich, mit anderen Worten um die Machtstellung der Casa de Austria. So sahen es Frankreich und Schweden, die zugleich gegenseitig die Durchsetzung der Hegemonie des jeweils anderen zu verhindern suchten. *Das Reich als Entscheidungsfeld der europäischen Mächte im Dreißigjährigen Krieg*

Es gehört heute zu den anerkannten methodischen Grundprinzipien und Einsichten, daß die Außenbeziehungen von Staaten nur in engem Zusammenhang mit ihrer inneren Entwicklung gesehen und beurteilt werden können. Es ist deshalb versucht worden, diesen Wirkungszusammenhang immer wieder aufzuzeigen. Das dreigliedrige Konzept der Durchführung sowohl in Teil I (Enzyklopädischer Überblick) als auch in Teil II (Grundprobleme und Tendenzen der Forschung) ist hierin sachlich begründet, was insbesondere für den Umfang und die Thematisierung der zur Darstellung gelangenden Epoche „Das konfessionell geteilte Reich und seine Nachbarn" gilt.

2. Das Reich als Teil der „Monarchia universalis" Karls V.

2.1 Ausgangslage und Programmatik

Staatlicher Pluralismus und fehlende Schiedsinstanz

Seit dem Spätmittelalter gab es eine Anzahl von europäischen Staaten, die ihre volle Souveränität beanspruchten und ihre gegenseitigen Beziehungen auf der Basis eines rudimentären Völkerrechts gestalten. Jeder Staat sprach sich das Recht zu, über die Mittel zum Schutz seiner Interessen und Herrschaften frei zu verfügen. Er verstand sich als autonome Rechts- und Friedensordnung. Die zwischenstaatlichen Beziehungen wurden nach den Prinzipien eines europäischen „Familienverbandes" der Fürsten gestaltet. Ein überstaatliches Regulativ fehlte, weil übergeordnete Instanzen wie das Papsttum und das Kaisertum nicht ohne Widerspruch anerkannt wurden. Dieser Entwicklung entsprachen die Ansichten des maßgeblichen politischen Theoretikers seiner Zeit, Niccolò Machiavelli. Gegenteilige Auffassungen, die durch die Friedenskonzeption des Erasmus von Rotterdam – mit dem Vorschlag eines obligatorischen Schiedsgerichts, garantierter Grenzen, Verbot dynastischer Heiraten usw. – repräsentiert wurden, setzten sich nicht durch. Doch weisen sie darauf hin, wie wichtig es war, die vordringlichsten Fragen der europäischen Staatenwelt zu lösen.

Entwicklung ständiger Gesandtschaften

In engem Zusammenhang mit der Intensivierung der Außenbeziehungen errichteten die einzelnen Staaten bzw. Fürsten ein System von ständigen Gesandtschaften. Diese neue Einrichtung, welche die bis dahin üblichen Sondergesandtschaften zurückdrängte, hatte sich schon im spätmittelalterlichen Venedig ausgebildet. Sie gelangte vor allem in den Kontakten mit dem wichtigsten Handelspartner der Republik, dem Osmanischen Reich, zur Anwendung. Gerade für die weitverzweigte Herrschaft Karls V. mußte es ein besonderes Bedürfnis sein, ständige Gesandtschaften an den wichtigsten europäischen Höfen einzurichten. So kam es dazu, daß das kaiserliche Gesandtschaftswesen im europäischen Vergleich zeitweilig an der Spitze der Entwicklung lag; später wurde seine Effizienz durch Philipp II, noch gesteigert.

Die Idee der Universalmonarchie

Im Kontrast zur pluralistischen Entwicklung der europäischen Staatenwelt waren politische Einheitsvorstellungen noch zu Beginn des 16. Jahrhunderts weit verbreitet. Sie gipfelten in der Idee einer Universalmonarchie und eines Hegemonialsystems zur Überwindung des spätmittelalterlichen Staatenpluralismus Europas und der

2. Das Reich als Teil der „Monarchia universalis" Karls V.   5

Mobilisierung der Abwehrkräfte gegen die osmanische Bedrohung. Gegen diese sowohl am französischen Hof als auch am Hof Karls V. entwickelten Ideen, die im Kampf um die Kaiserwürde (1518/19) mit besonderem Nachdruck vertreten wurden, fehlte es auch nicht an kritischen Stimmen, die vor allem mit dem Namen von Erasmus von Rotterdam verbunden sind. Aber im großen und ganzen gewann die politische Öffentlichkeit Europas der Idee einer Universalmonarchie zunächst große Sympathien ab.

Am Hof Karls V. setzten sich diese Kräfte sowohl gegen die traditionell profranzösisch orientierte burgundische Hocharistokratie durch, die im ersten Kämmerer Wilhelm von Croy, Herr von Chièvres, verkörpert wurde, als auch gegen die prospanischen Kräfte, die Gegner einer Kaiserwahl waren. Karls Großkanzler, der Piemonteser Jurist Mercurino Gattinara, vertrat in erster Linie ein politisches Programm besonderer Art, und zwar die politisch-ideelle Konzeption, die mit den zeitgenössischen Schlagworten „Monarchia universalis" und „Dominium mundi" – Universalherrschaft und Weltmonarchie – bezeichnet wurde. Dieses Herrschaftskonzept hatte die Kaiserwürde und die Beherrschung Italiens zur Voraussetzung. Es trug auch der Zusammenfassung und Sinnerfüllung der ererbten Ländermasse Karls V. in höchstem Maße Rechnung. Gattinara deutete den von Erasmus von Rotterdam zugunsten eines politisch-staatlichen Pluralismus Europas gebrauchten Topos von Christus als dem Hirten der christlichen Staatenwelt um in das ausdrucksstarke Bild vom Kaiser als dem Hirten der Christenheit. Damit brachte der Großkanzler auch die Subordination der christlichen Fürsten unter die Herrschaft Karls V. klar zum Ausdruck.

Gattinara und der Neoghibellinismus

Dieser gegen den politisch-staatlichen Pluralismus Europas gerichtete Neoghibellinismus hatte vieles gemeinsam mit einem älteren Reichsbewußtsein, das sich auf den mittelalterlichen Universalismus gründete und an der übernationalen Aufgabe der Deutschen als Kaiservolk festhielt. Daraus erklären sich auch die hohen Erwartungen im Reich beim Regierungsantritt Karls V., und deshalb spielte das Faktum, daß Karl die spanischen Königreiche innehatte, zunächst keine Rolle. Die Person Karls V. blieb von der später so auffallenden antispanischen Polemik ausgenommen. Vielmehr gelang es der habsburgischen Propaganda, der Reichsöffentlichkeit einen spanischen König zu präsentieren, der angeblich zahlreiche deutsche Vorfahren hatte und der gegen Frankreich und den Papst auftreten würde. Dieser Appell an einen antifranzösischen und antikurial akzentuierten „Reichspatriotismus", der in der Spätzeit Ma-

Neoghibellinismus und Reichsbewußtsein

ximilians I. große Bedeutung erlangt hatte, verbunden mit der Aussicht auf die Rückgabe reichsitalienischer Gebiete in Oberitalien (Mailand, Genua), bei gleichzeitiger Verdrängung Frankreichs aus Italien, verfing in der deutschen Öffentlichkeit. So geht etwa aus den Überlegungen des Mainzer Erzkanzlers im zeitlichen Umkreis der Wahl Karls V. hervor [29: Reichstagsakten/Jüngere Reihe, Bd. 2, 843 f.], daß die Kurfürsten einen Kandidaten zu wählen bereit waren, der im Reich gefürchtet sein würde, für Friede, Recht und die Reichskirche Sorge tragen würde und „den veinden und ungleubigen widerstand tun moge". Diese Voraussetzungen schienen auf den habsburgischen Kandidaten zuzutreffen.

Die Haltung der Reichsstände 1519

Von Anfang an versuchten aber die höchsten politischen Willensträger im Reich, die Kurfürsten, das Reich und seine Verfassung vor einer direkten Einbeziehung in das politische Gesamtsystem des künftigen Kaisers und vor dessen politisch-militärischem Zugriff zu schützen. So nützten sie 1519 die vor der Wahl zum römischen König vom künftigen Reichsoberhaupt zu unterzeichnende Wahlkapitulation dazu, Karl V. auch in Fragen der „Außenpolitik" und der Außenbeziehungen des Reiches festzulegen und vertraglich zu verpflichten. Karl V. mußte versprechen, keine Bündnisse „mit frömden nationen noch sonst im reiche" abzuschließen oder ohne Einverständnis der Kurfürsten Krieg „in oder ausserhalb des reichs von desselben wegen anfahen oder unternemen, noch einich fremde kriegsfolk ins reich" zu führen [29: Reichstagsakten/Jüngere Reihe, Bd. 1, 870]. Allerdings beanspruchte der Kaiser 1521 nachdrücklich die politisch-rechtlichen Prärogativen des kaiserlichen Amts. Doch hielten die Reichsstände an dem in der Wahlkapitulation formulierten außenpolitischen Defensivstandpunkt fest und lehnten, zunächst jedenfalls, jede Waffenhilfe gegen Frankreich ab. Daß der Kaiser in den folgenden Jahrzehnten mit spanischen und italienischen Truppen im Reich operierte, konnten die Reichsstände nicht verhindern, und Karl V. konnte den traditionellen Einsatz deutscher Söldner und Adeliger im Dienste auswärtiger Mächte, etwa in Frankreich, zeitweise zwar durch Werbungsverbote (1548–1552) einschränken, aber nicht wirklich ausschließen. – Karl V. hielt die in seiner Wahlkapitulation eingegangenen Verpflichtungen nicht ein. Aber erst auf dem Tiefpunkt seiner Macht im Reich, Anfang der 1550er Jahre, sollten ihm die Reichsstände einzelne Verletzungen vorhalten.

Regierung und Verwaltung eines Weltreiches

Wie wurde Karls Universalmonarchie regiert und verwaltet? Zur Durchsetzung eines hegemonialen Einheitskonzepts verfolgte

2. Das Reich als Teil der „Monarchia universalis" Karls V.

Großkanzler Gattinara eine politische, administrative und soziale Integration der einzelnen habsburgischen Herrschaftsgebiete mit deren unterschiedlichen Rechtstraditionen und Regierungsformen, die allerdings schon in den Anfängen scheiterte. In der Folge blieb jene zu Beginn des Kaisertums Karls V. getroffene administrative Zweiteilung der Herrschaftsgebiete in ein spanisches Sekretariat (zuständig für Spanien, Italien und die Überseegebiete) und in ein burgundisches Sekretariat (zuständig für alle übrigen Gebiete), dem die Reichskanzlei und der Reichsvizekanzler zugeordnet, faktisch jedoch untergeordnet waren, von Bedeutung. Gattinara übte bis zu seinem Tod (1530) die Leitungsfunktionen beider Sekretariate aus, doch besetzte Karl V. danach das Großkanzleramt nicht mehr, so daß der anfangs intendierte Unitarismus endgültig von einem dualistischen Regierungs- und Verwaltungssystem abgelöst wurde, das seinen personellen Ausdruck in der Amtsführung von Francisco de los Cobos (für das spanische Sekretariat) und von Nicolas Perrenot de Granvelle und dessen Sohn Antoine, Bischof von Arras (für das burgundische Sekretariat), fand.

Es war typisch für die Methode Karls V., daß er Mitglieder seiner Familie zu Repräsentanten der monarchischen Gewalt bestellte. Seine Tante Margarete fungierte bis zu ihrem Tod (1530), danach seine Schwester Maria von Ungarn als Statthalterin der Niederlande. In Spanien übte Karls Gattin Isabella 1528, 1535 und 1538 die Regentschaft aus, ihr folgten Philipp II. (1543-1548), dessen Schwester Maria (1548-1550 gemeinsam mit ihrem Gatten Maximilian II., und 1550/51) und danach wieder Philipp II. (1551-1555). Wechselvoll und gespannt entwickelte sich das Verhältnis zu Ferdinand I. Erst zwei Jahre nach Karls Kaiserwahl wurden in den Verträgen von Worms und Brüssel (1521/22) seine Erbansprüche auf das maximilianische Erbe und auf Finanzeinkünfte aus dem aragonesischen Besitz in Neapel abgegolten, indem Karl seinem jüngeren Bruder die österreichischen Erbländer, allerdings zum Teil mit herrschaftsrechtlichen Vorbehalten, abtrat. So konnte Ferdinand I. erst 1525 in allen Ländern die Herrschaft ausüben. Jahrelang mußte er sich um die wohl seit 1519 von Karl V. versprochene römische Königswahl bemühen, bis seine Bestrebungen 1531 zum Ziel führten. Zwischen 1521 und 1531 übte er im Reich in Abwesenheit Karls V. die Statthalterschaft aus und bezeichnete sich als „autre moys-mesmes" seines Bruders, was seine totale herrschaftsrechtliche und kompetenzmäßige Abhängigkeit zum Ausdruck brachte. Daran sollte sich auch nach der Königswahl von 1531 kaum etwas ändern.

Die Rolle der habsburgischen Familienmitglieder

Stellung und Rolle des Reiches

Als Karl V. 1521 das Reich verließ, war es ihm gelungen, die reichsständischen Betrebungen zugunsten einer ständischen Zentralregierung zu blockieren und auf der Repräsentation des Reiches nach innen und außen durch seine kaiserliche Autorität zu beharren. Das installierte Reichsregiment sollte nur während der Abwesenheit des Kaisers und unter der personellen Voraussetzung, daß dessen Bruder Ferdinand I. die Statthalterschaft ausübte, bestehen. In seinen Amtshandlungen war das Reichsregiment beschränkt, Ferdinand mußte in allen anfallenden tagespolitischen Fragen bei seinem Bruder Rücksprache halten. Dieser völligen personellen Abhängigkeit entsprach die administrative Unterordnung der Reichskanzlei unter das burgundische Sekretariat. Überdies hatte der Mainzer Erzkanzler schon 1520 die praktische Ausübung seiner Reichskanzleibefugnisse während seiner Abwesenheit vom Kaiserhof an Großkanzler Gattinara abgetreten. Im habsburgischen Gesamtsystem Karls V. kam dem Reich zunächst eine untergeordnete Rolle zu, es stand nach Spanien und den Niederlanden an dritter Stelle. Karls universalistisch ausgerichtetes Kaisertum, dessen Machtmittel außerhalb des Reiches lagen, ging über die königliche Gewalt in Deutschland weit hinaus, die für seine Vorgänger zentral gewesen war. Daraus ergab sich das Problem der Divergenz zwischen Reichsinteresse und dynastischem Interesse der kaiserlichen Politik, und es bestand die Gefahr, daß das in Karls europäische Politik eingebundene Reich an Eigenbedeutung verlieren würde.

2.2 Die Kriege um Italien

Nach der zugunsten Karls V. entschiedenen Kaiserwahl begann 1521 der Kampf um die Hegemonie in Europa zwischen Valois und Habsburg. Er geriet zu einem militärischen und ideologischen Dauerkonflikt, der erst 1559, nach fünf Kriegen, ein Ende fand. In den beiden ersten Kriegen (1521–1526, 1526–1529) wurde fast ein Jahrzehnt hindurch um und in Italien gekämpft. Im dritten und vierten Krieg (1536–1538, 1542–1544) verlagerte sich die Kriegführung auch nach Frankreich, und schließlich rückten im letzten Krieg (1552–1559) die niederländisch-französischen Grenzgebiete ins Zentrum des Konflikts.

Um die Rückgewinnung Reichsitaliens

Der Idee Gattinaras folgend, suchte Karl V. zunächst die Entscheidung in Italien, indem er die Inanspruchnahme der „iura imperialia" durch ein Offensivbündnis mit Papst Leo X. (Mai 1521) effektuierte. Der Eroberung Mailands im November 1521 folgte eine

2. Das Reich als Teil der „Monarchia universalis" Karls V. 9

Reihe von Siegen der kaiserlichen Truppen, die bis zur Schlacht bei La Bicocca (27.4.1522) anhielten. Doch blieben Rückschläge nicht aus, so als eine französische Armee im Herbst 1523 Mailand zurückeroberte. Dieser Erfolg Franz' I. hatte seine Ursache in einem gescheiterten Feldzug der kaiserlichen Truppen in Südfrankreich, der auf Kooperation mit dem Connétable de Bourbon beruhte und die Absicht verfolgte, durch die Einrichtung eines französischen Satellitenkönigtums in der Provence eine Landverbindung zwischen Spanien und Italien zu schaffen und durch die Zerschlagung und Aufteilung der seit dem Spätmittelalter existierenden französischen Monarchie Gattinaras Einheitsprogramm zu verwirklichen. Im Jahre 1524 waren die finanziellen Reserven des Kaisers längst erschöpft, seine Truppen hielten sich in Italien zwar in einigen Festungen, wie General Leyva in Pavia, aber die Idee Gattinaras, die Befriedung Italiens im Sinne des Neoghibellinismus herbeizuführen, war völlig gescheitert. Diese Entwicklung war nicht nur mit der offenen Schwenkung Papst Clemens' VII. auf die Seite Franz' I. und des dem Kaiser feindlichen Venedig (Dezember 1524) verbunden, sondern beruhte auch auf dem Aufkommen eines antihabsburgischen Patriotismus in den italienischen Mittel- und Kleinstaaten.

Mit dem überraschenden Sieg der kaiserlichen Truppen vor Pavia (24.2.1525) wendete sich unversehens das Kriegsglück, und plötzlich schienen die Voraussetzungen für eine Entscheidung des Kampfes um die Hegemonie zugunsten des Kaisers gegeben, zumal König Franz I. in dieser Schlacht in dessen Gefangenschaft geriet. Aber wie stand es um die Ausnützung dieses Sieges? Gattinara sah darin die Möglichkeit, sein radikales, antifeudales, rationalistisches Programm, das mit der Forderung nach den altburgundischen Gebieten und nach der Errichtung eines provençalischen Königreiches auf die Vernichtung der französischen Monarchie abzielte, zu verwirklichen. Aber die Widerstände seitens des burgundischen und kastilischen Adels in der Umgebung Karls V. und beim Kaiser selbst waren größer. Sie liefen darauf hinaus, an der geburtsständischen und monarchischen Solidarität festzuhalten und Franz I. einen Kompromißfrieden anzubieten, der allerdings weitreichende Restitutions- und Verzichtsforderungen enthielt, die sich auf das Herzogtum Burgund, auf Mailand, Genua und Asti, Neapel und die Lehenshoheit über Flandern und das Artois bezogen. So ist es verständlich, daß Franz I. der Madrider Vertrag vom 14. Januar 1526 als harter Unterwerfungsfriede erschien; nach seiner Freilassung widerrief er ihn. Somit konnte dieser Friede nicht vollzogen werden.

Pavia, die unerwartete Chance für Karl V.

Erste europaweite Opposition gegen das System Karls V.

Neu war die nun entstehende antihabsburgische Opposition europäischen Ausmaßes. Was die Reichsstände anlangt, so hatte Bayern seit 1524/25 bei Papst Clemens VII. um ein Bündnis geworben. Die Problematik bestand darin, daß der Papst in erster Linie in Italien an einer Opposition gegen Karl V. interessiert war. Aus diesem Grund trat die Unterstützung der bayerischen Pläne rasch in den Hintergrund. Zur Weiterführung des Krieges in Italien schloß Franz I. mit dem Papst, dem Herzog von Mailand, Venedig und Florenz die „Heilige Liga" von Cognac (22.5.1526). Dieses Kräfteverhältnis wurde bestimmend für das weitere Ringen um Italien bis zum Frieden von Cambrai (3.8.1529), das mit einem definitiven Sieg des Kaisers endete. Den Ausschlag dafür gab letztlich der Übertritt der genuesischen Flotte unter Andrea Doria ins kaiserliche Lager im August 1528. Dies sicherte Karl V. die maritime Überlegenheit im westlichen Mittelmeer und den ungehinderten Nachschub von Spanien nach Italien und zwang Frankreich, die Seeblockade Neapels aufzugeben und seine Truppen aus der Lombardei zurückzuziehen.

Karl V. setzt sich durch

Auffallend am Frieden von Cambrai ist die Tatsache, daß der Kaiser wohl auf eine gewaltsame Restitution des Herzogtums Burgund verzichtete, Frankreich hingegen alle Ansprüche auf Mailand, Genua und Neapel sowie auf die Souveränitätsrechte im Artois und in Flandern aufgab. Überdies verfolgten die Häuser Valois und Habsburg nun eine Verständigung mittels dynastischer Projekte, indem Franz I. mit Karls Schwester Eleonore, Königinwitwe von Portugal, verheiratet wurde. Damit war der Weg für eine politische Kooperation zur Lösung der vorrangigen Probleme der europäischen Politik – der Religionsfrage im Reich und der Türkenabwehr – gewiesen.

Mit Papst Clemens VII., dessen Herrschaft mit dem Sacco di Roma (6.5.1527) beseitigt worden war, schloß Karl V. den Frieden von Barcelona (29.6.1529). Gegen die Restauration des Hauses Medici in Florenz und die Restitution von Ravenna, Modena und Reggio an den Kirchenstaat erkannte der Papst die habsburgische Hegemonie in Italien und Europa an. Damit war auch der Weg für die Kaiserkrönung Karls V. in Bologna (24.2.1530) geebnet.

2.3 Die Bedrohung durch die Osmanen

Zwei Stoßrichtungen der osmanischen Expansion

Als die größte Bedrohung Europas wurde zeitweise die Osmanengefahr verstanden. Dieser Eindruck entstand, weil die Expansion der Osmanen zwei Stoßrichtungen entwickelte: eine südosteu-

2. Das Reich als Teil der „Monarchia universalis" Karls V. 11

ropäische und eine mediterrane. Der französisch-habsburgische Machtkampf führte dazu, daß die traditionelle Solidarität der europäischen Mächte gegenüber dem Osmanenreich immer mehr an Bedeutung verlor und neben Venedig, das seit langem aus Handelsinteresse eine eigenständige, meist protürkische Politik betrieb, nun auch Frankreich als Gegner des Kaisers schon über ein Jahrzehnt vor dem förmlichen Bündnis (1536) mit den Osmanen kooperierte.

Innerhabsburgisch betrachtet, wurde die kontinentale Türkenabwehr zu einer der Hauptaufgaben Ferdinands I., während Karl V. niemals eine namhafte militärische Hilfe leistete und diesem Kriegsschauplatz nur insoweit Aufmerksamkeit schenkte, als es seine auf anderen Prioritäten beruhende Politik tangierte. Der Kaiser betrieb eine maritime Osmanenpolitik im westlichen Mittelmeer und in Nordafrika im Stile der aragonesischen Politik und unternahm Flottenexpeditionen gegen die mit dem Sultan verbündeten Barbareskenstaaten (Tunis 1535, Algier 1541).

Seit seinem Regierungsantritt (1521) stand Ferdinand I. vor der Aufgabe der Türkenabwehr. Dabei war er nicht nur auf die Verteidigung seiner Erbländer bedacht, sondern verfolgte auch die Zusammenarbeit mit seinem ungarischen Schwager Ludwig. Die Stände seiner Erbländer bewilligten ihm nur eine Defensivhilfe. Die Bewilligung und Aufbietung der Reichstürkenhilfe ging ebenfalls schleppend vor sich. Um ausreichend Geldmittel aufbringen zu können, versuchte Ferdinand I. seit 1523 vom Papst die „Terz", das heißt ein Drittel aller geistlichen Einkünfte, zur Finanzierung der Türkenabwehr von den Stiften, Klöstern und Prälaturen seiner Erbländer einheben zu dürfen – gegen heftigen Widerstand des Klerus. Seit dem Sieg der Osmanen über das ungarische Heer bei Mohács (26.8.1526) und der Einnahme von Buda (12.9.1526) waren die österreichischen Erbländer unmittelbar bedroht. *Die Bedrohung der habsburgischen Erbländer*

Die Frage einer Truppenhilfe der Reichsstände hatte schon auf dem Wormser Reichstag (1521) eine wenn auch untergeordnete Rolle gespielt. Einer ungarischen Gesandtschaft, die ein Hilfsersuchen an Kaiser und Reichsstände gerichtet hatte, war nur ein hinhaltender Bescheid erteilt worden. Erst als die Türken kurz darauf die ungarische Grenzfestung Belgrad, das als unbezwingbar geltende Bollwerk der Christenheit, eroberten (29.8.1521), änderte sich die Situation grundlegend, weil man nun mit weiteren Kriegszügen des Sultans zu rechnen hatte. Durch den Fall von Rhodos (Dezember 1522) wurden auf dem mediterranen Kriegsschauplatz weitere osmanische Kräfte für Vorstöße in Südosteuropa frei. *Reichstürkenhilfen*

Die Umwidmung der Romzughilfe

Nach den raschen Siegen der kaiserlichen Armee in Italien (Rückgewinnung Mailands November 1521, s. o.) trug das Reichsregiment Karl V. die Idee vor, die 1521 von den Reichsständen bewilligte Romzughilfe, die bisher nicht in Anspruch genommen worden war, in eine Türkenhilfe umzuwidmen, die eine Truppenstärke von 4000 Reisigen und 20 000 Fußknechten für die Dauer von sechs Monaten umfaßte.

Auf diese Weise wurde die Aufbietung einer Türkenhilfe bis 1530 erheblich erleichtert, aber die Reichsstände sollten in diesem Zeitraum nur zweimal – 1522 und 1530 – aktiv werden. 1522 kam nur eine „eilende", das heißt eine rasch bereitgestellte und kurzfristig wirksame Türkenhilfe in der Höhe von 3000 Mann für die Verteidigung Kroatiens zustande.

Gründe für die Zurückhaltung der Reichsstände bei der Aufbietung der Türkenhilfen

Die ungarische Doppelwahl 1526 – hier Ferdinand I., dort Johann Zápolya – steigerte die Türkengefahr für die österreichischen Erbländer und für das Reich. In Zápolya entstand dem Sultan zunächst ein neuer Parteigänger, der durch seine Gegnerschaft zu Ferdinand I. auch für die Opponenten Habsburgs im Reich, voran das altgläubige Bayern, interessant wurde. Das wiederum erschwerte die Bewilligung einer Türkenhilfe durch alle Reichsstände, auch wenn der Widerstand 1529 vor allem von seiten der evangelischen Reichsstände kam. Der bekannte Zusammenhang zwischen der religionspolitischen Frage und der Türkenabwehr wurde erstmals wirksam. Er äußerte sich darin, daß auf Betreiben der Reichsstände der Kompromiß zustande kam, über beide Fragenkomplexe gleichzeitig zu verhandeln. Das widersprach einerseits Ferdinands Intention, zuerst die Türkenhilfe zu beraten, andererseits der Taktik auf evangelischer Seite, einer Hilfe erst nach der Beilegung des Religionskonflikts zuzustimmen. So wurde wieder eine „eilende" Türkenhilfe beschlossen, die die Voraussetzung für die Entsendung einer Reichsarmee (1600 schwere Reiter, „Reisige", 7000 Fußknechte) war, die, auf drei Monate bereitgestellt, zum Schutze Ungarns wohl zu spät kam, aber gerade noch rechtzeitig vor dem Beginn der türkischen Belagerung in Wien eintraf und neben den von Ferdinand I. aufgebrachten 12 000 Fußknechten einen wesentlichen Teil der Verteidigungstruppen bildete. In Verbindung mit dem Frieden von Barcelona von 1529 wurde Ferdinand I. damals von Papst Clemens VII. die sogenannte Quart auf die landsässigen und ausländischen geistlichen Güter, Gülten und Zehenten bewilligt. Doch konnte er diese Steuer nur bei der landsässigen Geistlichkeit durchsetzen, nicht aber bei den in den österreichischen Ländern gelege-

2. Das Reich als Teil der „Monarchia universalis" Karls V.

nen Besitzungen reichsständischer Prälaturen. So war Ferdinand I. gegen den großangelegten Feldzug des Sultans im Jahre 1529 nur schlecht gerüstet.

Sultan Süleiman, der mit einem gewaltigen Heer von 150000 Mann kämpfender Truppe (insgesamt 270000 Mann) und 300 Geschützen aufbrach, zog erst am 11. September 1529 in Ofen ein. Ferdinand war es nicht möglich, eine Verteidigung der Erbländer aufzubauen oder sich auf eine Feldschlacht vorzubereiten; man mußte froh sein, Wien erfolgreich verteidigen zu können. Auch dafür waren die Voraussetzungen schlecht. Erstens waren die Truppen der seit drei Jahren vom Reichstag beschlossenen Türkenhilfe noch nicht eingetroffen, zweitens war die Stadtbefestigung Wiens völlig veraltet. Wenigstens konnten im letzten Moment 17000 Mann zur Verteidigung der Stadt aufgeboten werden. Die Belagerung Wiens durch die Türken dauerte fast einen Monat (vom 26.9. bis 25.10.), wobei sie die Befestigungen vergeblich zu unterminieren versuchten. Erst Mitte Oktober ließ der Sultan, zur Überraschung der Verteidiger, die Belagerung abbrechen, noch ehe das Entsatzheer unter Pfalzgraf Friedrich eingetroffen war, das die abrückenden Türken zwar noch in heftige Kämpfe verwickelte, aber nicht mehr wirkungsvoll verfolgte. Somit war der osmanische Vorstoß für den Augenblick wenigstens abgeschlagen.

Belagerung Wiens 1529

Auf dem Augsburger Reichstag 1530 wurde die Türkenhilfe auf eine neue, bessere Grundlage gestellt. Eine „eilende" Türkenhilfe für sechs bis acht Monate in der Stärke von 8000 Reisigen und 40000 Fußknechten (also in der Höhe einer doppelten Romzugshilfe) und eine „beharrliche" Hilfe für die Dauer von drei Jahren (also die sechsfache Romzugshilfe) wurden vereinbart. Die Besoldung wurde von zehn auf zwölf Gulden pro Reisigen erhöht, und die Kriegführung wurde auch auf reichsfremde Gebiete und gegen Verbündete des Sultans ausgedehnt, was offensichtlich auf den Einsatz des Reichskriegsvolks gegen Zápolya hinzielte.

Reorganisation der Reichstürkenhilfe 1530

Aber zunächst gelang Ferdinand I., von Karl V. und den Reichsständen bestärkt, der Abschluß eines dreimonatigen Waffenstillstands mit Zápolya (21.1.1531), der mit Genehmigung des Sultans um ein Jahr verlängert werden sollte. Danach unternahm Süleiman seinen nächsten großen Feldzug nach Ungarn und in die österreichischen Erbländer. Auf dem Regensburger Reichstag 1532 wurde nun die 1530 beschlossene „eilende" Türkenhilfe aufgeboten: 6000 Reisige und 30000 Fußknechte kamen zusammen. Zu diesem Reichskriegsvolk stießen 5000 Reisige und 25000 deutsche, spanische und italienische Fußknechte Karls V.; Ferdinand I. steuerte aus den böhmischen Ländern und aus seinen Erbländern insgesamt 8000 Reisige und 42 000 Fußknechte bei; insgesamt erwarteten im Lager bei Wien 24 000 Reisige und 97 000 Fußknechte das Heer des Sultans.

Das Türkenjahr 1532 Doch das osmanische Heer geriet im August 1532 drei Wochen lang bei der Belagerung der westungarischen Festung Güns/Köszeg in Verzug, drehte vor Wien nach Süden ab, wo es durch das Wiener Becken und über die Steiermark seinen Rückzug nach Ungarn nahm. Das einzige größere Kräftemessen fand bei Leobersdorf südlich von Wien (19.9.1532) statt, wo eine 8000 Mann starke türkische Streifschar (Akindschi) vernichtend geschlagen wurde. Anfang Oktober löste sich das christliche Heer wegen der ausbrechenden Pest auf, ohne einen Versuch zur Rückeroberung Ungarns gemacht zu haben.

Im Verhältnis zum Osmanischen Reich trat nun eine Entspannung ein. Bis 1540 konnte der Friede erhalten werden, auch wenn der Grenzkrieg weiterging. Die Beziehungen zu Zápolya gestalteten sich ebenfalls positiv. So konnte am 24.2.1538 zwischen Karl V., Ferdinand I. und Zápolya der Friede von Großwardein abgeschlossen werden, Zápolya wurde als König anerkannt, und ihm wurde Hilfe gegen den Sultan versprochen. Von größter Wichtigkeit war die vertragliche Zusage, daß der von Zápolya beherrschte Teil Ungarns nach seinem Tod an Ferdinand I. fallen sollte. Doch wurde nach dem plötzlichen Tod des ungarischen Königs (22.7.1540) dessen minderjähriger Sohn Johann Sigismund unter der Regentschaft seiner Mutter Isabella zum König von Ungarn ausgerufen und vom Sultan anerkannt. Damit wurde der ungarische Thronstreit weitere

Letzte Anstrengungen Ferdinands I. zur Rückgewinnung von Ofen vierzehn Jahre verlängert. Ferdinand ergriff wieder die militärische Initiative und belagerte im Frühjahr 1541 Ofen. Der gleichzeitig in Regensburg tagende Reichstag gewährte ihm gegen religionspolitische Zugeständnisse an die Protestanten eine „eilende" Türkenhilfe. Sie wurde allerdings zu spät wirksam, denn Ende August 1541 zog Sultan Süleiman in Zentralungarn ein und sicherte es gegen Habsburg. Johann Sigismund Zápolya erhielt lediglich die Gebiete östlich der Theiß sowie Siebenbürgen.

Noch einmal schienen sich Aussichten für eine Rückeroberung Ungarns zu ergeben. Diese Hoffnungen waren insofern nicht unbegründet, als Königin Isabella bereit war, den Vertrag von Großwardein zu erfüllen, d.h. ganz Ungarn Ferdinand I. zu überlassen. Sowohl in seinen Erbländern und im Königreich Böhmen als auch

2. Das Reich als Teil der „Monarchia universalis" Karls V. 15

im Reich konnte der Habsburger eine große Anzahl von Soldaten aufbieten: 6000 Reisige und 27000 Fußknechte aus der Reichstürkenhilfe und 13000 leichte Reiter aus seinen eigenen Ländern. Auch der Papst finanzierte 3000 Fußknechte. Ferner stand eine Donauflottille mit fast 200 Schiffen zur Verfügung. Aber das Heer erreichte erst Ende September 1541 Pest, und schon nach kurzer Belagerung ließ Ferdinand I. den Feldzug abbrechen. Das Scheitern dieses Offensivfeldzuges hatte mehrere Folgen: Die Aussichten auf eine Verständigung mit Isabella und Johann Sigismund Zápolya verschlechterten sich. Fortan beschränkten sich die Reichstürkenhilfen auf „Geldhilfen für defensive Aufgaben" – so in den Jahren 1543, 1544, 1548 und 1551. „Zu einer aktiven Beteiligung des Reiches am Türkenkrieg wie in der Zeit von 1522 bis 1542 ist es in jenen späteren Jahren nicht mehr gekommen" [179: W. STEGLICH, Die Reichstürkenhilfe, 53f.]. 1547 schloß Ferdinand I. mit dem Sultan einen fünfjährigen Waffenstillstand. Er hielt bis 1566 und besiegelte zugleich die Dreiteilung Ungarns in ein kaiserliches Westungarn, ein dem Osmanischen Reich eingegliedertes Mittelungarn und ein dem Sultan tributäres Fürstentum Siebenbürgen. Diese Aufteilung des alten Königreiches Ungarn bestand bis ins späte 17. Jahrhundert.

Die Dreiteilung Ungarns wird besiegelt

2.4 Karl V. sucht die Entscheidung im Reich

In den gesamtpolitischen Prioritäten Karls V. trat das Reich, ähnlich wie in den zwanziger Jahren, auch bis zu Beginn der vierziger Jahre stark zurück. Die Abwesenheit des Kaisers wirkte sich deshalb so ungünstig im Reich aus, weil Ferdinand I. auch als römischer König in allen wichtigen politischen und reichsrechtlichen Fragen auf die Rücksprache mit seinem in Spanien residierenden Bruder verwiesen war. Die damit verbundene Entscheidungsschwäche des habsburgischen Systems im Reich war der dynamischen Politik des hessischen Landgrafen, der seit langem die Restitution Herzog Ulrichs von Württemberg verfolgte, auf die Dauer nicht gewachsen. So ging das Herzogtum Württemberg 1534 dem habsburgischen Machtbereich verloren.

Erst ab 1543 suchte Karl V. im Reich, und von hier aus auch gegen Frankreich, die Entscheidung zugunsten einer Vollendung seiner „Monarchia universalis". Der Reihe nach verfolgte er die Niederwerfung Frankreichs und die definitive Regelung der deutschen Machtverhältnisse und Verfassungsfragen in einem monarchischen Sinn. All das war nur mit militärischen Mitteln zu erreichen.

Jülich-Kleve Die erste entscheidende Veränderung der Kräfteverhältnisse im Reich brachte der Krieg gegen Herzog Wilhelm V. von Jülich, Kleve und Berg (1539–1592) mit sich, als dieser mit Unterstützung Frankreichs, des Schmalkaldischen Bundes und des Erzbischofs von Köln seine Erbansprüche auf das Herzogtum Geldern und auf Zutphen durchsetzen wollte. Wie stark diese Politik Karls niederländische und niederrheinische Interessen tangierte, veranschaulichen die harten Friedensbedingungen, die der Kaiser dem besiegten Herzog im Frieden von Venlo (7. 9. 1543) auferlegte: Er mußte auf das Erbe␣elderns verzichten, das französische Bündnis aufkündigen, sich sogar von seiner französischen Frau trennen und jeglichen Reformationsversuchen absagen.

Reichshilfe im Krieg gegen Frankreich 1544 Der Konflikt um Jülich-Kleve hatte nicht nur die Schwäche des Schmalkaldischen Bundes gezeigt, sondern, und dies war ein ungleich wichtigeres Ergebnis, Karl unter den Reichsfürsten großen Respekt verschafft. Die gefestigte Autorität und Reputation erleichterte dem Kaiser auf dem Speyrer Reichstag 1544 die Durchsetzung seiner politischen Ziele gegenüber Frankreich. So bewilligten ihm die Reichsstände das erste – und zugleich letzte – Mal eine Militärhilfe. Diese nie zuvor erreichte Integration der reichsständischen Kräfte im Konflikt mit Frankreich, die eine militärische Unterwerfung Franz' I. in den Bereich der Möglichkeit rückte, konnte Karl V. diesmal erreichen. Doch mußte er den Protestanten die bisher weitreichendsten, allerdings befristeten religionspolitischen Zugeständnisse machen, wie die definitive Einstellung der Religionsprozesse am Kammergericht und die reichsrechtliche Gleichstellung der Augsburger Konfession.

Der Augenblickserfolg des Kaisers war groß, wenn die Reichsstände den Krieg gegen Frankreich unterstützten und zugleich auch für die Abwehr der Osmanen Kräfte zur Verfügung stellten. Der Papst hingegen kritisierte in einem im Sommer 1544 in ganz Europa verbreiteten Tadelsbreve die religiöse Kompromißpolitik des Reichsoberhauptes. Wie offen damals die europäische Situation war, zeigt die Tatsache, daß der Kaiser gegen die päpstlichen Angriffe von protestantischer Seite, etwa von Luther und Calvin, publizistische Unterstützung erhielt.

Chancen für einen Ausgleich mit Frankreich Das änderte sich schlagartig mit dem Frieden von Crépy im September 1544, als sich abzeichnete, daß dem Sieg des Kaisers gegen Frankreich ebenso wie der Niederwerfung von Jülich-Kleve der Charakter der Vorstufe für eine Lösung der Religionsfrage im Reich zukam, was damals wohl die nächste Umgebung des Kaisers wußte,

2. Das Reich als Teil der „Monarchia universalis" Karls V. 17

nicht aber die europäische Öffentlichkeit. Diesen Absichten entsprachen auch die geheimen Vereinbarungen von Crépy über die Unterstützung der kirchenpolitischen Ziele des Kaisers – etwa die Brechung des protestantischen Widerstands in der Konzilsfrage – durch Franz I. Diese Zusage gab der französische König nur unter der Bedingung eines territorialen Ausgleichs, der auf einer dynastischen Lösung beruhen sollte. In Aussicht genommen war die Verheiratung des Herzogs von Orléans mit der Infantin Maria oder mit der Erzherzogin Anna von Österreich, als territoriale Ausstattung waren das Herzogtum Mailand oder die Niederlande vorgesehen. Aber der Herzog von Orléans starb 1545, und Karl V. ging auf den von Franz I. vorgeschlagenen Ersatzkandidaten Heinrich (II.) nicht ein. Im Hochgefühl seiner Erfolge über Frankreich und in der Zuversicht, die nächsten politischen Ziele auch ohne französische Unterstützung realisieren zu können, versäumte Karl V. damals die wohl letzte Chance einer dauerhaften Aussöhnung mit Frankreich, ein Umstand, der im Augenblick nicht ins Gewicht fiel, der aber den 1547 zur Herrschaft gelangenden Heinrich II. in seiner bedingungslosen Gegnerschaft zu Karl V. und zu Habsburg bestärken sollte.

Im Augenblick stand der Kaiser noch immer vor der Frage des Religions-(Ketzer-)Krieges im Reich. Während Papst Paul III. schon 1545 mit Truppenzusagen für den Krieg gegen die Protestanten eintrat, hatten sich der Kaiser und seine Räte dafür noch nicht entschieden, wie die Verhandlungen mit den Protestanten über eine „christliche Reformation", im Anschluß an die kaiserlichen Zusagen von 1544, zeigen. Vor allem bedurfte es der Stärkung und Absicherung vor einem osmanischen Angriff und der Werbung von Bundesgenossen im Reich, um die Voraussetzungen für einen erfolgreichen Feldzug zu schaffen. Letzteres gelang dem Kaiser erst im letzten Moment, und zwar auf dem Regensburger Reichstag im Juni 1546, der im Zeichen der Kriegsvorbereitungen stand. Das grundsätzliche Problem auf kaiserlicher Seite bestand darin, das Fehlen einer Klientel kurzfristig wettmachen zu müssen. Einige wenige Fürsten rückten in den Mittelpunkt der Bündnisbemühungen Karls V. Die Herzöge von Bayern stellten ihr Territorium unter dem Schein der Neutralität für den Truppenaufmarsch zur Verfügung und hielten dadurch, wie sich später zeigen sollte, die schmalkaldischen Truppen von einem Vorstoß gegen den Kaiser in Niederbayern ab. Die Hilfe Bayerns war auch wichtig, um die kaiserfeindlich gesinnten oberdeutschen Reichsstädte politisch und militärisch zu isolieren.

Ketzerkrieg im Reich?

Der Schmalkaldische Krieg

Karl V. war aber auch gezwungen, über die Konfessionsgrenzen hinweg nach Verbündeten unter den Reichsständen zu werben. So gelang es ihm, eine Anzahl jüngerer evangelischer Fürsten wie Markgraf Hans von Brandenburg-Küstrin, Herzog Erich von Braunschweig und Markgraf Albrecht Alcibiades von Brandenburg-Kulmbach mit Dienstverträgen zu verpflichten. Zum wichtigsten mitteldeutschen Verbündeten wurde Herzog Moritz von Sachsen. Seinen Ländern kam in einem Krieg gegen die dem Schmalkaldischen Bund angehörenden ernestinischen Vettern und gegen den Landgrafen von Hessen ein hoher strategischer Wert zu, wie sein Einfall in Kursachsen im November 1546 eindrucksvoll vor Augen führt. Er ebnete dem Kaiser den Weg für die Unterwerfung der oberdeutschen Reichsstädte und des Herzogs von Württemberg ebenso wie für den Frühjahrsfeldzug 1547 in Mitteldeutschland, der nach einer strategischen Nachlässigkeit des sächsischen Kurfürsten ein rasches Ende fand. Der in der Schlacht bei Mühlberg (24. 4. 1547) an der Elbe Ende April in Gefangenschaft geratene Kurfürst Johann Friedrich von Sachsen mußte auf die Kurwürde und die Kurlande zugunsten von Herzog Moritz verzichten.

Reformversuche auf dem Höhepunkt der kaiserlichen Macht

Damals stand Kaiser Karl V. auf dem Höhepunkt seiner Macht. Die Voraussetzungen zur Lösung der zentralen Probleme des Reiches und der Christenheit schienen günstig zu sein. Gleichwohl fallen die vielfältigen Bemühungen auf, die Vollendung der „Monarchia universalis" zu behindern oder möglichst ganz zu verhindern. Das gilt für Papst Paul III., dessen Translation des Konzils von Trient und damit vom Reich nach Bologna im Kirchenstaat im Januar 1547 den Kaiser weit mehr verärgerte als der Abzug der päpstlichen Hilfstruppen vom deutschen Kriegsschauplatz. Denn damit verringerten sich die Chancen, daß die militärisch unterlegenen Protestanten das Konzil beschicken würden. Des weiteren drängte der Papst auf die Beratung dogmatischer Fragen und damit auf eine Widerlegung der lutherischen Theologie, während der Kaiser der Beratung und Beschlußfassung über Kirchenreformfragen den Vorrang eingeräumt wissen wollte. Somit trat sehr rasch vor Augen, daß die kirchliche Einheit im Reich nicht herzustellen war und daß auch das von Karl V. erlassene Interim (Mai 1548), eine reichsrechtliche Rahmenordnung zur Regelung lehramtlicher und kirchenrechtlicher Fragen bis zu einer Konzilsentscheidung, nicht dazu geeignet war, sondern vielmehr die konfessionellen Differenzen im Reich vertiefte.

Ebenso von zentraler Bedeutung waren für die Reichsstände

2. Das Reich als Teil der „Monarchia universalis" Karls V.

die kaiserlichen Reichsreformprojekte, die, zwar bei äußerer Schonung der Reichsverfassung, das Beziehungsfeld zwischen dem Reichsoberhaupt und den Reichsständen neu zu gestalten suchten. Und zwar sollte dies in Form eines Reichsbundes geschehen, der das gesamte Reich, einschließlich der Niederlande, aber auch italienische Gebiete wie Mailand, Savoyen und nach Möglichkeit auch Neapel umfassen sollte. Diese bundespolitische Organisation war zweifellos zur Sicherung der definitiven Vorrangstellung des Hauses Habsburg in ganz Europa gedacht. Gerade deshalb begegneten die Reichsstände dem Projekt, das geeignet schien, im Reich die kaiserliche „Monarchia universalis" zu vollenden, mit dem größten Mißtrauen. Das führte dazu, daß die konfessionellen Gegensätze zwischen den Reichsständen zurücktraten; statt dessen entstand eine Opposition der Stände, die an die präkonfessionelle Gegensätzlichkeit zwischen Kaiser und Ständen anknüpfte und auf die Verteidigung der bestehenden Reichsverfassung hinzielte. Dabei erwies sich die Gegnerschaft der bedeutendsten Reichsstände für den Kaiser als unüberwindlich, zumal Karl V. nach gescheiterten Bundesverhandlungen auf den Reichstag angewiesen war, wo seine Verhandlungsposition weitaus schwächer war. So konnte er nur mehr Teillösungen in Betracht ziehen. Die wichtigste davon war die Regelung des Rechtsverhältnisses der Niederlande zum Reich im „Burgundischen Vertrag" (26.6.1548). Danach sollten die kaiserlichen Erblande weiterhin den Schutz des Reiches gegen äußere Feinde wie Frankreich genießen, in verfassungsrechtlicher Hinsicht jedoch eine Sonderstellung garantiert bekommen, indem sie von der Jurisdiktion des Reichskammergerichts exemt sein sollten. Diese von Karl V. mit den Reichsständen getroffenen Vereinbarungen wurden für die spätere Entwicklung der Niederlande von größter Bedeutung, als König Philipp II. ihre Ausrichtung nach Spanien, bei gleichzeitiger Abschließung und endgültiger Trennung vom Reich, betrieb.

Der kaiserliche Plan eines Reichsbundes

Das Reich und die Niederlande

2.5 Der Niedergang der kaiserlichen Macht im Reich und in Europa

Die letzten Regierungsjahre Karls V. waren von wachsendem Widerstand im Reich und in Europa gegen die Machtentfaltung des Kaisers und vom Niedergang seiner Herrschaft geprägt. Ähnlich wie Mitte der 20er Jahre formierte sich seit 1550 ein Widerstand europäischen Ausmaßes, der vom Reich ausging und bis Italien und nach Frankreich reichte. Im Reich bildete die Defensivallianz zur Erhaltung des Luthertums einen ersten Ansatz, die im Februar 1550

Wachsender Widerstand im Reich und in Europa

zwischen Markgraf Hans von Brandenburg-Küstrin, Herzog Albrecht von Preußen und Herzog Johann Albrecht von Mecklenburg abgeschlossen wurde. Dieser protestantischen Fürstenopposition trat später Kurfürst Moritz von Sachsen bei, der wiederum Verbindungen zu König Heinrich II. von Frankreich hatte. Der Augsburger Reichstag 1550/51 war nicht nur beherrscht von der Kritik der Reichsstände an der Politik des Kaisers, sondern auch von einem Konflikt unter den Habsburgern um die Nachfolgefrage. Dem Kaiser ging es damals darum, die transpersonale Einheit des gesamten habsburgischen Machtbereiches für die Zukunft zu sichern. Er versuchte dies mit dem Vorschlag zu erreichen, daß die Kaiserwürde zwischen Madrid und Wien alternierte. Konkret bedeutete dies, daß Philipp II. im Kaisertum auf Ferdinand I. folgte, dessen künftige Kaiserwürde seit 1531 feststand und reichsrechtlich abgesichert war. Wegen dieser „spanischen Sukzession" Philipps im Reich entstand die eigentliche Aufregung und Verärgerung unter den Reichsständen und in der Familie Habsburg, vor allem bei Ferdinands I. Sohn Maximilian (II.).

Die „spanische Sukzession"

Der auf Erhaltung der Einheit des habsburgischen Gesamtsystems gerichtete Plan des Kaisers scheiterte aber nicht nur am Widerstand innerhalb der Familie, sondern auch an den strukturellen Schwächen dieses habsburgischen Herrschaftsbereiches. Denn seit den 20er Jahren war die über die in der Person Karls V. garantierte und repräsentierte Personalunion hinausreichende Realunion aller habsburgischen Herrschaftsgebiete gescheitert.

Fürstenopposition im Reich

Aber Triumph und Zusammenbruch der kaiserlichen Politik lagen in den letzten Regierungsjahren des Kaisers oft eng beisammen. Das zeigte sich im Fall des „Fürstenaufstands" einer Gruppe von protestantischen Fürsten, die gegen die Zusage des Vikariats über Metz, Toul und Verdun (zum Vertrag von Chambord vgl. S. 68) mit Unterstützung des französischen Königs Heinrich II. unter der Führung von Kurfürst Moritz von Sachsen im Frühjahr 1552 mit der Parole, die alte „fürstliche libertet und freiheit" gegen die kaiserliche „Monarchia" zu verteidigen, nach Süddeutschland aufbrach. Die kaiserliche Herrschaft im Reich war dadurch zeitweise so stark gefährdet, daß der Kaiser im Mai dieses Jahres sogar von Innsbruck ins sichere Villach in Kärnten fliehen mußte. Immerhin blieb die von den „Kriegsfürsten" erhoffte Aufstandsbewegung im gesamten Reich aus. Aus diesem Grund konnte Karl V. die politisch-militärische Initiative schon im Herbst 1552 zurückgewinnen. Ohne die Verhandlungen, die Ferdinand I. in Linz und Passau mit den

2. Das Reich als Teil der „Monarchia universalis" Karls V.

„Kriegsfürsten" führte, wäre dies allerdings nicht möglich gewesen. Die Protestanten hatten die Beseitigung des Interims erreicht, und ein „immerwährender" Religionsfriede rückte damals in den Bereich der Möglichkeiten, auch wenn Karl V. die protestantischen Forderungen noch einmal auf ein Provisorium bis zum nächsten Reichstag reduzieren konnte.

Noch im Herbst 1552 unternahm der Kaiser neue und, wie sich zeigen sollte, letzte Anstrengungen zu einer Neukonsolidierung im Reich, die die Abrechnung mit den „Kriegsfürsten" und die Abwendung irreversibler konfessionspolitischer Entscheidungen ermöglichen sollte. Die Voraussetzung dazu sah er in einem Sieg über Heinrich II. vor Metz. Nachdem die Einnahme der Stadt scheiterte, zog Karl V. sich in die Niederlande zurück. Heinrich II. blieb im Besitz von Cambrai, Metz, Toul und Verdun. Der Kaiser leitete nun seine schrittweise Lösung vom Reich und den Verzicht auf die Kaiserwürde ein. Wenn dieser Vorgang erst 1555/56 seinen Abschluß fand, so hing dies mit der zeitweisen Hoffnung auf eine prokaiserliche Wendung der Entwicklung im Reich zusammen. So griff Karl V. die Bundesbestrebungen von 1546/47 wieder auf, wenigstens in einem regionalen, auf Süddeutschland beschränkten Rahmen einen Bund zu errichten, der als Instrument einer kaiserlichen Revisionspolitik gedacht war. Aber diese Pläne wurden von Bayern, Württemberg und vor allem von Ferdinand I. abgelehnt. Gerade letzterer versuchte seinen Bruder für eine habsburgische Reichspolitik zu gewinnen, die einen Kompromiß zwischen gesamthabsburgischem Interesse und der Anerkennung des im Passauer Vertrag 1552 geschaffenen Status quo, unter Einschluß eines immerwährenden Religionsfriedens, zum Ziel hatte. Ein solcher Kompromiß war Karl V. aus Gewissensgründen („scrupules de la religion") nicht möglich, wie seine Selbstaussagen bezeugen.

Heinrich II., der unüberwindliche Gegner

Das Reich auf dem Weg zum Augsburger Religionsfrieden 1555

Aber erst das Scheitern der englischen Hoffnungen, die auf der Gründung eines dritten Schwerpunkts habsburgischer Herrschaft in Europa durch die dynastische Verbindung Philipps II. mit Maria von England, verbunden mit der vollständigen Einkreisung Frankreichs, beruhten, ließen Ende 1553 Karls Verzicht auf die Kaiserwürde und die Abdankung endgültige Gestalt annehmen. Mit diesen Schritten, die der Kaiser im Laufe des Jahres 1555 setzte, war das Ende der faktischen Einheit des habsburgischen Weltreiches erreicht.

Hoffnungen auf England und Abdankung Karls V.

3. Das konfessionell geteilte Reich und seine Nachbarn

3.1 Die neue Konstellation seit der Mitte des 16. Jahrhunderts

Die Herausbildung neuer Entscheidungszonen
„Nach dem Scheitern Karls V. in Deutschland verlagerte sich die Entscheidungszone nach dem Westen Europas. Erst im 17. Jahrhundert verschob sich der Schwerpunkt der Ereignisse wieder in die Mitte und in den Osten des Kontinents" [47: H. LUTZ, Reformation und Gegenreformation, 75]. Die neue Konstellation bestand vor allem darin, daß sich das Reich in einem äußerlich ruhigen Zustand befand. Das erschien den Zeitgenossen um so wertvoller, je länger und härter sich die religiösen und ständischen Konflikte in Frankreich und in den Niederlanden gestalteten. Kaiser Maximilian II. (1564–1576), der ein Nebeneinander von Katholizismus und Protestantismus sowohl im Reich im weiteren als auch in den österreichischen Ländern im engeren Sinn akzeptierte, geriet zu der gegenreformatorisch ausgerichteten europäischen Machtpolitik Philipps II. (1556–1598) in Gegensatz. Besonders die nach dem „Auseinanderbrechen des habsburgischen Gesamtsystems Karls V." bestehenden „Bruchzonen", zu denen die Niederlande ebenso wie die reichsitalienischen Gebiete gehörten, spielten in den Beziehungen zwischen dem Kaiser und dem Inhaber der spanischen Kronen eine bedeutende Rolle [213: F. EDELMAYER, Maximilian II., Philipp II. und Reichsitalien, 211].

Reichsitalien
Der Friede von Cateau-Cambrésis zwischen Frankreich und Spanien (1559) schloß für Italien die Zeit der Auseinandersetzungen zwischen Valois und Habsburg ab und leitete die bis 1700 dauernde Epoche der spanischen Vorherrschaft ein. Die wichtigsten Stützpunkte waren Mailand im Norden und Neapel-Sizilien im Süden der Apenninenhalbinsel. Das Reich hatte in Italien keine eigene Verfassungsstruktur entwickelt, vielmehr übte es seine Lehenshoheit über die reichsitalienischen Gebiete in Konkurrenz zu anderen Lehensordnungen, Spanien, Frankreich und dem Papsttum aus. Wesentlich war, daß Spanien seine Macht in Italien festigte und zwischen 1559 und dem Mantuanischen Erbfolgekrieg (1627–1631) verhindern konnte, daß Frankreich neuerlich dort Fuß fassen konnte. Aber die Rückwirkungen auf die europäische Politik blieben nicht aus: „Sowohl die Spannungen zwischen den habsburgischen Linien als auch das Verhältnis Frankreichs zu Spanien und Österreich und das Verhältnis der Päpste zu den katholischen Mächten sind von

3. Das konfessionell geteilte Reich und seine Nachbarn 23

den italienischen Verhältnissen nicht unwesentlich beeinflußt worden" [211: K. O. VON ARETIN, Reichsitalien, 81].

Die spanische Politik lief darauf hinaus, Mailand, das wichtigste norditalienische Gebiet zur Versorgung der Niederlande auf dem Landweg, unter spanische Lehenshoheit zu bringen und um kleine Reichslehen zu erweitern, die den direkten Zugang zum Mittelmeer, an Genua vorbei, eröffneten. Daraus ergaben sich Konflikte mit Savoyen, Genua, Florenz und Mantua, deren Herrscher ebenfalls mit Hilfe kleiner Lehen ihre Territorien zu arrondieren suchten. Die betroffenen Lehensträger wiederum wandten sich an den Kaiser. Der Streit um die Markgrafschaft Finale bei Savona seit 1558 ist das typische Beispiel für einen zwischen Spanien, Genua und dem Kaiser ausgetragenen Konflikt um ein Reichslehen (an der ligurischen Küste), der mit der Besetzung Finales durch spanische Truppen, die aus Mailand herangeführt wurden, 1571 seinen Höhepunkt erreichte und die Beziehungen der Höfe von Madrid und Wien stark belastete. Eine solche Politik der vollendeten Tatsachen betrieb Philipp II. fortan nicht mehr, sondern er anerkannte die lehensrechtlichen Befugnisse des Reichsoberhauptes. Erst Philipp III. begann 1598 wieder eine offensive Italienpolitik und versuchte, die gesamte Lunigiana ebenso wie Piombino an Spanien zu binden. Nun weigerte sich Kaiser Rudolf II., den spanischen König mit Mailand und Siena zu belehnen, unterstützte Großherzog Ferdinand von Toskana und entsandte den kaiserlichen Hofrat Paul Garzweiler nach Italien, um vor Ort die Lehensverhältnisse zu klären. Im gleichen Zug ließ der Kaiser die Plenipotenz für Italien errichten und intensivierte die Beziehungen zu den italienischen Vasallen.

Kaiser Matthias und Kaiser Ferdinand II. wurden 1612 bzw. 1619 in ihren Wahlkapitulationen auf die Obsorge für die Reichslehen in Italien festgelegt, was der Belehnung des spanischen Königs Einhalt gebieten sollte. Dies mißlang deshalb, weil die Wiener und Madrider Linie ihre Rivalitäten im Oñate-Geheimvertrag von 1617 beilegten, in welchem Philipp III. gegen den Verzicht auf die Erbfolge in den österreichischen Ländern die Zusage erhielt, mit Finale, Piombino und Malgrado belehnt zu werden, eine Zusage, die 1617 und 1621 eingelöst wurde.

Die Rückwirkungen des niederländischen Krieges, verbunden mit Grenzverletzungen und militärischen Übergriffen, aber auch mit bewußter militärischer Drohung durch den das spanische Heer befehlenden Herzog von Alba gegen Trier und Jülich, führten 1568

Die spanische Italienpolitik

Der Streit um Finale

Die Erneuerung der kaiserlichen Italienpolitik

Die Niederlande ab 1566

zu einer Initiative des Pfalzgrafen und der übrigen rheinischen Kurfürsten bei Kaiser Maximilian II. für eine Vermittlung beim spanischen König. Dahinter stand die Auffassung, daß das Reichsoberhaupt auf die Einhaltung der Reichsgesetze, vor allem des Religions- und Landfriedens von 1555, achten sollte. Doch war die Position von Kaiser und Reich in den Niederlanden recht schwach, weil diese seit dem Burgundischen Vertrag von 1548 vom Religionsfrieden und von der Exekutionsordnung des Landfriedens ausgenommen waren. Wenn Maximilian II. trotzdem die von den Kurfürsten zur Beilegung des niederländischen Konflikts gewünschte Vermittlerrolle annahm, so deshalb, weil er die Auffassung vertrat, ein Religionskrieg schade dem Land und liefere es auch seinen äußeren Feinden aus. Philipp II. und Granvelle hingegen appellierten an die 1548 vereinbarte Schutzverpflichtung des Reiches gegenüber den Niederlanden und verlangten Hilfe gegen die niederländischen Rebellen. Mit dem Hinweis auf Maximilians Politik der Religionskonzessionen in dessen Erbländern drohte der spanische König mit der Mobilisierung der päpstlichen Politik. Im übrigen nützte er Maximilians Hoffnungen auf die spanische Erbschaft nach dem Tode des Don Carlos (1568) aus, um den Kaiser endgültig davon abzubringen, daß er in die niederländische Entwicklung eingriff. Dadurch wurde die 1548 eingeleitete staatsrechtliche Loslösung der Niederlande vom Reich via facti vorangetrieben.

Obwohl der niederländische Aufstand seit 1566 den Frieden und die Integrität des Reiches berührte, reagierte der Reichstag auf den Krieg in den Niederlanden erst 1570. Die Reichsstände vertraten die Auffassung der Nichteinmischung, wenn es um die Niederlande ging. Waren Reichsstände von den Kriegseinwirkungen betroffen, so rückte man von dieser Einstellung ab, wie der Fall der Grafen von Ostfriesland zeigt, und verwies die Angelegenheit an den Kaiser. Ebenso verfuhren die Reichsstände mit dem Verlangen der burgundischen Regierung, der Reichstag solle Oranien wegen Rebellion und Landfriedensbruchs verurteilen. Die Einschaltung des Kaisers, aber auch regionaler Ständeversammlungen, war ein „Weg zur Konfliktreduzierung". Gleichzeitig beachteten die Reichsstände die strikte konfessionelle Neutralität: „Das Verlangen Albas, das Reich solle Oranien zur Rechenschaft ziehen, wurde so mit Bedacht übersehen. Alba wurde nicht zurückgewiesen, Oranien nicht verurteilt" [189: M. LANZINNER, Der Aufstand der Niederlande, 115].

Frankreich

Seit dem Tod Heinrichs II. von Frankreich (1559) ist eine poli-

3. Das konfessionell geteilte Reich und seine Nachbarn 25

tische Affinität zwischen den französischen Hugenotten und den protestantischen Reichsfürsten erkennbar. Die De-facto-Duldung des Kalvinismus seit dem Augsburger Reichstag 1566 hatte nicht nur eine weitere Differenzierung des Protestantismus im Reich, sondern auch engere Verbindungen mit den französischen Hugenotten und den niederländischen Aufständischen zur Folge. Die südlichen und westlichen Gebiete des Reiches gewannen an Bedeutung für die Aufbietung von Truppen schon vor, aber vor allem während der Hugenottenkriege. Von 1560 an schickten die Häupter der Hugenotten, Coligny, Condé und Heinrich von Navarra, Gesandtschaften zum Pfalzgrafen, nach Württemberg, Baden und Hessen, anfänglich, um das Terrain für eigene Truppenwerbungen zu sondieren und um Kriegswerbungen der französischen Krone im Reich zu hintertreiben. Während die genannten Reichsfürsten die Truppenwerbungen der Hugenotten zuließen, nahm das führende „konservative" Kursachsen eine neutrale Haltung ein. Damit ergaben sich jene europäischen Konstellationen eines „katholisch-habsburgischen Lagers auf der einen und eines pfälzisch-protestantisch-calvinistischen Lagers auf der anderen Seite, die eben nicht auf das Reich begrenzt blieben, sondern sich überall in Europa nach Bundesgenossen umsahen" [70: W. SCHULZE, Deutsche Geschichte, 172]. Erste Auswirkungen der französischen Religionskriege auf die Reichsgesetzgebung sind seit den 1560er Jahren zu beobachten. Insbesondere gilt dies für die ersten drei Hugenottenkriege (1562–1569), und zwar deshalb, weil es an der Reichsgrenze zu Grenzverletzungen durch spanische und niederländische Truppen kam. Der zu diesem Zweck einberufene Deputationstag 1569 übertrug dem Kaiser das Generaloberstenamt und ermächtigte ihn zur Werbung von 1000 bis 2000 Soldaten für den genannten Gefahrenfall. Doch scheiterte der seit 1567 verfolgte Plan, Truppenanwerbungen für ausländische Mächte an die Zustimmung des Kaisers zu binden, am Widerstand der Konfessionsparteien.

Das Einvernehmen zwischen dem Kaiser und den Reichsständen im Zeichen des Augsburger Religionsfriedens hatte die Folge, daß die protestantischen Reichsstände, abgesehen vom Pfalzgrafen, auf den Reichstagen ein Junktim zwischen religionspolitischen Forderungen, wie etwa die Aufhebung des Geistlichen Vorbehalts, und der Bewilligung der Türkenhilfe vermieden. Doch trat die Gesamtheit der Reichsstände der kaiserlichen Politik dort entgegen, wo Maximilians Reichspolitik, wie auf dem Speyrer Reichstag 1570, mit der Reform des Reichskriegswesens und der seit Karl V. immer

Das Verhältnis zwischen Kaiser und Reichsständen

wieder versuchten Beschränkung der Kriegsdienste bei auswärtigen Mächten den ständischen Interessen widersprach, auch wenn diese Maßnahmen der effizienteren Bekämpfung des Landfriedensbruchs und der Abwehr von Kriegsschäden zweifellos gedient hätten. Sie sind geprägt vom Scheitern der spanisch-katholischen Ziele und von der Behauptung des englischen und niederländischen Protestantismus.

England Unter Königin Elisabeth I. war England in die europäische Politik insofern involviert, als es als maritimer Gegner Spaniens die niederländischen Aufständischen und die Hugenotten unterstützte. Doch ging Elisabeth ein bündnispolitisches und militärisches Engagement erst in jenem Moment ein, als die Allianz zwischen Spanien und der Katholischen Liga in Frankreich 1585 Wirklichkeit wurde. Sie schloß mit den Generalstaaten einen Vertrag ab und schickte ein englisches Heer unter Graf Leicester in die Niederlande.

Im Gegensatz zum Reich schufen in Westeuropa einige eng verknüpfte Ereignisabläufe von 1585 bis 1598 eine neue Situation. Am Ende dieser Entwicklung stehen eine gestärkte Monarchie in Frankreich (mit König Heinrich IV.) und die konsolidierten protestantischen Generalstaaten, deren südliche Demarkationslinie gegenüber den spanischen Niederlanden nach dem Waffenstillstand mit Spanien (1609) zur dauerhaften Staatsgrenze werden sollte.

3.2 Polen, Ungarn und die Osmanen

Im Zentrum der habsburgischen Ostpolitik standen seit der ersten Hälfte des 16. Jahrhunderts Ungarn und die Abwehr der Osmanen. Dagegen eröffnete sich auf dem „Nebenschauplatz" Polen zeitweise die Chance, hier eine neue habsburgische Dynastie zu errichten und, damit verbunden, neue machtpolitische Voraussetzungen in der Konfrontation mit den Osmanen zu schaffen.

Die von Ferdinand I. vorgezeichnete dynastische Politik gegen-
Das Haus Habs-über Polen gewann unter den Auspizien des letzten Jagiellonenherr-
burg und die polni-schers Sigismund II. August an Bedeutung. Dabei waren die Außen-
sche Thronfolgebeziehungen Polens seit den Auseinandersetzungen um Livland und der Personalunion Polens mit dem Großfürstentum Litauen (1569) durch den wachsenden Gegensatz zu Rußland gekennzeichnet. Im Inneren des polnischen Königreiches schritt die Gegenreformation voran, so daß nur ein katholischer Kandidat Chancen hatte. Diese Voraussetzungen brachte ein habsburgischer Kandidat mit. Trotzdem war die Thronfolgepolitik Maximilians II. wenig erfolgreich.

3. Das konfessionell geteilte Reich und seine Nachbarn

So unterlag Erzherzog Ernst, der Sohn des Kaisers, in der polnischen Königswahl 1573 Heinrich III. von Valois. Als dieser 1575 die polnische Krone zurücklegte, um die Nachfolge seines jung verstorbenen Bruders Karl IX. auf dem französischen Thron anzutreten, eröffnete sich dem Haus Habsburg neuerdings die Chance auf den polnischen Thron. Wieder kandidierte Erzherzog Ernst, zeitweise auch der Kaiser selbst. Für Habsburg war Polen als Aufmarschplatz gegen die Türken und zur Eroberung Ungarns von größter Bedeutung. Wenn sich diesmal Stephan Báthory, seit dem Tod von Johann II. Zápolya (1571) Fürst von Siebenbürgen, durchsetzen konnte, so deshalb, weil dieser vom Sultan unterstützte Kandidat als Gegner Habsburgs den Frieden mit dem Osmanischen Reich garantierte. Zum letzten Mal bot sich dem Hause Habsburg nach dem Tod Báthorys (1586) die Chance, die polnische Krone zu erwerben. Neben dem schwedischen Kandidaten Sigismund III. Wasa bewarben sich anfänglich Erzherzog Ernst vund Erzherzog Maximilian III., der Deutschmeister, der schließlich als Kandidat Habsburgs von der Mehrheit des polnischen Adels gewählt wurde. „Anders als sein Vater Maximilian II., der 1576 durch zu langes Zögern seine Chance vergeben hatte, wollte der Erzherzog durch schnelles Eindringen nach Polen und rasche Übernahme der Macht vor Sigismund aus Schweden vollendete Tatsachen schaffen" [196: H. NOFLATSCHER, Glaube, Reich und Dynastie, 153 f.]. Doch unterlag sein kleines Heer, das aus den habsburgischen Ländern zu spät Verstärkung erhielt, seinem Gegner 1588 im oberschlesischen Pitschen. Er selber wurde dabei gefangengenommen und erst 1598, nach eidlichem Verzicht auf die polnische Krone, freigelassen. Mit dem Hinweis auf das Osmanenreich hatten 1588 die bedeutendsten Reichsfürsten eine Geld- oder Truppenhilfe für Maximilian strikt abgelehnt.

Seit dem Frieden von Adrianopel (1568) herrschte in Ungarn an der Grenze zu den Türken Ruhe, doch kam es immer wieder zu lokalen Grenzkriegen mit Gefechten, an denen bis zu 5000 Mann beteiligt waren. Aus diesen Gründen kam dem Festungsbau steigende Bedeutung zu. Aus Grenzkämpfen im kroatischen Grenzgebiet entwickelte sich der große Türkenkrieg 1593–1606. Nach einem osmanischen Streifzug unter dem Pascha von Ofen an Una und Save kündigte der Kaiser den Frieden auf und konnte im folgenden Jahr die von den Türken belagerte Festung Sissek/Sisak in Kroatien (am 22.6.1593) entsetzen. Nach diesem Sieg der kaiserlichen Seite traten die Osmanen offen in den Krieg ein. Die erste Kriegsphase (1593–1600) war durch Offensiven beider Seiten gekennzeichnet, ab

Ungarn und das Osmanische Reich

1601 waren die Auseinandersetzungen durch kleinere Gefechte und die Belagerung von Festungen geprägt; die Bodengewinne hielten sich in engen Grenzen, der Ausgang des Konflikts war letztlich unentschieden.

Den Anfangserfolgen des Kaisers folgten bald empfindliche Rückschläge: 1594 eroberten die Türken die Festung Raab/Györ, die nach dem Beispiel der italienischen Festungstechnik ausgebaut worden war und unter dem Kommando von Ferdinand Graf Hardegg stand, dem Verrat vorgeworfen wurde und der in Wien zum Tode verurteilt und hingerichtet werden sollte. Erfolge konnten hingegen in Siebenbürgen, der Moldau und der Walachei erzielt werden. Seit 1595 stand das Fürstentum auf habsburgischer Seite, doch stießen die gegenreformatorischen Maßnahmen der kaiserlichen Besatzung auf den Widerstand unter Siegmund Báthory, der mit den Osmanen Verbindung aufnahm. Nach der Besetzung der Festungen Gran/Esztergom und Visegrad durch die Kaiserlichen (1595) kam es 1596 in der Schlacht von Meszökeresztes bei Erlau/Eger zum größten Kräftemessen des Krieges, das mit einem türkischen Sieg endete.

Siebenbürgen, Moldau und Walachei

Die Rückeroberung von Raab/Györ (1598) wurde von der kaiserlichen Propaganda als entscheidender Sieg der Christenheit über den türkischen Erzfeind gepriesen. Aus diesem Anlaß wurden auch Medaillen geprägt, und in Prag entstanden die allegorischen Zeichnungen und Gemälde Hans von Aachens, die Rudolf II. als ruhmreichen Türkensieger verherrlichten. Die Kriegsjahre nach 1600 brachten beiden Seiten wechselnde Erfolge, doch waren die Osmanen erfolgreicher, wenn man an die Eroberung der südwestungarischen Grenzfestung Kanischa/Nagykanizsa (1600) denkt. 1602 konnte Habsburg seine Position in Siebenbürgen wieder festigen, vor allem wegen der Unterstützung durch den Wojwoden der Walachei; diese militärisch gefestigte Situation konnte aber nicht genützt werden. Stephan Bocskay wurde zum Sammelpunkt aller mit den antihabsburgischen Kräften Unzufriedenen. Schließlich wurde er 1605 zum Fürsten von Siebenbürgen gewählt. So kam es, daß der mit dem Oberbefehl in Ungarn betraute Erzherzog Matthias im Wiener Frieden vom 23.6.1606 zunächst Bocskay als Fürst anerkannte. Erst am 11.11.1606 wurde mit dem Sultan der Friede von Zsitvatorok, auf ungarischem Gebiet im Mündungsgebiet der Zsitva gelegen, geschlossen. Er bestätigte im wesentlichen den territorialen Status quo vom Beginn des militärischen Konflikts; doch blieben die Festungen Gran und Kanischa türkisch. Der Frieden von Zsit-

Wechselnde Erfolge auf beiden Seiten

Der Friede von Zsitvatorok als Wendepunkt der Beziehungen zu den Osmanen

vatorok markiert aber vor allem einen Wendepunkt der Beziehungen zum Osmanischen Reich, indem der Kaiser vom Sultan fortan als gleichberechtigter Herrscher betrachtet wurde. Das kam schon dadurch zum Ausdruck, daß der seit 1547 geleistete kaiserliche Jahrestribut in der Höhe von 30000 Dukaten mit einem einmaligen Ehrengeschenk in der Höhe von 200000 Dukaten/Gulden abgegolten wurde. Auch waren ständige diplomatische Residenten in Aussicht genommen. Für das Osmanische Reich machte der Friedensschluß von 1606 wichtige Kräfte für den Kampf gegen die Aufständischen und gegen Persien frei. Das galt für die Jahre 1608 bis 1612. In diesem Jahr schloß der Sultan mit Persien Frieden, der 1618 erneuert wurde. Während des Dreißigjährigen Krieges entfaltete das Osmanische Reich seine militärischen Aktivitäten nur gegenüber Polen.

Innerhabsburgisch war der Friede umstritten, da er von Kaiser Rudolf II. und Erzherzog Ferdinand von Innerösterreich, dem späteren Kaiser Ferdinand II., abgelehnt wurde. So nahm Rudolf II. beide Friedensschlüsse nur mit Vorbehalt an und verzögerte die Ratifizierung des Friedens mit den Osmanen; er wollte eigentlich den Krieg weiterführen, verfügte jedoch nicht über ausreichende militärische Kräfte. *Innerhabsburgische Rückwirkungen*

Ungelöst blieb im Frieden von Zsitvatorok das siebenbürgische Problem. Aussagen über die künftige staatsrechtliche Stellung des Fürstentums waren absichtlich allgemein gehalten worden. Strittig blieb, ob die Osmanen einen formellen Verzicht auf ihre Oberhoheit in Siebenbürgen geleistet hatten. Dies war deshalb wichtig, weil im Frieden von Wien (1606) die Rückgliederung Siebenbürgens an Ungarn nach Bocskays Tod vereinbart worden war. Die negativen Auswirkungen zeigten sich schon 1606, als Stephan Bocskay starb und die Pforte von ihrem Anspruch auf die frühere Oberhoheit nicht abging. Aber Erzherzog Matthias setzte sich für die Weiterführung der Friedenspolitik mit den Osmanen ein und trug zur Verschärfung des innerhabsburgischen Konflikts bei, der sich zum sogenannten Bruderzwist ausweitete. Für die künftige habsburgische Politik, vor allem während der Jahre zwischen 1618 und 1648, wurde es von entscheidender Bedeutung, daß der Friede von Zsitvatorok mehrmals verlängert werden konnte und bis 1663/64 anhielt. *Siebenbürgen*

3.3 Westeuropa und die Zunahme der Konflikte im Reich

Die innere Entwicklung im Reich war in der Ära Rudolfs II. (1576–1612) von zunehmenden politisch-konfessionellen Spannungen und daraus resultierenden regionalen militärischen Konflikten geprägt. Die Polarisierung zwischen den katholischen Reichsständen und dem Kaiser auf der einen Seite und den protestantischen Reichsfürsten, vor allem mit den dynamischen kalvinistischen und antihabsburgisch eingestellten Pfalzgrafen auf der anderen wurde lange Zeit durch die gemäßigten, vom prohabsburgischen Kursachsen angeführten evangelischen Reichsstände verzögert.

Konfessionspolitische Konflikte im Reich: Der Kölner Krieg

Die konkreten konfessionspolitischen Konflikte waren von großer, über den Anlaß hinausgehender Tragweite. Dies gilt für den Kölner Krieg (1582/83) zwischen dem evangelischen Kandidaten Gebhard Truchseß von Waldburg und dem Wittelsbacher Ernst, Bischof von Freising, Lüttich und Hildesheim, dem Exponenten der katholischen Partei. Beide Seiten versuchten die Mobilisierung ihrer Kräfte inner- und außerhalb des Reiches – allein schon wegen der exponierten Lage des Erzstifts Köln an der Grenze zu den Niederlanden. Die protestantische Seite hatte weniger Erfolg; denn im Gegensatz zu Pfalzgraf Johann Casimir war Kursachsen zu keiner Hilfe bereit. Ferner waren die Niederlande nicht in der Lage, Hilfe zu leisten. Erfolgreicher war die katholische Partei, die sich neben dem von Herzog Wilhelm V. von Bayern ausgerüsteten Heer auf spanische Truppen aus den Niederlanden stützen konnte. So trat der Wittelsbacher Kandidat schon 1583 die Nachfolge Gebhards von Waldburg an.

Der Straßburger Kapitelstreit

Auch am Beispiel des Straßburger Kapitelstreits (1583–1604) wird ersichtlich, wie stark die beiden konfessionellen Parteien, erweitert um auswärtige Kräfte, involviert waren. So stützten sich die evangelischen Mitglieder der Straßburger Domherren auf die protestantischen Reichsfürsten und auf die Hugenotten unter Heinrich von Navarra. Der in der Doppelwahl von 1592 gewählte katholische Straßburger Bischof, Kardinal Karl von Lothringen, setzte sich, gestützt auf Heinrich von Navarra, nunmehr König von Frankreich, durch und erhielt 1598 die kaiserliche Belehnung. Diese Beispiele machen deutlich, wie sehr in der Epoche Rudolfs II. die gegensätzlichen konfessionellen Interessen den Frieden im Reich auf eine Belastungsprobe stellten.

Dauerhafter Friede in Westeuropa?

Zur gleichen Zeit suchte Spanien nach dem Tod Philipps II. seine Stellung im europäischen Staatensystem durch eine „Pax Hispanica" abzusichern. Der Herzog von Lerma, der unter König Philipp III. als Erster Minister der spanischen Politik bis 1618 die Richtung gab, begründete diesen von Spanien garantierten europäischen Frieden auf dem Ausgleich mit England (1604) und auf dem

3. Das konfessionell geteilte Reich und seine Nachbarn

Waffenstillstand mit den Generalstaaten (1609) und initiierte 1612 eine dynastische Absprache mit Frankreich.

Die Gründung der protestantischen Union (1608) und der katholischen Liga (1609) hatte die bündnispolitische Polarisierung im Reich zur Folge. Diese wurde erstmals im Jülich-klevischen Erbfolgestreit (1609–1614) wirksam. In dem Kampf um die Nachfolge zwischen Kurbrandenburg und Pfalz-Neuburg, die konfessionspolitisch zunächst dem gleichen, protestantischen Lager zugehörten, griff nicht nur der Kaiser ein und unterstützte die kursächsischen Ambitionen, sondern das gleiche taten auch die benachbarten auswärtigen Mächte, wobei konfessionspolitische Erwägungen eine Rolle spielten. So unterstützten die Generalstaaten eine protestantische, die spanischen Niederlande eine katholische dynastische Lösung. Anders lag es bei Frankreich, das mit Hilfe eines evangelischen Reichsfürsten den habsburgischen Einfluß am Niederrhein zurückdrängen wollte. Der Kaiser nützte die sich bietende Möglichkeit, nach dem Tode Herzog Johann Wilhelms (6.5. 1609) eine kommissarische Regierung unter der Leitung Erzherzog Leopolds einzusetzen und die im Dortmunder Vertrag zwischen Brandenburg, Pfalz-Neuburg und den Landständen von Jülich-Kleve getroffene Vereinbarung über die Zukunft des Landes für ungültig zu erklären. Das letztere nützte wenig, weil beide Parteien (Brandenburg und Pfalz-Neuburg) ihre Truppen im Land stationiert ließen. Ferner trat der brandenburgische Kurfürst nicht nur der protestantischen Union bei, sondern suchte auch Unterstützung bei König Heinrich IV. von Frankreich. Dieser verbündete sich mit der Union und mit Savoyen (1610) und bereitete den Krieg am Niederrhein, in den südlichen Niederlanden und in Italien vor. Damit drohte der Jülich-klevische Erbfolgestreit im Rahmen des französisch-habsburgischen Antagonismus zum Austrag zu kommen. Nur die Tatsache, daß Heinrich IV. am 14.5. 1610 in Paris einem Mordanschlag zum Opfer fiel, verhinderte im letzten Moment den drohenden Krieg, der vielleicht den Dreißigjährigen Krieg vorweggenommen hätte.

Der Konflikt in und um Jülich-Kleve ging deshalb weiter, weil zwischen Brandenburg und Pfalz-Neuburg Gegensätze aufbrachen, deren außerdeutsche Fortsetzung dadurch begünstigt wurde, daß der brandenburgische Kurfürst zum Kalvinismus und der Pfalzgraf zum Katholizismus übertrat. Nur durch französische und englische Vermittlung konnte 1614 der Konflikt zwischen den Armeen unter General Spínola und Moritz von Oranien verhindert werden. Fortan bestand Jülich-Kleve geteilt. Mit dem Vertrag von Xanten

Der Jülich-klevische Erbfolgestreit

Die Auswirkungen auf die europäische Mächtekonstellation

(12.11.1614) fand dieser Erbstreit im wesentlichen sein Ende, auch wenn ein lokal begrenzter Kleinkrieg weiterging. Dieser Konflikt um Jülich-Kleve „bildete ein kleines Vorspiel zum Dreißigjährigen Krieg, dessen Mächtekonstellation (Spanien, Österreich und die Liga gegen Holland, Frankreich und die deutschen Protestanten) bereits im Hintergrund sichtbar wurde. Auch hatte sich gezeigt, wie rasch bei innerdeutschen Konflikten das Ausland zur Stelle war und das Reich zum Schauplatz auswärtiger Interessenkämpfe wurde" [72: E. W. ZEEDEN, Das Zeitalter der Glaubenskämpfe, 73].

Kaiser Matthias und Klesl: Politik der „Kompositionen"

Die kurze Regierung von Kaiser Matthias (1612–1619) war von der Vermittlungspolitik des Wiener Bischofs und Kardinals Melchior Klesl geprägt. Gegenüber dem Protestantismus im Reich mußte dies bedeuten: Verzicht auf eine gewaltsame Rekatholisierungspolitik, statt dessen Zugeständnisse und die Wahrnehmung von „Chancen außerlegalistischer Verständigung" auf dem Wege sogenannter „Kompositionen". Diese Vermittlungsstrategie konnte auf die Dauer nicht erfolgreich sein, wie die Ergebnisse des Reichstages von 1613 zeigen. Denn die allgemeine Konfliktlage war so sehr von der Interpretation des Religionsfriedens geprägt, daß auch die Vermittlungsversuche Kursachsens gegen die von Kurpfalz angeführte „Bewegungspartei" erfolglos blieben. Bei den Kräften des nachtridentinischen Katholizismus nahm die Bereitschaft zu einem konfessionspolitischen Nebeneinander weiter ab.

Innerhabsburgische Weichenstellungen: von Matthias zu Ferdinand von Innerösterreich

Weitreichende Bedeutung erhielt die innerhabsburgische Erb- und Thronfolgefrage, die mit der Nachfolge im Reich eng verbunden war. Unter den deutschen Linien Habsburgs einigte man sich mit dem kinderlosen Kaiser auf eine Nachfolge Ferdinands von Innerösterreich. Damit zeichnete sich ein politischer Umschwung größten Ausmaßes zugunsten des nachtridentinischen Katholizismus im Reich und in den habsburgischen Ländern ab. Widerstand gab es in Böhmen und beim spanischen Zweig des Hauses Habsburg. Zwar setzte die prohabsburgische Opposition auf dem böhmischen Landtag von 1617 die „Annahme" Ferdinands zum König von Böhmen durch, aber die Widerstände konnten keineswegs als überwunden gelten. Zur gleichen Zeit konnte den spanischen Erbansprüchen, die von seiten König Philipps III. vorgetragen wurden, in Form des Oñate-Vertrags von 1617 (siehe oben S. 23) insofern begegnet werden, daß der künftige Kaiser die Verpflichtung einging, Spanien im Elsaß und in Reichsitalien (durch die Belehnung mit Finale und Piombino) zu entschädigen.

4. Von der böhmischen Ständerevolte zum Krieg um das Reich

4.1 Der Sieg der katholischen Mächte (1620–1629)

Schon bei Beginn des zunächst noch innerhabsburgischen Konflikts zeichnete sich eine politisch-militärische Konstellation ab, die die Grenzen des Königreiches Böhmen und der habsburgischen Herrschaftsgebiete überschritt. Mit dem Eklat des Prager Fenstersturzes vom 23. 5. 1618 „waren die Brücken der Verständigung abgerissen". Der Wiener Hof sah im Verhalten der radikalen aufständischen böhmischen Stände Rebellion [69: H. SCHILLING, Aufbruch und Krise, 414]. Diese wiederum suchten militärische Hilfe bei den Ständen in Mähren und in den Ländern ob und unter der Enns. Die Stände der beiden letztgenannten Länder hatten nach dem Tod von Kaiser Matthias (20. 3. 1619) Ferdinand (II.) die Huldigung verweigert. Die böhmischen Stände nun gingen radikaler vor: sie setzten Ferdinand als böhmischen König (gewählt 1617) ab und wählten am 26./27. 8. 1619 Pfalzgraf Friedrich V. zum König von Böhmen. Die Böhmen standen unter Zeitdruck, denn die Kaiserwahl Ferdinands (II.) stand unmittelbar bevor. Sie kamen mit der Wahl ihres Königs den Kurfürsten in Frankfurt um einen Tag zuvor, die am 28. August einstimmig Ferdinand zum römischen Kaiser wählten. Die böhmischen Stände hatten, mit voller Absicht und dem nötigen Engagement zugunsten des Protestantismus, das Haupt der protestantischen Union der Reichsstände gewählt. Diese offensichtliche Parteinahme hatte im Reich die Mobilisierung der gegnerischen Kräfte der katholischen Liga zur Folge. Sie wurden kriegsentscheidend für den Sieg der katholischen Kräfte auf dem böhmischen Kriegsschauplatz in der Schlacht am Weißen Berg am 8. 11. 1620. Bei dieser militärischen Auseinandersetzung, die mit der katastrophalen Niederlage des böhmischen Ständeheeres und der Flucht des „Winterkönigs" endete, waren neben den die Schlacht entscheidenden ligistischen Truppen unter bayerischer Führung und neben der kaiserlichen Armee auch spanische Truppen beteiligt, die Ferdinand II. aus den Niederlanden zur Unterstützung geschickt worden waren. Ganz im Gegensatz zu der auf katholischer Seite wirksamen Zusammenarbeit mit der bedeutendsten außerdeutschen katholischen Macht Europas gelang es den Böhmen und dem Pfalzgrafen nicht, Frankreich, den traditionell antihabsburgischen Bündnispartner in Europa, zur Hilfe zu bewegen; vielmehr versagte der franzö-

Die Vorgänge in Böhmen

Die Schlacht am Weißen Berg

sische König der antimonarchischen Ständebewegung der habsburgischen Länder seine Unterstützung.

Auch der Widerstand der Protestanten im Reich war zunächst schwach. Die Union löste sich auf, und der gescheiterte Pfalzgraf erhielt von seinem englischen Schwiegervater, König Jakob I., weder Asyl noch militärische Hilfe. Zum Kristallisationspunkt bei der Mobilisierung des protestantischen Europa wurden die Niederlande. Erstens lief 1621 der zwölfjährige Waffenstillstand mit Spanien aus, zweitens suchten zwei in Böhmen gescheiterte protestantische Heerführer bei den Generalstaaten und beim niedersächsischen Reichskreis – und damit auch beim König von Dänemark – militärische Hilfe. 1622 trat Ernst von Mansfeld in die Dienste der Generalstaaten, um eine neue Armee aufzustellen, Christian von Braunschweig fand Unterstützung bei König Christian von Dänemark gegen die nach Norddeutschland vorstoßenden ligistischen und kaiserlichen Truppen. Dagegen richtete sich das am 9.12.1625 in Den Haag zwischen England, Dänemark, den Generalstaaten und einigen protestantischen Reichsfürsten geschlossene Bündnis, das eine offene Intervention Dänemarks in Nordwestdeutschland zur Folge hatte. So bildete sich ein halbes Jahrzehnt vor dem Eingreifen Schwedens erstmals eine europäische Koalition des Protestantismus.

Das protestantische Europa formiert sich nur langsam

Für den Kaiser galt es nach dem Sieg am Weißen Berg jede Unterstützung des geschlagenen Pfalzgrafen zu verhindern, ohne einen europäischen Krieg zu provozieren. Die Lage unter den Reichsfürsten für diese habsburgischen Pläne war günstig. Von jeher hatten nämlich nur wenige den Pfälzer unterstützt. Zu ihnen gehörten die Herzoge von Sachsen-Weimar und Braunschweig-Wolfenbüttel. Im protestantischen Lager war es Johann von Sachsen, der wegen seiner Aussichten auf die Erwerbung der beiden Lausitzen im evangelischen Lager heftig dafür eintrat, Pfalzgraf Friedrich jegliche Unterstützung zu verweigern. Durch diese Konstellation wurde der seit April 1621 in den Niederlanden im Exil weilende Pfalzgraf um so mehr von ausländischen Verbündeten abhängig. Zunächst zahlten die Generalstaaten weiterhin Subsidien, sie stellten nun aber die Bedingung, daß Friedrich von England Unterstützung erhielt. Das galt auch für König Christian IV. von Dänemark.

Die Vorteile sind auf katholischer Seite

Im Juni 1621 sprach sich das englische Unterhaus dafür aus, den Pfalzgrafen auf der Grundlage eines Bündnisses mit den Generalstaaten militärisch zu unterstützen. Doch der englische König und Schwiegervater des Pfalzgrafen, Jakob I., hatte Vorbehalte gegen ein englisches Engagement auf dem europäischen Kontinent

Das zögernde Engagement Jakobs I. von England in Europa

4. Von der böhmischen Ständerevolte zum Krieg um das Reich 35

und tendierte zu einem Bündnis mit Spanien, um die spanischen Heiratsprojekte des Hauses Stuart zu besiegeln. Jakob I. wollte die Rheinpfalz zurückgewinnen, die seit Herbst 1620 durch spanische und ligistische Truppen unter den Generälen Spínola und Tilly besetzt war, aber er gedachte dieses Ziel im Rahmen einer umfassenderen diplomatischen Regelung zu erreichen. „Deshalb bestand England paradoxerweise darauf, die pfälzische Frage als rein deutsche Angelegenheit zu behandeln, während es zugleich bemüht war, sie mit den verschiedensten anderen Streitfragen zu verknüpfen, mit denen sie in Wirklichkeit überhaupt nichts zu tun hatte" [G. PARKER/S. ADAMS in 249: G. PARKER, Der Dreißigjährige Krieg, 132].

Während nun Jakob I. seit Jahresbeginn 1621 auf dem Verhandlungsweg einen allgemeinen Waffenstillstand im Reich herbeizuführen trachtete, suchten die beiden Konfliktparteien zunächst noch die militärische Entscheidung: Spanien, dem Kaiser und Maximilian von Bayern kam es darauf an, die gesamte Kurpfalz dauerhaft zu sichern; General Spínola konnte überdies auch die spanischen Niederlande vor einem Angriff der Generalstaaten schützen und den Weg nach Oberdeutschland blockieren. Auf der anderen Seite standen noch immer Truppen zu Pfalzgraf Friedrich, die sich nach der Besetzung der Oberpfalz durch ligistische Truppen (im Spätsommer 1621) zu Bethlen Gabor, dem Fürsten von Siebenbürger, durchschlugen, der allerdings im Januar 1622 mit Kaiser Ferdinand II. Frieden schließen sollte. Im ersten Halbjahr 1622 stellte General Tilly die Übermacht der katholischen Seite an Rhein, Main und Neckar her. Für Verhandlungen auf internationaler Ebene in Brüssel, zu denen sich der Pfalzgraf im Sommer 1622 bereit erklärte, war es zu spät. Die katholische Seite ging darauf nicht ein, sondern vollendete statt dessen mit der Eroberung Heidelbergs (19. 9. 1622) und Mannheims (2. 11. 1622) die Besetzung der Kurpfalz.

Die Sicherung der Pfalz durch Spanien

Für Spanien war der Besitz dieser rheinischen Gebiete deshalb so bedeutsam, weil sie die außerordentlich wichtige militärische Verbindungsroute zwischen den spanischen Niederlanden, den Alpen und den spanischen Gebieten in Italien, vor allem der Lombardei, ergänzten und erweiterten, die Spanien im Süden schon 1620 mit der Besetzung des Veltlin und schließlich 1621 mit der Einnahme Graubündens geschlossen hatte.

Für Frankreich nahm die Veltlinfrage dieselbe Bedeutung an wie die Restitution der Pfalz für den englischen König. Frankreich war in diesen Jahren durch innere Probleme daran gehindert, außenpolitisch aktiv zu werden. Immerhin konnte Ludwig XIII. am

Die Veltlinfrage

7.2.1623 den Lyoner Bund mit dem Herzog von Savoyen und mit Venedig schließen, der die Vertreibung Habsburgs aus Graubünden ebenso vorsah wie die Erneuerung der Ansprüche Savoyens auf Genua und Montferrat. Allerdings hatte sich die Lage im Veltlin nach einem erfolgreichen Aufstand gegen die spanische Herrschaft schon im Sommer 1622 so grundlegend geändert, daß der nach dem Tode von Zúñiga (Herbst 1622) amtierende Erste Minister Graf Olivares das Veltlin räumen mußte und päpstliche Truppen nachrücken ließ, um einen Konflikt mit Frankreich zu vermeiden.

Der deutsche Kriegsschauplatz gerät in Bewegung

Auf dem deutschen Kriegsschauplatz stand General Tilly 1621 bereits an der niedersächsischen Grenze. Durch die Niederlage des Herzogs von Braunschweig gegen das Heer der Liga bei Stadtlohn am 6.8.1623 wurden die Aussichten des Pfalzgrafen auf seine Restitution in der Pfalz, gestützt auf Braunschweig, Mansfeld und die Truppen der Generalstaaten, völlig zunichte gemacht. Nun gewannen die seit längerem bestehenden diplomatischen Beziehungen des Pfalzgrafen zu Schweden an Bedeutung. Um Intervention nachzusuchen war damals aussichtslos, weil Schweden in Polen engagiert war; es verfolgte jedoch mit großer Aufmerksamkeit, wie sich die Macht im Reich zugunsten der katholisch-habsburgischen Partei verschob. Pfalzgraf Friedrichs Diplomaten entfalteten damals eine hektische Tätigkeit bei Schweden, den Generalstaaten und Frankreich, doch wurde zunächst, im Juni 1624, nur das französisch-niederländische Bündnis gegen Spanien erneuert, und weil Richelieu nicht direkt im Reich eingreifen wollte, wurden französische Subsidien in Aussicht gestellt.

Pfälzisch-schwedische Bündnisbestrebungen

Das Eingreifen Dänemarks

Mit dem Eingreifen König Christians IV. von Dänemark schien sich das noch einmal zu ändern. Als Herzog von Holstein macht er seinen Einfluß im niedersächsischen Reichskreis geltend, indem er eine Apanagepolitik in den säkularisierten norddeutschen Bistümern betrieb, die insofern erfolgreich war, als sein Sohn Friedrich 1623 Koadjutor der Bistümer Bremen und Verden wurde. Diese starke Stellung in Norddeutschland versuchte der dänische König gegen die Konkurrenz Schwedens abzusichern. Das war möglich, indem er sich als alternative protestantische Großmacht im Rahmen der 1624/25 von England, den Generalstaaten, Brandenburg und der Pfalz in Haag beschlossenen Allianz präsentierte, die Gustav Adolf den Oberbefehl für eine Intervention im Reich anbot. Um einer Parteinahme der Alliierten für Schweden zuvorzukommen, trat Christian IV. im Frühjahr 1625 in den Krieg ein, allerdings ohne bündnispolitische Absicherung. Als ihm klar wurde, daß er als Ex-

4. Von der böhmischen Ständerevolte zum Krieg um das Reich 37

ponent der protestantischen Sache plötzlich zwei Armeen gegenüberstand – neben dem Heer der Liga unter Tilly der kaiserlichen Feldarmee unter dem Generalissimus Albrecht von Wallenstein, der im Sommer 1625 nach Halberstadt und Magdeburg marschiert war –, war er nicht nur zum Rückzug gezwungen, sondern konnte auch von keiner anderen Großmacht Hilfe erwarten; denn Frankreich war im Innern gebunden, so daß Richelieu sogar Graf Mansfeld seine Unterstützung entzog; Gustav Adolf führte Krieg in Polen; und nur die Generalstaaten und England wollten wenigstens Subsidien zahlen.

Christian IV. und die ihm verbliebenen Verbündeten, voran die Herzoge von Mecklenburg, verloren die Schlachten an der Dessauer Brücke (25.4.1626) und bei Lutter am Barenberge (26.8.1626) und mußten sämtliche Stellungen zwischen Westfalen und der Elbemündung räumen. Die Aussichten, daß Graf Mansfeld, der im September 1626 von Schlesien aus seine Truppen mit Bethlen Gabor vereinigte und zusammen mit dem Sultan die habsburgische Herrschaft in Ungarn gefährdete, zerschlugen sich am Desinteresse der Osmanen. Mit dem Frieden von Preßburg (1627) zwischen Bethlen Gabor und dem Kaiser waren die Voraussetzungen dafür gegeben, daß die Armee Wallensteins sich auf die Eroberung Jütlands (1627), Mecklenburgs und Pommerns (1628) konzentrieren konnte. *Christian IV. von Dänemark als der große Verlierer*

Auch wenn Wallenstein kein vollständiger Sieg über Dänemark gelang und er mangels einer Flotte weder die dänischen Inseln noch die Hafenstadt Stralsund einnehmen konnte, ging der dänische König auf einen Separatfrieden mit dem Kaiser ein und ließ sich davon auch nicht durch die Hilfszusagen Englands und der Generalstaaten und ein Verteidigungsabkommen mit Gustav Adolf (1629) abbringen. Gerade wegen der Aussicht auf eine Verständigung zwischen Schweden und Dänemark schloß Wallenstein am 22.5.1629 den Verzichtfrieden von Lübeck mit Christian IV. Der dänische König behielt seine Territorien, mußte aber auf eine Bündnispolitik in Norddeutschland verzichten und die niedersächsischen Bistümer herausgeben. Die Leidtragenden waren die Herzöge von Mecklenburg; mit ihrem Land wurde Albrecht von Wallenstein belehnt, und dadurch wurde er in den Reichsfürstenstand erhoben. Noch vor dem Lübecker Frieden erließ Kaiser Ferdinand II. am 6.3.1629 das Restitutionsedikt, und damit begann für den deutschen Protestantismus eine folgenschwere Politik der Rekatholisierung, die eine Rückführung des gesamten, seit 1555 von protestantischer Seite säkularisierten Kirchengutes in den Besitz der Katholiken anstrebte. „Ganz *Wallensteins Siegeszug*

Der Lübecker Frieden

Das Restitutionsedikt Ferdinands II.

unabhängig von der inneren kirchlichen Problematik des Ediktes und von der Frage seiner praktischen Durchführbarkeit wurde dieser Schritt des Kaisers zum Signal für den Widerstand auch der konservativen, bisher kaisertreuen Protestanten (Kursachsen, Kurbrandenburg), für das neuerliche Eingreifen des europäischen Protestantismus und schließlich für das schärfere antihabsburgische Engagement des katholischen Frankreich unter Kardinal Richelieu" [47: H. LUTZ, Reformation und Gegenreformation, 106].

4.2 Das Pendel schlägt zurück (1631–1635)

Der Regensburger Kurfürstentag 1630

Ob der Kaiser seine militärischen Machtpositionen absichern konnte, mußte sich auf dem Regensburger Kurfürstentag erweisen, der zur Lösung der politischen Probleme im Reich und der Fragen der großen europäischen Politik einberufen worden war. Größte Bedeutung sollte die Anwesenheit der Gesandten Frankreichs (Brulart de Léon und der Kapuzinerpater Père Joseph), Papst Urbans VIII., König Philipps IV. von Spanien, König Jakobs I. von England sowie des Großherzogs von Toskana und der Republik Venedig erhalten. Die kaiserliche Politik mußte vor allem mit dem Gegensatz zu den Reichsständen rechnen, die neben der Aufhebung des Restitutionsedikts die rasche Entlassung Wallensteins verlangten.

Der Machtverlust des Kaisers

Es zeigte sich sehr rasch, daß der Kaiser die Siege der vergangenen Jahre nur gegen den Widerstand der Reichsstände, vor allem Bayerns, sowie Frankreichs und des Papstes zu seinen Gunsten umsetzen konnte. In diesem politischen Ringen kam der Frage um Wallenstein deshalb eine Schlüsselrolle zu, weil die Reichsstände von Wallensteins Generalat die Vollendung der kaiserlichen „Monarchia", verbunden mit dem Ende reichsständischer „Libertät", befürchteten. Von seinen geheimen Räten, seinem Sohn Ferdinand (III.) und seinem Beichtvater Lamormaini bestärkt, gab der Kaiser dem Drängen der Reichsstände nach, Wallenstein zu entlassen.

Die nächste Forderung der Reichsstände bestand darin, Kurfürst Maximilian von Bayern als Nachfolger im Generalat des Friedländers zu bestellen. Hier zeichnete sich die zweite Niederlage Ferdinands II. ab. Als die kaiserliche Seite die Vereinigung des Liga-Heeres mit der kaiserlichen Armee und die Finanzierung durch die Reichsstände verlangte, legte der bayerische Kurfürst seine Bewerbung zurück. So wurde der Oberbefehl General Tilly übertragen, ohne aber die beiden Heere gemeinsam zu finanzieren.

Die dritte Niederlage mußte Ferdinand II. in der Mantua-

4. Von der böhmischen Ständerevolte zum Krieg um das Reich

Frage hinnehmen. Unter dem Druck der Kurfürsten verhandelte er mit den französischen Gesandten über einen Generalfrieden mit Frankreich, der Richelieu verpflichten sollte, künftig keine Angriffe Dritter auf Kaiser und Reich zu unterstützen. Das hätte Frankreich jegliche Unterstützung Schwedens unmöglich gemacht. Ferner war Père Joseph zum Abschluß eines Generalfriedens gar nicht ermächtigt, auch wenn er im Regensburger Frieden vom 13.10.1630 eine derartige Klausel unterzeichnete, die Richelieu aber nicht ratifizieren sollte. Indem Père Joseph im Zuge dieser Zusage den Kaiser zum Waffenstillstand von Mantua bewegen konnte, der dem Siegeszug der kaiserlichen Armee im Mantuaner Erbfolgekrieg widersprach, gewann Frankreich eine mehrmonatige Waffenruhe zur erfolgreichen Reorganisation seiner Truppen, um schließlich im Frieden von Cherasco (19.6.1631) die mantuanische Frage zu seinen Gunsten zu bereinigen: der französische Kandidat Karl von Gonzaga-Nevers wurde als Herzog von Mantua bestätigt, und Frankreich erhielt Pinerolo und Perosa, zwei wichtige Einfallspforten nach Italien. *Das Ergebnis des Mantuanischen Erbfolgekrieges (1631)*

Für das Reich bedeutete die fast vollständige Niederlage der kaiserlichen Politik, daß „im Augenblick größter habsburgischer Machtentfaltung der Schritt zur ‚Monarchia' – wie immer diese dann ausgesehen hätte – verhindert" wurde und daß der Weg frei blieb „für eine grundsätzlich föderative Ordnung im Reich, wie sie seit langem sich befestigt hatte und dann auch durch den Westfälischen Frieden von 1648 Brief und Siegel erhielt" [261: D. ALBRECHT, Der Regensburger Kurfürstentag, 69f.]. Die Reaktionen auf dieses Versagen der kaiserlichen Politik blieben auf reichsständischer Seite sowohl im protestantischen als auch im katholischen Lager nicht aus.

Am 6. Juli 1630 war eine kleine schwedische Armee unter König Gustav Adolf in Pommern gelandet. Ein wirksamer Widerstand war dem Kaiser deshalb nicht möglich, weil seine militärischen Kräfte noch in Italien gebunden waren. Von zentraler Bedeutung für Schwedens künftige politisch-militärische Position im Reich wurde zunächst die Haltung der vom schwedischen Einfall unmittelbar betroffenen Kurfürsten von Brandenburg und Sachsen. Kurfürst Georg Wilhelm von Brandenburg war, seitdem dem Pfalzgrafen Friedrich die Kurwürde aberkannt worden war, der führende kalvinistische Reichsfürst; seit 1626 mit dem Kaiser verbündet, litt sein Land unter dem Krieg in Norddeutschland. Kurfürst Johann Georg von Sachsen, das Haupt der lutherischen Reichsfürsten, be- *Die Situation der Reichsstände nach der Landung Gustav Adolfs in Pommern*

Brandenburg und Sachsen

unruhigt durch die unnachgiebige Haltung Ferdinands II. in der Frage des Restitutionsedikts, vermied auch noch während des Regensburger Kurfürstentages 1630 eine Konfrontation mit dem Kaiser. Beide Reichsfürsten versuchten als dritte Kraft zwischen Schweden und dem Kaiser die Ausweitung des Krieges zu verhindern. Diesem Ziel diente das defensive Leipziger Bündnis vom 12.4.1631. Dies war der letzte Versuch, die religionspolitischen Interessen der protestantischen Fürsten zu wahren. Dieses Bündnis war aber auch eine deutliche Warnung an Ferdinand II., daß sie sich einer militärischen Unterdrückung und Rekatholisierung widersetzen würden. Gustav Adolf wiederum sollte erkennen, daß die beiden protestantischen Kurfürsten nicht freiwillig seine Verbündeten werden würden.

Bayern   Auch Kurfürst Maximilian von Bayern war am Frieden interessiert, um seine neu erworbenen Rechts- und Machtpositionen abzusichern. Da er die kaiserliche Restitutionspolitik unterstützte, kam ein Bündnis mit protestantischen Fürsten für ihn nicht in Frage, statt dessen ließ er 1630 in Regensburg über ein Bündnis mit Frankreich verhandeln, das im Mai in Fontainebleau abgeschlossen wurde. Wie das Leipziger Manifest verfolgte auch dieser Vertrag die Errichtung einer dritten, neutralen Kraft zum Schutz der Reichsverfassung und der fürstlichen Libertät.

Der schwedische Vormarsch bis 1632   Die militärische Lage des schwedischen Heeres war zunächst nicht günstig. Wie aus dem schwedischen Kriegsmanifest hervorgeht, machte Gustav Adolf die habsburgische Invasion in Polen zum casus belli, und nur am Rande kam die Unterdrückung der reichsständischen Libertät als Grund für den schwedischen Einmarsch im Reich zur Sprache. Das bedeutet, daß die schwedische Propaganda die Rolle ihres Königs als Retter des deutschen Protestantismus weit weniger hervorhob, als oft vermutet wurde, zunächst jedenfalls. Und so boten sich Gustav Adolf anfänglich nur wenige und unbedeutende Fürsten als Verbündete an, u.a. die Herzöge von Mecklenburg, von Sachsen-Weimar und der Landgraf von Hessen-Kassel.

Die französische Subsidienpolitik   In dieser Situation halfen die französischen Subsidien, die im Vertrag von Bärwalde (23.1.1631) mit Frankreich in der Höhe von 400000 Talern jährlich vereinbart wurden, dem Schwedenkönig über seine Geldknappheit hinweg. Aber die Truppenanwerbungen gestalteten sich schwierig, auch war die Präsenz der kaiserlichen und ligistischen Truppen noch gut.

Die Situation der Schweden verbesserte sich erst im Zuge der von Gustav Adolf gesuchten Offensive. Zunächst jedoch war ihr

4. Von der böhmischen Ständerevolte zum Krieg um das Reich   41

Wirkungskreis noch beschränkt – sie konnten zwar die brandenburgischen Städte Küstrin und Frankfurt an der Oder erobern, aber zur Rettung der Stadt Magdeburg vor den Truppen Tillys, die am 20. Mai 1631 die Stadt besetzten und völlig zerstörten, kamen sie zu spät. Um so größer war die propagandistische Wirkung, die sich mit dem Hinweis auf das Wüten der kaiserlichen und ligistischen Truppen in der deutschen Öffentlichkeit und besonders im Hinblick auf die wichtigsten protestantischen Fürsten erzielen ließ. Als erster wurde Georg Wilhelm von Brandenburg zu einem Bündnisvertrag mit Gustav Adolf gezwungen (21.6.1631), ihm folgte am 4.9.1631 Johann Georg von Sachsen anläßlich der Bedrohung durch die Truppen Tillys. Für Schweden war dies deshalb so wichtig, weil diese Bündnispartner zu dem Zeitpunkt gewonnen wurden, als die kaiserliche Armee nach dem Frieden im Mantuaner Erbfolgekrieg aus Italien nach Mitteldeutschland verlegt werden konnte.

Magdeburg

Gustav Adolf und Johann Georg stellten mit 41000 Soldaten und einer hervorragenden Artillerie General Tilly am 17.9.1631 bei Breitenfeld in der Nähe von Leipzig zur Schlacht. Das Heer der Liga und die kaiserliche Armee verfügten nur über 31000 Soldaten, von denen 7000 eben erst aus Italien eingetroffen waren. Breitenfeld war der erste große Sieg der Protestanten seit dem Beginn des Krieges. Zwei Drittel der bisher unbesiegten kaiserlichen Armee und die gesamte Artillerie gingen verloren. Die Folgen dieses schwedisch-sächsischen Sieges waren für Tilly weniger einschneidend als für das Schicksal der neutralen Fürstenpartei; denn Gustav Adolf unterließ die Verfolgung Tillys und eine mögliche Vernichtung des gegnerischen Heeres. Statt dessen zog er nach Mainz, um hier zu überwintern, während Sachsen und böhmische Exulanten im November 1631 in Prag einzogen. Mit Hilfe der protestantischen Verbündeten konnte das schwedische Heer nun, wie ursprünglich von Gustav Adolf beabsichtigt, vornehmlich im Reich ergänzt und versorgt werden.

Schlacht bei Breitenfeld

Niederlage und Tod Tillys in der Schlacht bei Rain am Lech (15.4.1632) eröffneten Gustav Adolf den Weg in das Herzogtum Bayern und dessen Residenzstadt München, die am 17.5.1632 in die Hand der Schweden fiel. Die katholische Sache schien am Ende zu sein. Die kaiserliche Seite geriet in eine Krise: In Italien konnten kaum Truppen angeworben werden, und die Subsidien des Papstes wurden immer geringer. Spanien war in den Niederlanden militärisch gebunden und verteidigte mit viel Glück seine Herrschaft. Die Gesamtlage auf katholischer Seite ließ die Aufstellung einer neuen

Gustav Adolf auf dem Höhepunkt seiner Macht

Armee als vordringliches Anliegen erscheinen. Dem Kaiser wie dem bayerischen Kurfürsten war klar, daß dies nur mit Wallenstein zu erreichen sein würde. So erhielt dieser ein zweites Generalat, verbunden mit dem uneingeschränkten Oberbefehl, übertragen. Die Wirkung dieser weitreichenden politisch-militärischen Entscheidung stellte sich bald ein: es gelang Wallenstein, Gustav Adolf zur Aufgabe der Belagerung Nürnbergs und zum Rückzug nach Mitteldeutschland zu zwingen. Hier kam es am 17.11.1632 bei Lützen zur Schlacht, in welcher die Schweden siegreich waren, aber Gustav Adolf fiel. Sie setzte der kurzen Serie der protestantischen Erfolge ein Ende. Vielleicht hätte ein einziger weiterer Sieg der Schweden die Gegenseite ein für allemal geschwächt. Nun aber wurde für beide Seiten die Suche nach ausländischen Verbündeten immer wichtiger. Dabei mußten die Schweden mehr denn je auf Frankreich, die Kaiserlichen auf Spanien zählen.

Wallensteins zweites Generalat

Schlacht bei Lützen

Auf schwedischer Seite galt es zunächst, das nach dem Tod Gustav Adolfs eingetretene Vakuum auszugleichen. Für dessen sechsjährige Tochter und Thronerbin Christina wurde eine Vormundschaftsregierung eingesetzt. Die Außenpolitik lag fortan in den Händen des Kanzlers Axel Oxenstierna, der sich bis 1636 im Reich aufhielt und die alleinige Verantwortung für die Operation und die Versorgung einer fast 100000 Mann starken Armee trug. Oxenstierna befürwortete die Dauerpräsenz Schwedens in Pommern und Preußen zur Sicherung der Ostseeherrschaft und setzte im übrigen auf Konföderationen schwedenfreundlicher Fürsten in Mittel- und Oberdeutschland. Gustav Adolf hatte noch im Oktober 1632 die Initiative zur Gründung einer Bündnisorganisation der vier oberdeutschen Reichskreise ergriffen. Oxenstierna gelang im April 1633 deren Formierung im Heilbronner Bund mit dem Ziel, für die reichsständische Libertät und einen allgemeinen Frieden, unter Berücksichtigung der finanziellen und territorialen Forderungen Schwedens, einzutreten. Dieser Erfolg Oxenstiernas war allerdings mit Konzessionen an Richelieu verbunden.

Die Politik Oxenstiernas nach dem Tode Gustav Adolfs

Von Anfang an hatte Richelieu geplant, Habsburg durch die Unterstützung Schwedens zu schwächen und die katholischen Reichsstände gemeinsam mit den Protestanten unter französischem Protektorat gegen Habsburg zu formieren. Unter dem Eindruck des schwedischen Vormarsches in Oberdeutschland bis in das Elsaß war Frankreich seit 1632 vor der Frage gestanden, vom verdeckten zum offenen Krieg in Deutschland überzugehen. Den Ausschlag gaben das Angebot der Generalstaaten und die spanischen Offensivabsich-

Richelieus Politik zwischen Schweden und Habsburg

4. Von der böhmischen Ständerevolte zum Krieg um das Reich 43

ten, in Frankreich einzumarschieren (1634). Auch die Schwächung der Positionen Schwedens und der Protestanten seit Gustav Adolfs Tod spielte dabei eine Rolle. Während der französische König dafür plädierte, daß Frankreich sofort in den Krieg eintrat, setzte sich Richelieu dafür ein, eine solche Entscheidung aufzuschieben. „In seinen Augen war ein Krieg weder als Eroberungskrieg noch als Präventivkrieg zu rechtfertigen, sondern nur als ultimo ratio in der Verfolgung des prinzipiellen Zieles eines die ganze Christenheit – katholische wie protestantische Fürsten – umfassenden Generalfriedens. Dabei galt es zwar Spanien zu schwächen, Habsburg aber nicht als zukünftigen katholischen Partner Frankreichs in dieser Christenheit auszuschalten" [301: H. WEBER, Vom verdeckten zum offenen Krieg, 217]. Erst der spanische Überfall auf Trier, im März 1635, wurde zum auslösenden Moment für den Krieg Frankreichs gegen Spanien.

Der Heilbronner Bund entsprach den Anforderungen Schwedens weder in militärischer noch in finanzieller Hinsicht. Auch die Bemühungen Oxenstiernas, neue Bündnispartner in Mitteldeutschland zu gewinnen, vor allem Brandenburg und Sachsen wieder eng an Schweden zu binden, gestalteten sich schwierig. Die wachsenden Spannungen zwischen Schweden und seinen Parteigängern im Reich wurden von der Gegenseite aufmerksam beobachtet. Treffend ist die Bemerkung Wallensteins: „Ich glaub wol das die Schweden friedt begehren, denn sie wollen nach haus und habens ursach die beyde Churfürsten sehen selbsten in was vor labirint sie stecken" [249: G. PARKER, Der Dreißigjährige Krieg, 218]. Der Generalissimus ging noch weiter und nützte die Gegensätze zwischen Schweden, Sachsen und Brandenburg politisch-militärisch aus. So gelang es ihm, die in Schlesien operierenden Truppen des von Johann Georg von Sachsen gegen den Willen Oxenstiernas vorgeschlagenen böhmischen Exulanten Graf Thurn gefangenzunehmen und Sachsen, Schweden und Brandenburg Friedensvorschläge zu unterbreiten. Allerdings war Wallenstein dazu vom Kaiserhof nicht autorisiert. So erregte diese geheime Ausgleichspolitik des Friedländers das Mißtrauen seiner Gegner am Wiener Hof und trug ihm den Vorwurf des Hochverrats ein. In Ausführung eines Befehls Ferdinands II. wurde Wallenstein am 25.2.1634 in Eger ermordet. Auch ohne ihn gelang der zahlenmäßig überlegenen kaiserlich-bayerischen Armee in der Schlacht bei Nördlingen (6.9.1634) ein folgenreicher Sieg über die Protestanten. Die schwedischen Truppen mußten die Gebiete südlich des Mains räumen, Bernhard von Sachsen-

Schwedens Bündnispartner im Reich

Wallensteins Ende

Weimar, der die Truppen des Heilbronner Bundes befehligte, war gezwungen, sich ins Elsaß zurückzuziehen. Damit war für die Kaiserlichen der Weg frei, ganz Oberdeutschland zurückzuerobern. In dieser Konstellation aber wurde Frankreich zum entschiedenen Gegner des Kaisers und zum offenen Verbündeten Schwedens.

Der Prager Friede

Der Prager Friede vom Mai 1635 kam nach dem kaiserlich-sächsischen Vorvertrag von Pirna (November 1634) zustande. Er war der Versuch, an Schweden und Frankreich vorbei den Frieden im Reich wiederherzustellen. Der Vertrag war so konzipiert, daß der Kaiser und der sächsische Kurfürst sich auf Bestimmungen einigten, denen alle Reichsstände beitreten sollten, ohne allerdings darüber informiert zu werden, unter welchen weiteren Bedingungen der Kaiser den bisher an der Seite Schwedens kämpfenden protestantischen Reichsständen Amnestie und Restitution gewähren würde. Wegen dieser Unbestimmtheit traten die Pfalz und Hessen-Kassel dem Frieden nicht bei; sie sollten zur Anlaufstelle aller jener Kräfte – voran Schweden und Frankreich – werden, die dagegen opponierten, daß der Prager Frieden in Kraft gesetzt wurde. In religionspolitischer Hinsicht verzichtete der Kaiser in diesem Frieden für die nächsten 40 Jahre auf das Restitutionsedikt, ferner wurde der Besitz- und Bekenntnisstand nach dem Status quo von 1627 festgelegt („Normaljahr"). Der Kaiser versicherte sich schließlich des Oberbefehls einer von ihm und den Reichsständen gemeinsam aufgestellten und finanzierten Reichsarmee von 80 000 Soldaten, die den vereinbarten Frieden sichern sollte. Aber das Prager Friedenswerk wurde sukzessive unterminiert, „da der Kaiser die Friedensgenossen nicht wirksam vor der französisch-schwedischen Kriegführung schützen konnte, die nun immer mehr den Charakter eines Beute- und Zerstörungskampfes annahm" [47: H. LUTZ, Reformation und Gegenreformation, 109].

4.3 Der lange Weg zum Frieden

Kein Ende des Krieges

Seit dem Prager Frieden war das Reich hauptsächlich Kriegsschauplatz. Hier führten die auswärtigen Mächte mit ihren eigenen Truppen Krieg, und sie trugen regelrechte Stellvertreterkriege aus. So sah etwa der schwedische Kanzler Oxenstierna im Heilbronner Bund wie in Frankreich kriegführende Stellvertreter, wogegen er die eigenen militärischen Präferenzen in der Sicherung Schwedens vor Dänemark und Polen sah. Entscheidend wurde immer mehr die Frage, was Schweden in einer künftigen Friedensregelung an terri-

4. Von der böhmischen Ständerevolte zum Krieg um das Reich 45

torialpolitischen Forderungen, einschließlich der Reichsstandschaft, und an „Armeesatisfaktionen" durchsetzen können würde. Das Bündnis mit Frankreich (1638) verpflichtete Schweden gegen Subsidiengelder, keinen Separatfrieden mit dem Kaiser abzuschließen. Diese bündnispolitische Konstellation erhöhte die militärische Schlagkraft der Gegner des Kaisers und trug zu dem nicht enden wollenden Krieg auf lokaler und regionaler Ebene bei, dem sich die betroffenen Reichsstände durch Separatabkommen und Neutralitätserklärungen meist vergeblich zu entziehen suchten.

In der langen Endphase des Dreißigjährigen Krieges wechselten die militärischen Erfolge auf beiden Seiten. Dem Kaiser, Spanien, Bayern und einigen anderen Reichsständen wie Brandenburg und Sachsen standen Frankreich, Schweden, die Niederlande und Hessen gegenüber, wobei sich weniger die französische Armee als das von Herzog Bernhard von Weimar befehligte Heer als besonders schlagkräftig erwies, wie die Übergabe der Festung Breisach an den Herzog (1638) vor Augen führt. Wie die schwedische Armee unter General Banér 1636, so konnte General Torstenson seit 1641 bedeutende Erfolge erringen, vor allem mit dem unerwarteten Vorstoß nach Regensburg während des dort stattfindenden Reichstages. Noch einmal gelangen den Schweden Einfälle nach Böhmen, Mähren und Schlesien (1641 und 1645). *Schwedische Offensiven 1641/45*

Die innerspanischen Schwierigkeiten in Katalonien sowie die Abfallbewegung in Portugal schufen seit 1640 die Voraussetzungen für die französischen Siege unter dem Prinzen Condé bei Rocroi in den Ardennen (1643). Hingegen hielten sich die Erfolge der französischen Armee in Süddeutschland, auch mit Verstärkung der vom Herzog von Weimar in Sold übernommenen Truppen, in Grenzen. Hier konnten kaiserliche und bayerische Kontingente durchschlagende französische Erfolge verhindern, letztlich mußten jedoch Territorialverluste am Oberrhein (Elsaß, Breisach, Philippsburg) in Kauf genommen werden. Diesen Abtretungen an Frankreich kam deswegen erhebliches Gewicht zu, weil sie die „spanische Straße", die vom Oberrhein in die Niederlande führte, blockierten und ermöglichten, daß die französischen Truppen auch in Flandern und im Artois weiter vordrangen. *Die Schwächung Spaniens seit 1640*

Seit 1635 gab es Friedensinitiativen, und zwar seitens Papst Urbans VIII. Sie scheiterten letztlich aber darin, daß die Kurie nicht bereit war, Nachteile für die Katholiken hinzunehmen. 1637 versuchte der Papst neuerdings, einen Friedenskongreß nach Köln einzuberufen. Entscheidend für den Friedensprozeß wurde die Haltung *Friedensinitiativen* der Reichsstände, die, angeführt von Kurfürst Maximilian von Bayern, nach Jahren der Unterordnung unter die kaiserliche Politik, in Anbetracht des immer spürbarer werdenden französischen Übergewichts den Kaiser auf eine Friedenspolitik festlegten. Diese Entwicklung begann mit dem Nürnberger Kurfürstentag von 1640. Damals verhinderten die Reichsstände einen Sonderfrieden zwischen Schweden und dem Kaiser, lehnten das gleiche mit Frankreich ab und bestanden auf einem allgemeinen Frieden. 1641 stieß der in Hamburg erneuerte schwedisch-französische Allianzvertrag dem Kaiser das Tor zu Sonderfriedensvereinbarungen mit den beiden auswärtigen Mächten endgültig zu.

Ferdinand III. begann sich nun darauf einzustellen, daß Schweden nur gemeinsam mit Frankreich Frieden schließen würde.

Die Bedeutung des Regensburger Reichstages 1640/41 für künftige Friedensverhandlungen

Auf dem Regensburger Reichstag 1640/41 legten die Reichsstände den Kaiser auf diese Linie fest, ebenso auf den Teilnehmerkreis und in gewisser Weise auch auf die Verhandlungsgegenstände eines künftigen Friedenskongresses. Den kaiserlich-französischen Präliminarvereinbarungen in Hamburg zufolge sollte dieser in den dafür eigens zu neutralisierenden Städten Münster und Osnabrück stattfinden. Ferdinand III. ratifizierte diesen Präliminarvertrag 1642, Philipp IV. von Spanien erst 1644. Danach sollte es noch ungefähr vier Jahre dauern, ehe durch die Westfälischen Friedensverträge 1648 die politische Neuordnung Europas und Deutschlands in Kraft gesetzt werden konnte.

Zusammenfassende Bemerkungen

Diese Friedensverträge brachten eine Epoche der Außenbeziehungen des Reiches zum Abschluß, die vom Kampf um die Hegemonie in Europa geprägt war. In diesem Konflikt kam dem Reich eine entscheidende Rolle zu. Scheiterte Karl V. letztlich nicht an der politisch-religiösen Entwicklung im Reich und an einem mächtigen Territorialfürstentum, das im Zuge der politisch-militärischen Auseinandersetzungen zwischen Valois und Habsburg erheblich an Bedeutung gewonnen hatte? Jedenfalls wurde in der zweiten Hälfte des 16. Jahrhunderts die Entwicklung des Reiches nach innen und außen von diesem Territorialfürstentum maßgeblich mitbestimmt. Zunächst im Sinne einer Konsenspolitik zwischen evangelischen und katholischen Reichsständen auf der Grundlage des Augsburger Religionsfriedens von 1555. Die kalvinistischen Reichsfürsten, voran die Pfalzgrafen, entfalteten allerdings eine dynamische Politik, die mit den aufständischen Niederländern und den französischen Hugenotten Verbindungen anknüpfte und den Gegensatz zu den Kaisern und zu Philipp II. von Spanien vertieften. Die innerhabs-

4. Von der böhmischen Ständerevolte zum Krieg um das Reich

burgischen Gegensätze führten dazu, daß die österreichische Linie sich mehr und mehr auf eine Ostpolitik zurückzog, die ihre Objekte in Polen, Ungarn und dem Osmanischen Reich fand. Im Inneren des Habsburgerreiches sahen sich der Kaiser und die anderen regierenden habsburgischen Familienmitglieder einer wachsenden und gefährlichen Ständemacht gegenüber. So zeichneten sich zwei Krisenherde für künftige politische Konflikte ab: der eine im habsburgischen Herrschaftsbereich, insbesondere in Böhmen und den österreichischen Erbländern, der andere am Niederrhein, also in jenen Gebieten, die im Schnittpunkt der französischen, niederländischen, spanischen und reichsständischen Interessen lagen. In beiden Fällen wird die für das 16. und frühe 17. Jahrhundert typische religionspolitische Figuration, der Antagonismus zwischen den protestantischen und katholischen Mächten im Reich und in Europa, sichtbar. Wenn diese Figuration da und dort „Verwerfungen" aufwies, so lag dies an dem Konfliktpotential zwischen Fürsten und Ständen, das in den habsburgischen Ländern den Weg in den Dreißigjährigen Krieg bestimmt hatte.

II. Grundprobleme und Tendenzen der Forschung

1. Zur Entwicklung des europäischen Staatensystems

Jede Darstellung des frühneuzeitlichen Staatensystems von Europa muß sich mit zwei Jahren besonders auseinandersetzen: 1494 und 1648. M. WIGHT hat darauf sehr eindringlich hingewiesen. „This is the classic doctrine, that the states-system originated about the end of the fifteenth century. It is an interpretation that attributes an impetus to Valois aggrandisement, seen both in the Burgundian succession and the invasion of Italy [...] There is, however, an alternative conventional starting-point to 1494: The Peace of Westphalia in 1648. Westphalia became the legal basis of the states-system." Die stärkere Zäsur sah er zu Ende des 15. Jahrhunderts mit der Entfaltung der „great powers" Valois und Habsburg begründet: „this system has a greater resemblance to the states-system that succeeds it than it has to the medieval system that precedes it" [58: System of States, 111, 113, 151]. Schon E. FUETER hatte sein grundlegendes Werk im Jahre 1494 begonnen und den Kampf der führenden europäischen Mächte um die Vorherrschaft über Italien mit der „Größe, die den neuen Großmächten den Vorrang vor den italienischen Mittelstaaten gab", erklärt [40: Geschichte des europäischen Staatensystems von 1492–1559, 3]. Für L. DEHIO bestand ein Grundproblem der neueren Staatengeschichte Europas in der Alternative zwischen Gleichgewicht und Hegemonie. Das Haus Habsburg habe die Tendenz zu Hegemonie und Einheit aktiviert und unter Einsatz aller Machtmittel seiner heterogenen Ländermasse und als Inhaber der Kaiserwürde die dauernde Befestigung der „Hegemonie über das Abendland" angestrebt, sei daran auf die Dauer jedoch gescheitert. DEHIO erklärte diese Entwicklung mechanistisch: „Wenn im Gegenteil die staatliche Zusammenfassung von Europa immer wieder scheiterte, so wesentlich deswegen, weil regelmäßig dicht vor ihrem Zustandekommen neue Räume in das Spiel einbezogen wurden und

Zu den Zäsuren: 1494 und/oder 1648?

als Gegengewichte dienen konnten: unter Karl V. im Osten des Kontinentes die islamischen Gebiete, unter Philipp II. im Westen die überseeischen Gebiete und ihre europäischen Exponenten, die Seemächte" [38: Gleichgewicht oder Hegemonie, 33 f., 39].

Kampf um die Suprematie in Europa

Ohne Zweifel muß die Entwicklung des europäischen Staatensystems in engem Zusammenhang mit dem Ringen um die europäische Suprematie gesehen werden [47: H. LUTZ, Reformation und Gegenreformation, 45], wenngleich der im Italien des Quattrocento gewonnene Begriff der „bilancia" als Prinzip des Machtausgleichs in die europäische Politik erst später Eingang gefunden hat [70: W. SCHULZE, Deutsche Geschichte, 64]. Eng damit verbunden war die Intensivierung des Gesandtschaftswesens, für welches die Einrichtung der ständigen Gesandten typisch wurde. Nach den Forschungen von J. ENGEL [39: Von der spätmittelalterlichen res publica christiana, 377–384] und G. MATTINGLY [48: Renaissance Diplomacy] hat nun M. LUNITZ [46: Diplomatie und Diplomaten im 16. Jahrhundert] diese Entwicklung am Beispiel der ständigen Gesandten Karls V. in Frankreich aufgezeigt. Nach J. ENGEL entwickelten sich die internationalen Beziehungen zwischen der Mitte des 15. und der Mitte des 17. Jahrhunderts von einer „Staatsanarchie" zu einem „Staatensystem" bzw. von der spätmittelalterlichen „res publica christiana" zum „Mächte-Europa" der Neuzeit [39: Von der spätmittelalterlichen res publica christiana, 208]. Zuletzt hat M. LUNITZ eine zweckmäßige Definition gegeben: „Treten mehrere solche politischen Einheiten miteinander in Kontakt und beginnen sie regelmäßige Beziehungen zu unterhalten, spricht man von einem Staatensystem gegen Ende des 15. Jahrhunderts, als sich die Machtverteilung in Europa allmählich von mehreren unabhängigen Territorialstaaten konkretisiert hatte" [46: Diplomatie und Diplomaten im

Die neuartige Dynamik der Entwicklung

16. Jahrhundert, 2]. Welche qualitativen Veränderungen damit gemeint sein können, hat H. LUTZ näher beschrieben. Er betrachtete die neuzeitliche Geschichte Europas als einen dynamischen Prozeß mit der Tendenz zu raschen und unaufhaltsamen Veränderungen und sah die Spannung zwischen Ecclesia, Christianitas und Imperium am Anfang des 16. Jahrhunderts in den Wirkungskreis der großräumigen Auseinandersetzungen um die politische Neugestaltung und der Reformation geraten [129: Christianitas afflicta].

Auf den Zusammenhang zwischen innerstaatlichem Reifeprozeß und expansiver Politik hat auch W. SCHULZE hingewiesen: „Die modernen Nationen entwickeln und konsolidieren sich, verstärken ihren Verkehr, bauen ihre diplomatischen Beziehungen aus, konkur-

1. Zur Entwicklung des europäischen Staatensystems

rieren miteinander, und sie bekämpfen sich", SCHULZE sieht in Italien die „Probebühne" dieses „modernen Europa" [70: Deutsche Geschichte, 65].

Unbestritten ist in der älteren wie neueren Forschung die Charakterisierung der Epoche Karls V. als Kampf um die europäische Vorherrschaft. Fraglich ist hingegen, ob diese Jahrzehnte schon zur Epoche der spanischen Hegemonie in Europa gerechnet werden sollen.

In gewisser Anknüpfung an das ältere Werk von R. B. MERRIMAN [103: The Rise of the Spanish Empire] vertrat B. CHUDOBA die Ansicht vom Aufstieg Spaniens zur europäischen Großmacht, der 1519 beginnt und 1643 endet: „The other achievement, much more problematical from its very outset, started in 1519, when Charles, [...] became Holy Roman Emperor, and to all purposes ended in 1643 with the disastrous defeat of the Spanisch army at Rocroi in northeastern France. [...] It is, however, only the second of the two, the story of the growth and decline of Spanish might in Europe" [101: Spain and the Empire, 3]. W. WINDELBAND sprach für die Jahre zwischen 1519 und 1659, dem Jahr des Pyrenäenfriedens zwischen Frankreich und Spanien, vom „Kampf gegen die Vormachtstellung Spaniens" [59: Die auswärtige Politik der Großmächte, 65]. Doch wurde der Aufstieg Spaniens zur europäischen Hegemonialmacht auch zeitlich enger bemessen. E. HASSINGER [42: Das Werden des neuzeitlichen Europa, 276–302] ließ sie mit der Regierungszeit Philipps II. beginnen, ähnliches gilt auch für H. SCHILLING [69: Aufbruch und Krise], allerdings mit je unterschiedlichen Gründen.

Spaniens Aufstieg

Schon in der älteren Literatur über das europäische Staatensystem wurde die Mitte des 16. Jahrhunderts, insbesondere das Jahr 1559, als Zäsur betrachtet. So ließ E. FUETER [40: Geschichte des europäischen Staatensystems von 1492–1559] sein Werk mit diesem Jahr enden, W. PLATZHOFF [53: Geschichte des europäischen Staatensystems, 1559–1600] schloß lückenlos an. Neuerdings wird die vom Ende der Herrschaft Karls V. geprägte Jahrhundertmitte als Wendepunkt in der deutschen und europäischen Geschichte darin gesehen, daß die „partikularen Kräfte der Neuzeit [...] sich endgültig von dem sie überwölbenden Kaisertum emanzipiert" hätten. Der „mittelalterliche Gradualismus" wurde abgelöst von einem „neuzeitlich säkularen Mächteeuropa. [...] In dieser neuen Welt bestimmte sich die Position von Staaten und Monarchen nach ihren politischen und militärischen, indirekt auch nach der wirtschaftlichen Macht, aber nicht mehr nach einer vorgegebenen Rangskala, wenn auch im diplomatischen Verkehr Rang und Würde wichtig

Die Mitte des 16. Jahrhunderts als Wendepunkt

blieben, so daß der deutsche Kaiser weiterhin eine besondere Ehrenstellung besaß." Politisches Handeln fand seitdem in einer „im Prinzip offenen Staatsgesellschaft" statt [69: H. SCHILLING, Aufbruch und Krise, 256]. SCHILLING sieht im Qualitätssprung vom universalen Kaisertum Karls V. zu einem „partikularen Kaisertum der Deutschen und einiger noch im Reich verbliebenen Gebiete nichtdeutscher Zunge, vor allem in der slawisch besiedelten Zone des Ostens," die entscheidende Zäsur, die er mit dem nun entstehenden hegemonialen Zeitalter Spaniens in Zusammenhang bringt. Fortan habe Spanien mit England und den die Selbständigkeit erreichenden Niederlanden einen „eigenständigen westeuropäischen Mächtekreis" gebildet, aus dem Spanien bis zur Mitte des 17. Jahrhunderts hinausgedrängt werden sollte. Frankreich kehrte unter Heinrich IV. nur kurzfristig, und zwar im Zusammenhang mit dem Jülich-Kleveschen Erbfolgekrieg, auf die Bühne deutscher und europäischer Politik" zurück, um sich endgültig erst unter Kardinal Richelieu erneut in die maßgebenden europäischen Mächte einzureihen [69: Aufbruch und Krise, 256–258].

Um die Vorherrschaft in der Ostsee Die westeuropäisch orientierte Konzeption SCHILLINGS gilt es durch eine die nordosteuropäischen Hegemoniekämpfe betrachtende Auffassung zu ergänzen, die von M. ROBERTS [97: The Swedish Imperial Experience] und K. ZERNACK [99: Das Zeitalter der nordischen Kriege; 100: Schweden als Großmacht] herausgearbeitet worden ist. Es war Schweden, das im Kampf um die führende Stellung im Ostseeraum, um das Dominium maris Baltici, mit Dänemark, Rußland und Polen nach mehreren Kriegen (1563–1570, 1611–1613) seit dem Frieden von Stolbova (27. 2. 1617), in dem Rußland Ostkarelien und Ingermanland an Schweden abtrat, als Ostseegroßmacht bezeichnet werden muß.

Kriegslegitimationen Im Rahmen seiner Untersuchung der frühneuzeitlichen Kriegslegitimationen hat neuerdings K. REPGEN vorgeschlagen, aus diesen Begründungen ein „Raster [zu] bilden, das es möglich macht, jeden konkreten Krieg einem bestimmten Legitimitätsprinzip zuzuordnen". REPGEN sieht den Wert dieses Verfahrens darin, zu neuen Einsichten „für die Geschichte der zwischenstaatlichen Beziehungen" zu gelangen und „einen Ansatz" zu gewinnen, „der die Einordnung des Einzelnen und Besonderen in das Allgemeine [...] besser ermöglicht als das bisherige Verfahren" [255: Über die Geschichtsschreibung, 33f.]. Von F. BOSBACH [263: Die Habsburger] abgesehen, der den Leitbegriff „Abwehr einer Universalmonarchie" für die Zeit des Dreißigjährigen Krieges untersucht hat, ist das theoretisch ent-

1. Zur Entwicklung des europäischen Staatensystems 53

wickelte Modell am historischen Stoff noch kaum exemplifiziert worden.

In der Forschung herrscht weitgehend Einigung darüber, daß Richelieu bestrebt war, eine Friedens- und Rechtsordnung im Reich auf dem Wege eines Systems der kollektiven Sicherheit zustande zu bringen [306: S. LUNDKVIST, Die schwedischen Kriegs- und Friedensziele, 237; 246: F. DICKMANN, Der Westfälische Frieden, 157–163; 294: F. DICKMANN, Rechtsgedanke und Machtpolitik]. Diese Anstrengungen sind letzten Endes ohne Erfolg geblieben. Schweden vertrat im weiteren Verlauf des Krieges die Konzeption eines Gleichgewichts (aequilibrium) für die europäische Staatenwelt und für das Reich, das nicht von einem Kollektiv, sondern von den wichtigsten europäischen Mächten garantiert werden sollte. „Gustav Adolfs alter Gedanke, daß er selbst an die Stelle des Kaisers treten sollte, war verschwunden. Dasselbe galt auch vom römischdeutschen Kaisertum als Garant des Friedens. Die securitas pacis wurde statt dessen von drei Mächten im Sinne des aequilibriums garantiert, das weitreichende Konsequenzen haben sollte. Damit stellte das Modell etwas Neues dar" [306: S. LUNDKVIST, Die schwedischen Kriegs- und Friedensziele, 236].

Kollektive Sicherheit oder Gleichgewicht?

Seit der grundlegenden Studie von G. MATTINGLY [48: Renaissance Diplomacy] sind einige einschlägige Arbeiten zur habsburgischen Diplomatie des 16. Jahrhunderts erschienen. Zu nennen sind B. PICARD [52: Das Gesandschaftswesen in der frühen Neuzeit], der die Mission Sigismunds von Herberstein zum Anlaß nahm, auch systematische Fragen des Gesandschaftswesens zu erörtern, ferner J. ŽONTAR [61: Obveščevalna služba in diplomacija avstrijskih habsburgzanov, mit einer deutschen Zusammenfassung], der neben einzelnen habsburgischen Kundschaftern und Gesandten an der Pforte die Bedeutung von Venedig und Dubrovnik/Ragusa als Umschlagplätze von Nachrichten aus der Levante berücksichtigt. Zuletzt hat M. LUNITZ [46: Diplomatie und Diplomaten im 16. Jahrhundert] das umfangreiche Feld der Diplomatiegeschichte Karls V. betreten und das kaiserliche Gesandtschaftssystem und seine ständigen Vertreter in Frankreich erforscht.

Diplomatie und Krieg

Die Epoche Karls V. brachte den ersten Höhepunkt in der Entfaltung jener neuzeitlichen Diplomatie, die im Italien des Quattrocento entwickelt worden war. Sie entsprach den gegenseitigen Bedingungen von Krieg und Diplomatie. Gleichzeitig mit dem „inneren Ringen um die Gestaltung des Mächteeuropa setzte die Herausforderung durch eine nichteuropäische und nichtchristliche Welt-

Die frühe Entwicklung der Diplomatie in Italien

Die osmanische Herausforderung

macht ein", deren höchste Machtentfaltung in die Jahrzehnte zwischen 1520 und 1566 fällt [69: H. SCHILLING, Aufbruch und Krise, 24f.]. Die mit den Auseinandersetzungen mit dem Osmanischen Reich verbundenen Rückwirkungen auf das europäische Staatensystem und seine Diplomatie hat zuletzt W. SCHULZE treffend charakterisiert: „Der Eintritt der Türken in das System der christlichen Mächte hat hier eine katalysatorische Wirkung insofern, als jetzt auch Koalitionen zwischen dem König von Frankreich und dem Sultan gegen den Kaiser möglich werden, ein unvorstellbares Ereignis noch für das späte Mittelalter, das unter dem Eindruck des christlichen Kreuzzuggedankens lebte." Eine Kreuzzugspolitik im Sinne einer gesamteuropäischen Politik war unmöglich geworden. „Europa findet sein ‚modernes', d.h. berechnendes Verhältnis zur Politik, verfolgt seine Interessen, legt so alle Züge ab, die aus seiner gemeinsamen Zugehörigkeit zur abendländischen Christenheit hätten abgeleitet werden können" [70: Deutsche Geschichte, 66].

Das Reich im europäischen Mächtesystem

Die neuere Forschung ist sich darin einig, daß für das Bewußtsein der Zeitgenossen am Beginn des 16. Jahrhunderts Bezeichnungen wie „Deutschland" oder „deutsche Nation" keineswegs klar und faßbar waren. Der Begriff „Deutschland" deckte sich „in mancher, aber keineswegs in jeder Hinsicht mit dem, das das ‚Heilige Römische Reich deutscher Nation' damals realiter bedeutete, ganz abgesehen von den mittelalterlichen, aber nie aufgegebenen Zurechnungen, die halb Italien bis einschließlich Siena umfaßten, sowie Savoyen, die Franche Comté und das Herzogtum Lothringen im Westen", meinte H. LUTZ [66: Das Ringen um deutsche Einheit, 19]. Nach G. VOGLER [138: Ulrich von Hutten, 423] ermöglichte der Terminus der „deutschen Nation" einerseits „eine Angrenzung vom mittelalterlich-feudalen ‚heiligen römischen Reich', wurde aber auch synonym für das Reich gebraucht, und das vor allem dann, wenn sich die Reichsstände als ‚deutsche Nation' verstanden".

Humanistisches Deutschlandbild und älteres Reichsbewußtsein

Am Beispiel der „Kurzen Beschreibung Deutschlands" des Johannes Cochlaeus (1512) veranschaulichte H. LUTZ das „Nebeneinander eines jüngeren, nationalen Deutschland-Bildes, das sich auf einen vom italienischen Humanismus angeregten Sprach- und Kulturbegriff stützt, und eines fortwirkenden älteren Reichsbewußtseins, das vom mittelalterlichen Universalismus her eine übernationale Aufgabe der Deutschen und des ihnen übertragenen Kaisertums festhält. [...] Das ältere Reichsbewußtsein und das jüngere Nationalgefühl waren eng verbunden, aber deckten sich keineswegs" [66: Das Ringen um deutsche Einheit, 128]. Bei Cochlaeus überwie-

1. Zur Entwicklung des europäischen Staatensystems 55

gen die sprachlich-ethnischen Maßstäbe der reichsrechtlichen Zugehörigkeit. Er zieht daher die Grenze Deutschlands enger als die des Reiches – eine Ausnahme bilden Livland und Preußen, wo Cochlaeus über die Reichsgrenze hinausgreift, oder der Fall des politischen und kulturellen Sonderweges der Niederlande, den er ebenso überspielt wie die Sonderentwicklung der Eidgenossenschaft.

Die österreichischen Erblande der Habsburger sind dem damaligen Umkreis deutscher Geschichte zuzurechnen, auch wenn es die Tatsache der stärker werdenden Tendenzen habsburgischer Eigenstaatlichkeit vom 15. zum 17. Jahrhundert zu beachten gilt. Die Beziehungen Preußens zum Reich und zum Hause Habsburg interessieren neuerdings wieder mehr [vgl. 91: A. K. GRASSMANN, Preußen und Habsburg]. So ist etwa auf die instruktive Studie von I. Höss [92: Das Reich und Preußen in der Zeit der Umwandlung des Ordenslandes in das Herzogtum] zu verweisen. Darin werden die Bestrebungen des Gesamthauses Brandenburg untersucht, eine Lehensbindung Preußens an das Reich durch Sitz und Stimme im Fürstenrat des Reichstages zu erlangen (1522/24), die allerdings erfolglos blieben und dem Großmeister seit dem Krakauer Vertrag mit Polen (1525) sogar den Vorwurf eintrugen, er habe Preußen dem Reich entfremdet, als hätten jemals lehensrechtliche Bindungen zum Reich bestanden.

Habsburg und Preußen

Nach heutigen Begriffen war das römisch-deutsche Reich ein Großreich und ein Vielvölkerstaat, bestehend aus Deutschen, Slaven, Italienern, Franzosen, Niederländern usw. Aufgrund seiner großräumigen Erstreckung war es „von den meisten politischen Konflikten betroffen", die mit der Auflösung der mittelalterlichen Staatenwelt und der „Entstehung des neuzeitlichen Mächteeuropa verbunden waren". Dem Reich und dem kaiserlichen Amt, das sich auf die gesamte Christenheit bezog, standen die europäischen Nationen gegenüber, „die ihre neuzeitliche Individualität gewinnen konnten, indem sie eben diesen Anspruch bekämpften" [69: H. SCHILLING, Aufbruch und Krise, 22]. Weitere Konfliktstoffe ergaben sich aus der Tatsache, „daß Deutschland keine nationale Dynastie an seiner Spitze hatte" und daß die Habsburger „nach Herkunft, Interessenlage und Mentalität am Rande Deutschlands angesiedelt [waren], nicht zu vergleichen mit der zentralisierenden, nationalen, sammelnden Tätigkeit der gleichzeitigen Königshäuser anderer europäischer Staaten", wie H. LUTZ [66: Das Ringen um deutsche Einheit, 29] treffend bemerkt hat. Den Deutschen fehlte eine im damaligen Vergleich als „national anzusprechende Kaiserdynastie".

Das Reich als Vielvölkerstaat

Innen-Außen-Bezüge, Protestantismus und Türkengefahr

Dieser wenig eindeutigen Interessenlage entsprangen weitreichende Auswirkungen auf die Außenbeziehungen und auf die äußere Politik des Reiches. Die erste Hälfte des 16. Jahrhunderts wurde durch zwei hauptsächliche Konfliktfelder bestimmt: Es war einmal der „Kampf um Oberitalien zwischen Frankreich und Habsburg sowie der Kampf um Burgund zwischen den beiden Mächten", und es war zweitens der dauerhaftere Faktor der Türkengefahr. W. SCHULZE meinte damit nicht nur den Einfluß, „den diese Bedrohung auf die Durchsetzung des Protestantismus ausübte, [...] sondern auch den Beitrag dieser Gefahr zum Zusammenhalt des Reiches in einer Situation, in der konfessionspolitische Faktoren schon zum Zerbrechen der Einheit des Reiches drängten" [70: Deutsche Geschichte, 65]. Darauf hatte schon S. A. FISCHER-GALATI in seiner Untersuchung über den Zusammenhang zwischen der Entwicklung des Protestantismus im Reich und der Osmanenbedrohung in der ersten Hälfte des 16. Jahrhunderts hingewiesen, wenn er feststellte: „The Turks diverted the attention of the Hapsburgs from German affairs and made them dependent on Protestant cooperation for the realization of their secular ambitions in Europe, particulary Hungary. The consolidation, expansion, and legitimizing of Lutheranism in Germany by 1555 should be attributed to Ottoman imperialism more than to any other single factor" [171: Ottoman Imperialism and German Protestantism, 117].

Der osmanischen Bedrohung als des bedeutendsten „exogenen Faktors" der Reichsgeschichte in der zweiten Hälfte des 16. Jahrhunderts hat W. SCHULZE eine vielschichtige Studie gewidmet und anhand der Reichstagspolitik und der Aufbringung der Türkensteuern verdeutlicht, „daß letztlich die Fähigkeit des Reiches zur gemeinsamen Abwehr der Bedrohung erhalten blieb" [253: Reich und Türkengefahr im späten 16. Jahrhundert, 366]. So blieb in einem „Zeitraum höchster innenpolitischer Kontroversität die außenpolitische Basisfunktion des Reichsverbandes in ihrer notwendigen Wirksamkeit" bestehen [230: W. SCHULZE, Die Erträge der Reichssteuern, 185; ähnlich 147: H. LUTZ, Kaiser Karl V., Frankreich und das Reich, 54 Anm. 17]. Diesem Willen zur Selbstbehauptung des Reiches stand in der zweiten Hälfte des 16. Jahrhunderts, wie zuletzt H. SCHILLING betont hat, die Orientierung des Reiches nach innen gegenüber. Wenn das Reich an der europäischen Politik Anteil hatte, so nur „über die dynastische Allianz der österreichischen mit den spanischen Habsburgern". Da aber der universale Anspruch des Kaisertums und der Casa de Austria wegfiel, „war der deutsche

Kaiser jetzt im europäischen Maßstab eine Partei unter anderen geworden" [69: Aufbruch und Krise, 258].

2. Das Reich als Teil der „Monarchia universalis" Kaiser Karls V.

2.1 Zu Person und Sache

Erst die Erfassung und Veröffentlichung des umfangreichen Quellenmaterials zu Karl V. in verschiedenen europäischen Archiven schuf wesentliche Voraussetzungen für die richtungweisenden Biographien von H. BAUMGARTEN [109: Karl V.], K. BRANDI [111: Karl V.], P. RASSOW [131: Die Kaiser-Idee Karls V.; 132: Karl V.], R. TYLER [137: Karl V.] oder M. FERNÁNDEZ ALVAREZ [115: Imperator mundi].

<small>Ein Blick in die Forschungsgeschichte</small>

Die Auswertung der Archive und die Edition der Quellen reicht ebenso wie die biographische Aufarbeitung weit ins 19. Jh. zurück. Zu den ersten großangelegten Editionen gehören u.a. die Werke von K. LANZ [15: Correspondenz des Kaisers Karl V.] und C. WEISS [25: Papiers d'état]. Einen neuen Zugang zu den Fragen von Kaiser und Reich ermöglichte die Herausgabe der Reichstagsakten/Jüngere Reihe [29], deren erster Band, der den Akten der Kaiserwahl von 1519 gewidmet ist, 1893 erschien. Zur gleichen Zeit charakterisierte H. BAUMGARTEN als Resümee des dritten Bandes seiner unvollendet gebliebenen Biographie das wichtigste Forschungsdesiderat auch für die Zukunft folgendermaßen: „[...] das allerwichtigste ist die Herausgabe der vollständigen Korrespondenz Karls V." Und in Kritik an der Wiener Akademie, die noch immer mit der Edition der venezianischen Depeschen beschäftigt war, äußerte er die Meinung: Wenn Leopold von Ranke „heute im [Haus-, Hof- und Staats-]Archiv säße, würde er vor allen Karl und die Seinigen selbst hören" [109: Karl V., Bd. 3, Vorwort III–VI, hier VI]. Die positive Wirkung auf die österreichische Geschichtswissenschaft blieb nicht aus. Ihre Anstrengungen galten aber Karls V. Bruder Ferdinand I.: W. BAUER, 1902 mit der Edition der „Korrespondenzen österreichischer Herrscher und Staatsmänner seit 1526" beauftragt, legte 1912 den ersten Band der Korrespondenz Ferdinands I. [20] vor. Seitdem ist diese renommierte Edition zur österreichischen Geschichte des 16. Jh.s auf drei Bände (zum Zeitraum 1514 bis 1532) mit über 1400 Briefen Ferdinands I. an Margarete von Savoyen, Karl V., Maria von Ungarn, Ludwig von Ungarn und andere Personen sowie Instruktionen und Berichten von Gesandten angewachsen. Im Zentrum der deutschen Anstrengungen stand hingegen die Erschließung der Korrespondenz Karls V. in den einschlägigen Archiven und Bibliotheken Europas. Es war K. BRANDI, der diese Arbeit mit einem Mitarbeiterstab in Simancas, Madrid, Paris, Brüssel und Wien in Angriff nahm und die Ergebnisse in den „Berichten und Studien" [vgl. 111: K. BRANDI, Karl V., Bd. 2, 30–53] bis 1941 veröffentlichte. Weder die Erschließung noch die Edition der Korrespondenz Karls V. sind heute vollendet, obgleich durch die seit 1968 in Kooperation zwischen der Universität Konstanz und dem Haus-, Hof- und Staatsarchiv in Wien bearbeiteten Stückverzeichnisse [vgl. MÖSTA 29–37, 39, Wien 1976–1984, 1986] die Erfassung der Korrespondenz zielstrebig fortgesetzt werden kann.

Karl V. – Interpretationsmodelle

Kaiser Karl V. gehört zu jenen Herrschern, die sich einer nationalgeschichtlichen Zuordnung entziehen. M. FERNÁNDEZ ALVAREZ [115: Imperator mundi, 226]: „Karl war eher eine europäische als eine nationale Gestalt. Er gehörte keinem seiner Herrschaftsgebiete." Aber an nationalgeschichtlichen Zuordnungen hat es nie gemangelt. Ihnen verdanken wir zwei historiographische Interpretationslinien, die bis heute ihre Gültigkeit haben. Eine südeuropäische Interpretationslinie, zu der eine Reihe spanischer, französischer und italienischer Forscher wie R. CARANDE [113: Carlos V y sus banqueros] oder F. CHABOD [142: Milano o di Paesi Bassi?] gehören. Dieser Richtung sind auch die Historiker R. TYLER [137: Karl V.] oder H. E. KOENIGSBERGER [43: The Habsburgs and Europe] im angelsächsischen Bereich zuzuordnen. Insgesamt tendiert diese Sichtweise zur Eingrenzung des Fragehorizonts, vor allem im Hinblick auf das römisch-deutsche Reich, Nord- und Osteuropa und die Osmanen. Die Vertreter der mitteleuropäischen Interpretationsmodelle, wie L. CARDAUNS [141: Von Nizza bis Crépy], K. BRANDI [111: Karl V.] und P. RASSOW [131, 132], erkannten sehr wohl die Bedeutung der südosteuropäischen Komponente.

Kaiser- und Reichsidee und/oder dynastische Idee – die Interpretationen von Brandi und Rassow

Der Hauptpunkt der Diskussion über den Gesamtzusammenhang von Person und Politik Karls V. war die Frage der „Kaiseridee". Dieser ursprünglich geistesgeschichtliche Interpretationsansatz beherrschte seit den zwanziger Jahren unseres Jahrhunderts die Diskussion. K. BRANDI [111: Karl V., Bd. 1, 11] sah in Karl V. den Vertreter einer dynastisch gebundenen Herrschaftskonzeption, indem dieser „zugleich aus der Summe der von ihm ererbten Herrschaftstitel einen neuen europäischen und in gewissem Sinne über-

2. Das Reich als Teil der „Monarchia universalis" Kaiser Karls V. 59

seeischen Imperialismus, ein Weltreich [bildete], das zum ersten Male nicht auf Eroberung, noch weniger auf einer zusammenhängenden Ländermasse aufgebaut war, sondern auf der dynastischen Idee und der Einheit des Glaubens". P. RASSOW hingegen schätzte die Kaiser- und Reichsidee weit höher ein und sah in der Kaiseridee eine Sinngebung des dynastischen Prinzips. Danach war das Reich Karls V. das im Erbgang ihm zugefallene Konglomerat von Staaten und Herrschaften in Burgund und Spanien und in Österreich, Italien und bis Afrika und zu den neuen Reichen jenseits des Ozeans, die Reichsidee aber die mittelalterliche Idee des Kaisertums. „Die Gegenposition gegen die sakrale Kaiser-Idee war die Idee des souveränen Staates" [132: Karl V., 17]. Diese divergierenden Beurteilungen BRANDIS und RASSOWS erwiesen sich insofern als weiterführend, als sie Fragen nach der Typologie des Herrschaftssystems Karls V. zwischen Mittelalter und Neuzeit und nach dessen Folgen für die Entstehung des europäischen Staatensystems provozierten. Vor allem die Forschungen von H. LUTZ weisen über die Positionen von BRANDI und RASSOW deutlich hinaus. Den Ansatz dazu bot die durch BRANDI vollzogene Parallelisierung von „Person und Sache", für die der programmatische Untertitel [111: BRANDI, Karl V., Bd. 1] „Werden und Schicksal einer Persönlichkeit und eines Weltreiches" stand. LUTZ [126: Biographische Probleme, 156f.] betrachtete dies als eine Folge der anerkennenswerten Überwindung der konfessionellen Polemik des 19. Jahrhunderts. Er beurteilte das von Karls Großkanzler Mercurino Gattinara entworfene Einheitsprogramm nicht einfach als eine Neuauflage des mittelalterlichen Kaisertums, sondern als einen „frühneuzeitlichen Komplex" und ein „Phänomen sui generis gegenüber dem Mittelalter wie der Folgezeit". Im französisch-habsburgischen Konflikt sei nicht ein „Zusammenstoß eines mittelalterlichen Universalismus mit dem modernen Nationalstaat" zu sehen, sondern vielmehr das „Ringen zweier ähnlicher Systeme [...], die beides Altes wie Neues vermischt enthielten: mittelalterliches Erbe an Eigenstaatlichkeit und neuerwachten Universalismus" [126: Biographische Probleme, 156f.]. Die Einsicht in die Ähnlichkeit und Vergleichbarkeit der Hegemoniebestrebungen Frankreichs und Habsburgs führte auch zu einer Neubewertung des von BRANDI eher gering veranschlagten habsburgisch-französischen Konfliktpotentials seit der Entscheidung zugunsten Habsburgs im Jahre 1519. TYLER [137: Karl V., 21] schrieb darin der burgundischen Frage eine Schlüsselrolle zu, und deutete damit auch BRANDIS Überschätzung der dynastischen Mittel der kaiserlichen Politik aus

Kampf um die Hegemonie in Europa, keine mittelalterliche Neuauflage – der Neuansatz von Lutz

Karls burgundischer Grundhaltung [111: Karl V., Bd. 1, 11] an: „So hatte Karl V. im europäischen Konzern die Aktienmehrheit erworben. Aber dafür verließ er die Befriedungspolitik mit Frankreich, welche es bisher erlaubt hatte, die verbliebenen burgundischen Länder nach dem Verlust des Herzogtums selbst zusammenzuhalten. Die Wiedergewinnung dieses Herzogtums [...] war nun ein Kriegsziel geworden und würde die nationale Einheit Frankreichs zerstören, an der schon eine lange Reihe französischer Könige gearbeitet hatte und die gerade erst vollendet worden war. Nur eine vernichtende Niederlage, besiegt durch militärische Besetzung, wie Frankreich sie bereits vor hundert Jahren erlebt hatte, würde diesem Staat die Opferung des Herzogtums Burgund aufzwingen können."

Gattinaras radikales Programm   Ein wesentlicher Faktor für die Beurteilung des habsburgischen Hegemoniekampfes gegen Frankreich ist in Gattinaras Programm eines „Dominium mundi" zu sehen. LUTZ [126: Biographische Probleme, 161] hat den radikalen und offensiven Charakter dieses Programms betont: „Die Konzeption des Piemontesen Gattinara beruhte auf ghibellinischer Tradition, römisch-rechtlichem Denken und den Erfahrungen der labilen Kleinwelt Italiens: Sie setzte als ein neuartiges rationales Einheitsprogramm den absoluten Weltherrschaftsanspruch des Kaisers dem spätmittelalterlichen Staatenpluralismus entgegen. Die Prämisse, Italien zu befrieden und zum Zentrum der kaiserlichen Herrschaft zu machen, konnte nur gegen Frankreich durchgesetzt werden. Es ist offenkundig, daß Gattinara in diesem Sinne seit 1521 das Ziel verfolgte, die Existenz Frankreichs als selbständige Großmacht zu zerstören. (Eine Variante in diesem Programm war die Errichtung eines südfranzösischen Satellitenstaates unter dem Connétable von Bourbon.)"

Die Frage nach den Ideen und der Politik Gattinaras und dessen persönlichem Verhältnis zu Karl V. hat durch die Forschungen von M. HEADLEY [117: Germany, the Empire and Monarchia; 118: The emperor and his chancellor] neue Impulse erhalten. In kritischer Distanz zu F. WALSER/R. WOHLFEIL [161: Die spanischen Zentralbehörden] nimmt HEADLEY einerseits Fragen der Verwaltungs- und Herrschaftsgeschichte am Beispiel der Reichskanzlei wieder auf, und verfolgt andererseits das geistesgeschichtliche Phänomen des Neoghibellinismus. Sehr treffend ist seine Charakterisierung der ideellen Dimension und des personellen Zusammenhanges zwischen dem Herrscher und dem Großkanzler: „In sum, Gattinara's concept of universal empire or monarchia fused contemporary and traditional motifs into a view that sought for his master something more than recognition of his moral authority but less than total, direct domination" [117: Germany, the Empire and Monarchia, 30].

2.2 Das habsburgische Herrschaftssystem und seine Ablehnung im Reich und in Europa

Die Tatsache, daß die Herrschaftsbasis und die Machtmittel Karls V. außerhalb des Reiches lagen, hatte vielfältige Auswirkungen. So war mit der von Anfang an gegebenen Differenz zwischen „Reichsinteresse" und „Reichspolitik" einerseits und der dynastischen Politik des Kaisers andererseits der zeitweise Verlust der Eigenbedeutung des Reiches verbunden. Diese Nachordnung des Reiches gilt im wesentlichen für die ersten beiden Jahrzehnte der kaiserlichen Herrschaft (1522–1540) mit Ausnahme der Jahre 1530 bis 1532, in denen Karl V. im Reich anwesend war [123: A. KOHLER, Karl V., Ferdinand I. und das Reich, 61].

<small>Herrschaftsbasis und Machtmittel Karls V.</small>

Die starke Abhängigkeit des Kaisers von den spanischen, insbesondere den kastilischen Finanzen hat R. CARANDE [113: Carlos V y sus banqueros] eindrucksvoll aufgezeigt. Auch H. KELLENBENZ ist diesem Zusammenhang nachgegangen, vor allem ist seine Studie über Karls Verhalten in der Monopolienfrage und gegenüber den wirtschafts- und finanzpolitischen Problemen des römisch-deutschen Reiches zu nennen. Darin wurde dargelegt, daß sich der Kaiser nur auf jene oberdeutschen Gebiete konzentrierte, „die sich am ehesten in sein dynastisches Machtgebäude einfügten", während Niederdeutschland weitgehend außer Betracht blieb [119: Das Römisch-Deutsche Reich, 54].

Der Intensivierung der spanisch-deutschen Beziehungen in der Epoche Karls V. ist seit jeher vor allem aus dem mitteleuropäischen Erfahrungshorizont Beachtung geschenkt worden, wie die Studien von H. J. HÜFFER [157: Deutsch-spanische Beziehungen] und W. PETTER [159: Probleme der deutsch-spanischen Begegnung] zeigen. Im Hinblick auf das Spanienbild der Reichsbewohner läßt sich feststellen, daß die 1521 einsetzenden Erfahrungen mit den Spaniern, vornehmlich mit den spanischen Soldaten, das traditionelle Bild vom jahrhundertelang geformten Kriegsvolk bestätigten und bestimmte soziale und regionale Gruppen, nämlich die Bewohner Kastiliens, für ganz Spanien figurierten. Je länger diese Erfahrungen andauerten und an Intensität gewannen, desto mehr wurden im Reich die sozialen und herrschaftsrechtlichen Gegensätze zum Spanien Karls V. empfunden; zugleich nahm die antispanische Stim-

<small>Spanien und das Reich</small>

mung zu. Schon früh galt das spanische Element als die wichtigste und sicherste Stütze einer monarchischen Politik Karls V., die gegen die „Libertät" der Reichsstände gerichtet war. „Mit dem Begriff des Spaniers verband man im Reich nicht nur die Vorstellung einer militärischen Unterdrückung, sondern auch die Angst vor einer Übertragung einer fremden Staatsform auf das Reich, obwohl die Kenntnisse über die Regierungsverhältnisse Kastiliens und Aragons im Reich sehr gering waren" [158: A. KOHLER, Die spanisch-österreichische Begegnung, 50]. Den Tiefpunkt der Beziehungen markieren der Schmalkaldische Krieg und die Jahre danach, die vom Schreckgespenst und propagandistischen Schlagwort der „spanischen Sukzession" geprägt waren und die in fast allen Bevölkerungsschichten des römisch-deutschen Reiches Anklang fanden. Diese Feindbilder verblaßten am Ende der Universalmonarchie Karls V., um erst wieder im frühen 17. Jahrhundert neue Aktualität zu gewinnen.

Innerhabsburgische Probleme: das Verhältnis Karl–Ferdinand

Auf das von H. LUTZ [129: Christianitas afflicta, 82] 1964 formulierte Desiderat einer Darstellung des „gegenseitigen Verhältnisses der beiden Brüder und der verschiedenen Entwicklung ihrer Persönlichkeiten und ihrer politischen Anschauungen und Systeme" ist mehrfach reagiert worden. So analysierte E. LAUBACH [125: Karl V., Ferdinand I. und die Nachfolge im Reich] die persönlichen Beziehungen der beiden Brüder seit 1519, mit besonderer Berücksichtigung der Königswahlfrage (1519–1531), der Nachfolgediskussionen und der Familienverträge (1550/51), also der innerhabsburgischen Problematik der Sukzession Ferdinands I. in der Königs- und Kaiserwürde. Der Ausstattung des jüngeren Habsburgers mit Regierungs- und Verwaltungskompetenzen im Zuge der römischen Königswahl (1531) widmete C. THOMAS eine äußerst instruktive Studie. Die darin zum Titel erhobene eigenhändige Notiz Ferdinands I., die sich auf die in einer geheimen Vollmacht Karls V. verfügte Einschränkung der offiziell bekannten Kompetenzen des römischen Königs bezieht, steht im Zentrum der textkritischen Analysen und Beurteilungsfragen der Autorin. Sie kommt zu dem Schluß: „Ferdinand ist nichts anderes als der Administrator des deutschsprachigen Reichsteils für die Zeit der Abwesenheit seines Bruders" [136: Moderación del poder, 137]. Denn in den wichtigsten Kompetenzbereichen, zu denen auch die reichs- und damit außenpolitischen Aufgaben gehörten, behielt sich Karl V. das Recht der Entscheidung vor. A. KOHLER [121: Antihabsburgische Politik, 200] sieht in dieser Politik des Kaiserhofes auch einen höchst pragmatischen Aspekt, unausweichliche Konzessionen an Ferdinand I. und damit verbundene

2. Das Reich als Teil der „Monarchia universalis" Kaiser Karls V. 63

negative Auswirkungen für das kaiserliche Herrschaftssystem zu verhindern.

Für die Spätzeit Karls V. zeigte H. LUTZ auf, daß die gegensätzlichen Auffassungen der beiden Brüder in dem Maß zunahmen, wie das römisch-deutsche Reich zum Angelpunkt der politischen Entscheidungen Karls V. wurde, ohne daß Ferdinand, wie auch während des Fürstenaufstandes 1552, je den Boden der Loyalität seinem Bruder gegenüber verließ: „Diese Verschiedenartigkeit ging so weit, daß Ferdinand im Laufe der Passauer Verhandlungen sich in entscheidenden Punkten mit den vermittelnden Ständen verband und vom Standpunkt seines Bruders entfernte. Was weder Heinrich II. noch Kurfürst Moritz gelungen war, gelang dabei in gewisser Weise dem römischen König: zum Sprecher und Exponenten des Reiches gegenüber dem Kaiser zu werden. Doch nicht im Sinne einer ständischen Fronde; dazu war Ferdinand zu sehr Habsburger und dem Kaiserthron selbst zu nahe; vielmehr im Sinne eines Suchens nach der Nutzanwendung der vergangenen Erfahrungen, nach einer neuen Zusammenfassung und Integration der auseinandergetretenen Elemente von Reich und Kaisertum" [129: Christianitas afflicta, 82].

Es war naheliegend, daß LUTZ zur umfassenden Frage nach dem „politischen System" Karls V. vorstieß. In dem im Mai 1981 in München veranstalteten Symposion mit dem Titel „Das römisch-deutsche Reich im politischen System Karls V." ging es ihm weniger um die kaum zu beantwortende Frage der realen Chancen einer „Monarchia universalis", als vielmehr um die „tatsächlichen Bedingungen, Verfahrensweisen, Formen, Entscheidungsprozesse und Folgen dieses größten Experimentes supranationaler Herrschaft im frühneuzeitlichen Europa" [127: Das römisch-deutsche Reich, Schlußwort, 269]. Zum Begriff hat unter den Referenten vor allem H. RABE direkt Stellung genommen und auf ein wenig beachtetes „Strukturelement des politischen Systems" verwiesen: „Die Analyse der politischen Herrschaftsstrukturen zeigt nämlich sehr rasch, daß die Intensität des Ausbaus der Verwaltung, und zwar schon der Zentralverwaltung, für den Gesamtkomplex der Reiche Karls V. viel geringer war als in den einzelnen Ländern der habsburgischen Herrschaft." Man wird sich davor hüten müssen, „unter dem Eindruck der schönen Arbeit von WALSER-WOHLFEIL [vgl. 161: Die spanischen Zentralbehörden] die tatsächliche Bedeutung dieses Staatsrats [des Consejo de Estado] wie auch des Großkanzleramts zu überschätzen". RABE sieht die „Modernisierung im politischen System"

<small>Der umfassende Zusammenhang: das politische System Karls V.</small>

Karls V. vielmehr im „Ausbau der Zentralverwaltung in den einzelnen Ländern" und analysiert das kastilische Beispiel [Elemente neuzeitlicher Politik und Staatlichkeit im politischen System Karls V. Bemerkungen zur spanischen Zentralverwaltung und zur Politischen Korrespondenz des Kaisers. In: 127: H. LUTZ, Das römisch-deutsche Reich, 161–187, hier 163 f.].

Das herrschaftsrechtliche Verhältnis zwischen Karl V. und Ferdinand I.

Die wichtigste personelle Figuration (Karl V. – Ferdinand I.) im kaiserlichen Herrschaftssystem hat zuletzt A. KOHLER [123: Karl V., Ferdinand I. und das Reich] untersucht. Sein Hauptaugenmerk liegt auf den Auswirkungen und gegenseitigen Beeinflussungen, die von den konstanten Zielen und Objekten ausgingen, zu denen der Dauerkonflikt Karls V. mit Frankreich, die kirchlich-religiöse Frage im Reich und in den habsburgischen Ländern ebenso gehörten wie das Osmanenproblem. Auf das herrschaftsrechtliche und persönliche Verhältnis der beiden Brüder bezogen, werden die geringen Entscheidungskompetenzen Ferdinands I. und dessen „gebende" Funktion ebenso deutlich wie die Divergenz der Vorstellungen in Fragen und Aufgaben der Türkenabwehr: „Während Karl sich auf eine Seekriegsführung aragonesischer Prägung im Mittelmeer konzentrierte, sollte Ferdinand seine Kräfte zur Sicherung Ungarns, der österreichischen Erblande und zur Türkenabwehr auf dem europäischen Kontinent einsetzen" [123: A. KOHLER, Karl V., Ferdinand I. und das Reich, 68]. Für die 20er Jahre hat A. KOHLER [121: Antihabsburgische Politik, 70–116] gezeigt, wie die hochgespannten Erwartungen im Reich und unter den Reichsständen rasch einer allgemeinen Ernüchterung und Enttäuschung wichen. Bis 1524/25 nahm das gegenseitige Vertrauen weiter ab; damit wurde die Krise des habsburgischen Systems im Reich eingeleitet, die mit der Krise des Reichsregiments und der Statthalterschaft Ferdinands und dem zunehmenden bayerisch-österreichischen Antagonismus verbunden war. Erst als Karl V. in Italien 1528 und 1529 Erfolge erzielte, gaben die meisten Reichsstände nach und schwenkten auf die kaiserliche Politik ein. Dadurch wird auch die Tatsache verdeutlicht, wie stark die römischen Königswahlbestrebungen Ferdinands I., die erst 1531 zum Ziel führten, im Spannungsfeld der Gesamtpolitik Karls V. sowie der antihabsburgischen Opposition im Reich und in Europa gesehen werden müssen.

Opposition gegen das Herrschaftssystem Karls V. unter den Reichsständen während der 20er und 30er Jahre

Für die seit den 1520er Jahren im Reich entstandene Opposition gegen Habsburg gilt, daß das gemeinsame Feindbild der antihabsburgischen Kräfte deren politische Uneinigkeit verdeckte [121: A. KOHLER, Antihabsburgische Politik, 375]. Das Reich als vorgege-

2. Das Reich als Teil der „Monarchia universalis" Kaiser Karls V. 65

bener Bezugsrahmen war maßgebend dafür, daß „reichsständischer Widerstand vornehmlich im Rahmen des präkonfessionellen Antagonismus zwischen dem Reichsoberhaupt und den Reichsständen verstanden und ausgetragen wurde [...] Der tiefe Gegensatz zwischen einer monarchischen Konzeption, die Karl V. vertrat, und den nicht immer klaren und einheitlichen Vorstellungen einer ‚Libertätspolitik' wurde zum jahrzehntelangen Konfliktstoff, der erst am Ende der Herrschaft Karls V. zugunsten des Territorialfürstentums entschieden werden sollte. In der tiefen Unzufriedenheit der Reichsstände mit der häufigen Abwesenheit des Kaisers kommt auch eine Kritik am politischen System Karls V. zum Ausdruck, die über das Reich im engeren Sinn hinausreicht: Es ist der Widerstand gegen die sekundäre Rolle, die Karl V. dem Reich im Rahmen seines gesamtpolitischen Systems zuwies" [120: A. KOHLER, Opposition, 112]. Von einer ausschließlichen Verankerung des reichsständischen Widerstands im Lager der evangelischen Reichsstände kann also keine Rede sein. Vielmehr war es gerade Bayern, das zwischen 1524 und 1534 zu den wichtigsten Opponenten Habsburgs im Reich gehörte und auch zu jenen Reichsständen zählte, die den Kontakt zu den außerdeutschen Gegnern Habsburgs suchten. So trachtete die bayerische Politik eines Leonhard von Eck „die Signalwirkung des kaiserlichen Sieges über Franz I. bei Pavia (Februar 1525) auf die Gegner Habsburgs zu nutzen" [120: A. KOHLER, Opposition, 117]. Bayern schwenkte damals auf die erste antihabsburgische Oppositionsfront der europäischen Mächte ein, die sich nach dem gescheiterten Frieden von Madrid (1526) in der Liga von Cognac organisierte.

Die Kombination von inner- und außerdeutscher Opposition durch Bayern

Gerade anhand des französisch-habsburgischen Dauerkonflikts kann der überaus interessante Wirkungszusammenhang zwischen inner- und außerdeutscher Opposition aufgezeigt werden. H. LUTZ [128: Karl V. und Bayern, 15] hat darauf verwiesen, daß „im Verhältnis Bayerns zu den großen Zielen des Kaisers Nähe und Ferne, Partnerschaft und Widerstand in sehr komplexer Weise" wechselten. Dabei dominierte seit 1524 der Widerstand, nach den enttäuschten Erwartungen einer dynastischen Verbindung und einer sich in der Spätzeit Maximilians I. abzeichnenden „Juniorpartnerschaft". Er richtete sich weniger gegen Karl V. als gegen den unmittelbaren habsburgischen Nachbarn, Ferdinand I., und zwar in jenen Jahren, als sich dieser um die Wahl zum römischen König bemühte und die Wittelsbacher als Konkurrenten bei der böhmischen Königswahl (1526) ausschalten konnte. Es war auch folgerichtig, daß die bayerische Politik zur außerdeutschen Opposition gegen Habsburg stieß, und zwar in dreifacher Weise: zu Papst Clemens VII., Franz I. und Johann Zápolya, dem Konkurrenten Ferdinands I. auf dem ungarischen Königsthron. Dabei spielten die wittelsbachischen Gegenprojekte zur römischen Königswahlkandidatur Ferdinands I. eine bedeutende Rolle [121: A. KOHLER, Antihabsburgische Politik, 82–97]. Sie gewannen als altgläubige Variante auf dem Hintergrund der allgemeinen Krise des habsburgischen Herrschaftssystems im Reich 1524/25 zeitweise stark an Bedeutung. Auch Papst Clemens VII. sagte 1526 finanzielle Unterstützung zu. Das rasch nachlassende päpstliche Interesse konnte auch durch die Kontakte Bayerns zu Frankreich nicht wettgemacht werden, denn für dieses war die deutsche Stoßrichtung seiner antihabsburgischen Politik gegenüber der direkten militärischen Auseinandersetzung mit dem Kaiser in Italien (1526–1529) von sekundärer Bedeutung.

Die Opposition gegen die römische Königswahl Ferdinands I. als Ausgangspunkt überkonfessioneller Bündnisse

A. KOHLER [121: Antihabsburgische Politik] konnte in seiner breit angelegten Untersuchung der römischen Königswahl Ferdinands I. nachweisen, daß viele Reichsstände die Errichtung und Festigung eines habsburgischen „erbkaiserthumbs" als Angriff auf die „freyheit teutscher nation" betrachteten. Hier lag auch ein Angelpunkt für den unbedingten Widerstand und für den Sturz der habsburgischen Herrschaft im Reich. Es hat unter den inner- und außerdeutschen Gegnern nicht an derartigen Erörterungen gefehlt. Im Zuge ihrer Gegnerschaft gegen die Wahl und die Herrschaft Ferdinands I. hat die französische Politik zwischen 1531 und 1534 mehrmals den Vorschlag einer Neuwahl, verbunden mit einer Absetzung Ferdinands, an die Wahlgegner herangetragen. Auf der Basis der Wahlopposition im Reich, angeführt von Kursachsen, Hessen und Bayern, ergab sich seit 1531 die Möglichkeit einer koordinierten Oppositionspolitik. Die Wahlfrage wurde fortan ein Element, das den Ausbau und Abschluß eines interkonfessionellen und internationalen Defensivbündnisses flankierte. Die Tragfähigkeit solcher Bündnisse war auch in den dreißiger Jahren, trotz der sich abzeichnenden Verfestigung der religionspolitischen Gegensätze im Reich, zeitweise gegeben. Philipp von Hessen war überdies um eine außenpolitische Absicherung der Wahlgegnerschaft bemüht und drängte deshalb auf rasche Verhandlungen mit Frankreich und England. Aber Franz I. verhielt sich zurückhaltend, und Heinrich VIII. kritisierte sogar die Protestpolitik Sachsens. Die sächsische Politik war von „reichspatriotischen" Grundsätzen geleitet, d. h. ein Widerstand gegen das Reichsoberhaupt war nur im Rahmen der Reichsverfassung denkbar, eine bündnispolitische Absicherung in der Religionsfrage wurde defensiv verstanden, eine Bündnispolitik mit Frankreich war schwer vorstellbar, eine Annäherung an Johann Zápolya wegen der Türkenfrage war im Grunde undenkbar. Eine offensive Reichspolitik Frankreichs zugunsten der antihabsburgischen Reichsstände verband Kurfürst Johann Friedrich mit „Verderb", „Untergang" und dem Ende der „Reichsfreiheiten". Der Gedanke der Türkenabwehr, dem auch noch Kurfürst Moritz aus der albertinischen Linie einen hohen Stellenwert einräumen sollte, war der augenfälligste und am längsten wirksame Ausdruck eines „Reichspatriotismus", der die Reichsstände über die konfessionellen Fronten hinweg einigte [120: A. KOHLER, Opposition, 114f.].

In den Jahren 1548 bis 1555 organisierte sich ein letzter Widerstand im Reich und in Europa gegen die Machtentfaltung des Kaisers, der die erste Opposition dieser Art aus dem Jahre 1526 an Intensität übertraf und der von den Protestanten über Heinrich II. von Frankreich bis nach Italien reichte. Der französische König arbeitete auf ein Offensivbündnis mit dem Türken hin, um den Waffenstillstand zwischen Ferdinand I. und dem Sultan, der eine Konsequenz des Friedens von Crépy (1544) gewesen war, zum Scheitern zu bringen. Zur Schlüsselfigur im Kontakt mit den antihabsburgisch gesinnten Reichsfürsten wurde Moritz von Sachsen. „Die Gefahr für die Machtposition des Kaisers im Reich im Falle eines französischen Eingreifens war evident; die Lage Karls mußte wesentlich ungünstiger sein als 1546. Daß Moritz es verstanden hat, die erstarkende Opposition gegen den Kaiser für seine Ziele zu benutzen, verdeutlicht das Torgauer Bündnis (Mai 1551) mit der antihabsburgischen Gruppe protestantischer Fürsten Norddeutschlands, das nicht gegen das gesamte Haus Habsburg, sondern nur gegen Karl V. gerichtet war und somit den Weg für ein künftiges Zusammenspiel mit Ferdinand I. offenließ" [120: A. KOHLER, Opposition, 125f.]. In seiner Analyse der diplomatischen Vorgeschichte der Fürstenopposition betrachtet G. WARTENBERG schon die Torgauer Abrede vom 6.10.1548 zwischen Moritz von Sachsen und Markgraf Hans von Brandenburg als den „Grundstein zum späteren Fürstenaufstand" [152: Die Politik des Kurfürsten Moritz von Sachsen, 73]. Nach H. LUTZ waren im Reich weniger als je zuvor politischer und religiöser Widerstand gegen Karl V. zu trennen. In Kurfürst Moritz selbst werde die „seltsame Verschlingung politisch-ständischer Opposition mit Motiven der protestantischen Glaubensfreiheit und höchst persönlichen Anlässen sichtbar" [129: Christianitas afflicta, 63].

Widerstand gegen die kaiserliche Herrschaft 1548–1555

Diese Umstände mußten ein Bündnis mit dem streng altgläubigen französischen König schwierig erscheinen lassen. Die französische Propaganda hat es sehr wohl verstanden, die Verteidigung der reichsständischen Libertät ins Spiel zu bringen und Assoziationen im Hinblick auf die ständische Reichsreformbewegung und die „reichspolitische Grundhaltung nach der Einfluß- und Machtverteilung zwischen Kaiser und Ständen" zu wecken, die über die aktuellen Konfliktstoffe hinausgingen. Für die Politik Heinrichs II. sieht A. P. LUTTENBERGER dabei folgendes Problem: „Der Libertätsbegriff wurde so zwar für die Bedürfnisse französischer Machtpolitik verwendbar, seine reichsintern relevanten, reform- und verfassungspolitischen Implikationen gelangten dabei aber nicht eigentlich zur Entfaltung. Es kann nicht überraschen, daß die französische Libertätspropaganda im Reich unglaubwürdig wirkte. Von ihr konnte kein nachhaltiger politischer Impuls auf die Masse der Reichsstände, die gewonnen werden sollte, ausgehen" [146: Zur reichspolitischen Tragweite der Kriegspropaganda, 107].

Der Vertrag von Chambord (Januar 1552) enthielt in seiner Zielsetzung gegenüber früheren Bündnissen mit Frankreich einige Neuheiten. Dies gilt im Hinblick auf die Zusage der „Kriegsfürsten", Heinrich II. zu Mailand, Neapel, Flandern und dem Artois zu verhelfen und bei der nächsten Kaiserwahl eine französische Kandidatur (einschließlich seiner eigenen) zu unterstützen. H. LUTZ sprach vom „seltsamen Doppelcharakter" dieses Vertrages, der in erster Linie eine Verabredung der deutschen Fürsten untereinander und erst in zweiter Linie ein Vertrag zwischen diesen und Heinrich II. gewesen sei, zu dem Zwecke, das Reich von der „viehischen Servitut des Kaisers" zu befreien [129: Christianitas afflicta, 68]. Ähnlich wie S. SKALWEIT [71: Reich und Reformation, 379] sieht auch A. P. LUTTENBERGER [146: Libertät, 105 f.] darin den Versuch des französischen Königs, einerseits die Reichsstände „von der habsburgischen Führung abzukoppeln", andererseits mittels eines Schutzbundes mit den rheinischen Kurfürsten Lothringen, Metz, Toul, Verdun, Speyer, Worms und Straßburg unter dem Titel eines Reichsvikars „die Verbindung der habsburgischen Niederlande nach Oberdeutschland und Italien abzuschneiden". Daraus resultiert, daß der in der älteren Literatur [68: M. RITTER, Deutsche Geschichte, Bd. 1, 94; 53: W. PLATZHOFF, Geschichte des europäischen Staatensystems, 25] höchst einseitig beurteilte Verlust von Metz, Toul und Verdun weniger das Reich als das Haus Habsburg und dessen europäische Herrschaft treffen sollte. „Die Fürsten waren zu schwach, allein den Kampf gegen den Kaiser aufzunehmen. Hier wurde ihnen nun die politische Quittung präsentiert" [129: H. LUTZ, Christianitas afflicta, 71]. Nach S. SKALWEIT hat die Geschichte „dieses Ergebnis der deutschen Fürstenrevolution bis heute bestätigt und nur für Metz unter dem Bismarckreich vorübergehend rückgängig gemacht", auch wenn die deutschen „Kriegsfürsten" 1552 keineswegs die Loslösung der lothringischen Reichsstädte vom Reich im Auge hatten, „sondern ausschließlich ihre militärische Besetzung [...]. Denn diese Plätze waren von großer strategischer Wichtigkeit" [71: Reich und Reformation, 378f.]. H. LUTZ sah in einem Teil der Vereinbarungen des Vertrages, nämlich über die Neuwahl eines Kaisers oder die Ernennung des französischen Königs zum Reichsvikar in „Welschland", die Aufgabe, für die Ausfüllung des politischen Vakuums, das nach dem Beginn des Feldzuges eintreten mußte, zu sorgen. Das war zum Teil „der Versuch, dem Beistandspakt durch die Ausübung staatlicher Hoheitsfunktionen staatlichen Charakter zu verleihen" [129: Christianitas afflicta, 71].

Erst seit den siebziger Jahren wendet sich auch die französische Forschung wieder der Analyse der deutsch-französischen Beziehungen [148: J.-P. PARISET, Les relations entre la France et l'Allemagne] und der französischen Rheinpolitik Heinrichs II. zu. Sie konnte dabei an die älteren einschlägigen Arbeiten von G. ZELLER [154: La Réunion de Metz; 153: Le Siège de Metz] anknüpfen. Während PARISET die Thematik überblicksartig entwickelt und einen wichtigen Beitrag für deren Kenntnis in Frankreich leistet, werden in dem von der Universität Straßburg initiierten und in Zusammenarbeit mit deutschen Historikern wie H. WEBER und S. SKALWEIT entstandenen Sammelband spezifische Probleme der Kooperation Franz' I. und Heinrichs II. mit den deutschen Protestanten [S. SKALWEIT, Le Rois très-chrétien et les princes protestants allemands. In: 143: Charles Quint, le Rhin et la France, 5–22], das große Arbeitsfeld der französischen Gesandtschaften ins Reich [J.-P. PARISET, Ambassades Françaises en Allemagne sous François Ier. In: 143, 23–45] und das Zustandekommen des Vertrages von Chambord [H. WEBER, Le traité de Chambord, 1552. In: 143, 81–94] untersucht.

2.3 Der französisch-habsburgische Konflikt

Der französisch-habsburgische Konflikt hat in den Biographien über Karl V. von jeher einen bedeutenden Platz eingenommen. Doch fehlt eine umfassende Untersuchung dieses Phänomens, wie J.-P. PARISET [148: Les relations entre la France et l'Allemagne] sie den Beziehungen der französischen Könige zu den Reichsständen gewidmet hat. H. LUTZ [127: Das römisch-deutsche Reich, Schlußwort, 281] arbeitete fünf Phasen des französisch-habsburgischen Konflikts heraus. Erstens die Jahre 1515–1520, die durch einen Wechsel von Zeiten des Ausgleichs und der Konfrontation geprägt waren. Zweitens die erste Hälfte der zwanziger Jahre, die im Zeichen der radikalen Konfrontation standen und in Plänen zur Zerstörung der staatlichen Existenz Frankreichs gipfelten. Drittens die Jahre von 1526 bis 1545, die durch variable Versuche dynastischer und territorialer Kompromisse gekennzeichnet waren, an deren Ende die Abweisung französischer Ersatzforderungen nach dem plötzlichen Tod des Herzogs von Orléans (1545) stand. Der vierte Abschnitt wurde vom Revisions- und Offensivprogramm König Heinrichs II. (seit 1551) bestimmt. Doch lehnte Karl V. jeden Kompromiß ab und versuchte bis zuletzt Frankreich niederzukämpfen. Der fünfte Abschnitt (seit 1555) war geprägt von den Ausgleichsinteressen Philipps II., die in den Frieden von Cateau-Cambrésis (1559) einmündeten.

Diese Aufgliederung zeigt sehr instruktiv, daß der junge Monarch den Vorstellungen seines Großkanzlers nicht bedingungslos folgte, sondern sich schon in der ersten Phase der Auseinandersetzung im Sinne der monarchischen Solidarität gegen die Errichtung eines französischen Satellitenstaates unter Bourbon entschied. Seit der Mitte der zwanziger Jahre begann der Kaiser auch dem Haus Valois einen Platz in seiner Heiratspolitik einzuräumen, die zuletzt H. WEBER [139: Zur Heiratspolitik Karls V.] untersucht hat. Als erstes Ergebnis kann die Eheschließung von Karls Schwester Eleonore mit Franz I. (1530) gelten. Damit war der Weg des Kompromisses zwischen Dominium mundi und christlicher Solidarität eingeschlagen; er führte zum System der freien Partnerschaft während der dreißiger Jahre. Für das Scheitern dieser Versuche machte die Forschung die Unlösbarkeit der Mailänder Frage verantwortlich. P. RASSOW sah in der Belehnung Philipps II. mit diesem wichtigsten oberitalienischen Reichsterritorium im Jahre 1540 die „Grundpfeiler des europäischen Friedenszustandes" einstürzen [Karl V. Der letzte Kaiser des Mittelalters. Göttingen 1957, 55]. Auch das im Anschluß an den Frieden von Crépy (1544) erörterte dynastische Projekt, im Zuge dessen der Herzog von Orléans mit Mailand oder mit den Niederlanden ausgestattet werden sollte [142: F. CHABOD, Milano o di Paesi Bassi?], scheiterte letzten Endes am Kaiser.

2. Das Reich als Teil der „Monarchia universalis" Kaiser Karls V.

Das führt zu der Frage nach der Radikalität und Irreversibilität des Konflikts zwischen Valois und Habsburg. H. LUTZ [147: Karl V., Frankreich, 10] sprach von einem „Kampf auf Leben und Tod", und zwar von Anfang an. Gerade K. BRANDI [111: Karl V.] hatte dieses ungeheure Konfliktpotential unterschätzt und die schon bei L. CARDAUNS [141: Von Nizza bis Crépy] angelegte kritische Beurteilung der kaiserlichen Politik außer acht gelassen. Diese fundamentalen Auffassungsunterschiede zwischen BRANDI und CARDAUNS lassen sich an einem besonders instruktiven Beispiel verdeutlichen: Der Frankreichfeldzug Karls V. 1544 wird in BRANDIS Biographie [111: Karl V., Bd. 1, 429–435] als erfolgreicher Feldzug mit der realen Chance, Paris zu erobern, eingeschätzt. Wohl war der Kaiser nach dem Fall der Festung St. Dizier „Herr der mittleren Maas und Marne". Trotzdem kann man sich beim Studium der Quellen des Eindrucks nicht erwehren, daß der weitere Vormarsch nach Paris weiter nichts als „ein strategisches Manöver zur Beendigung des Krieges" [141: L. CARDAUNS, Von Nizza bis Crépy, 342] war. Diese Situation war auch auf das eigenwillige Verhalten des kaiserlichen Bündnispartners, König Heinrichs VIII. von England, zurückzuführen, der seine Kräfte auf die Belagerung von Boulogne konzentrierte, ohne den Kaiser bei der Niederringung Franz' I. zu unterstützen. Daher mußte Karl V. auch auf „die völlige Niederwerfung seines Rivalen, Franz auf die sofortige Gewinnung des Kampfpreises" verzichten [141: L. CARDAUNS, Von Nizza bis Crépy, 357].

Die Auffassungsunterschiede bei Brandi und Cardauns

Der habsburgisch-französische Gegensatz wurde auf der militärischen Ebene lange Zeit vornehmlich in Oberitalien ausgetragen, gleichzeitig wurden die niederländisch-französischen Grenzgebiete und bis zu einem gewissen Grad auch die französisch-spanische Grenze in den Krieg einbezogen. Die einzelnen Phasen der militärischen Auseinandersetzungen sind bisher mehr oder weniger gut erforscht. K. BRANDI [111: Karl V., Bd. 1, 165–195] hat seine Untersuchungen auf die Kriege der zwanziger Jahre um Italien konzentriert. Für die Mittelmeerpolitik und den dritten Krieg gegen Frankreich (1536–1538) sind noch immer die Forschungen von P. RASSOW [131: Die Kaiser-Idee Karls V.] und L. CARDAUNS [141: Von Nizza bis Crépy] heranzuziehen. Den Kreuzzugscharakter des kaiserlichen Tunisfeldzuges 1535 hat zuletzt H. DUCHHARDT [156: Das Tunisunternehmen] hervorgehoben. Während Karls Auseinandersetzung mit Kleve (1543) neue Aufmerksamkeit erregt, wie die Arbeiten von F. PETRI [164: Landschaftliche und überlandschaftliche Kräfte] und A. GLEZERMAN/M. HARSGOR [163: Cleve – ein unerfülltes Schicksal]

Disparate Forschungslage im Hinblick auf die einzelnen Phasen der militärischen Auseinandersetzung

zeigen, gilt dies nicht für den Schmalkaldischen Krieg. Wesentlich mehr Beachtung findet seit einiger Zeit wieder der Fürstenaufstand mit ausführlichen Analysen der Politik Kurfürst Moritz' von Sachsen und Heinrichs II. von Frankreich. Seit der instruktiven Darstellung von K. E. BORN [110: Moritz von Sachsen] sind dazu neuerdings die Aufsätze von G. WARTENBERG [152: Die Politik des Kurfürsten Moritz von Sachsen] und A. P. LUTTENBERGER [146: Libertät] zu nennen. Auch die Fortführung des älteren Editionsunternehmens zur Herausgabe der Korrespondenz des sächsischen Kurfürsten [16: Politische Korrespondenz, Bd. 3] hat zur Verbesserung der Quellenkenntnis in diesem Bereich beigetragen.

Formen der Kriegführung

Unbestritten ist die Tatsache, daß Kriegsorganisation und Kriegführung im 16. Jahrhundert einem langsamen Wandel unterworfen waren. Strittig ist die Schnelligkeit und Intensität dieses Wandlungsprozesses [50: G. PARKER, The Military Revolution]. Tatsächlich läßt sich folgendes beobachten: Die Mittel der Kriegführung wurden erheblich gesteigert. Hand in Hand mit der Vergrößerung der Armeen stiegen auch die Kosten für Ausrüstung und Besoldung. Lag die Obergrenze der Truppenstärke der kriegführenden Mächte Europas zwischen 1494, dem Feldzug Karls VIII. nach Italien, und dem Frieden von Cambrai (1529) etwa bei 30000 Mann, so sind seit den dreißiger Jahren des 16. Jhs. starke Zunahmen festzustellen: 1535/36 mobilisierte Karl V. in der Lombardei 60000 Mann, 1552 in Italien, im Reich, in den Niederlanden und in Spanien 109000 Mann, insgesamt 150000 Mann [202: G. PARKER, The Army of Flanders, 7].

Ein Erfolg der Kriegführung hing in hohem Maße von der Besoldung und Verpflegung sowie von der Lösung der Quartier- und Nachschubfrage ab. Die europäischen Fürsten finanzierten ihre Kriege mit „öffentlichen Mitteln", wobei den Geldbewilligungen der Stände große Bedeutung zukam. Dieser Zugriff war zwar kostengünstig, erforderte jedoch wegen der allgemein kurzfristigen Kriegsvorbereitungen die Aufnahme von Anleihen und das Wechselgeschäft. Nur so gelang eine rasche Aufbringung der Geldmittel. Damit waren Kostensteigerungen verbunden, die bis zu 25% bei Anleihen und 40% bei kurzfristigen Krediten, den Asientos, die Karl V. zur Verfügung standen, verbunden waren [119: H. KELLENBENZ, Das Römisch-Deutsche Reich, 40]. Kriegsgelder dieser Art mußten die Schere zwischen staatlichen Einnahmen und Ausgaben erheblich vergrößern. So waren etwa nur zum Schutz der niederländischen Grenzgebiete im ersten Krieg Karls V. gegen Franz I. (1521–1526) monatlich über 200 000 Gulden erforderlich, ohne Berücksichtigung der Kosten für die Garnisonen. Selbst eine kleine Truppe von 3000 Fußknechten für drei Monate kostete etwa 40 000 Gulden, mit entsprechender Artillerie sogar etwa 50 000 Gulden [109: H. BAUMGARTEN, Karl V., Bd. 2, 45].

Schließlich hatte die Verbesserung der Festungstechnik einen entscheidenden Einfluß auf Strategie und Taktik der Kriegführung. Für einen erfolgreichen Feldzug wurde die Einnahme der Festungen wichtiger als zuvor. Wurde der Angreifer hier aufgehalten, so verschlechterte sich seine Position meist in irreversibler Weise. Dies verdeutlicht beispielsweise die Defensivstrategie Montmorencys 1536 in der Provence, die die kaiserlichen Truppen ins Leere vorstoßen ließ und mangels der Möglichkeiten, Winterquartiere zu nehmen, zur Rückkehr nach Oberitalien zwang [131: P. RASSOW, Kaiser-Idee, 221 f.]. Wie im ersten Krieg Karls V. gegen Frankreich (1524) war es entscheidend, daß Marseille nicht erobert werden konnte, was auch damit zusammenhing, daß die kaiserliche Flotte das Meer nicht beherrschte und die französischen Seestreitkräfte den Nachschub an Artillerie und Proviant empfindlich störten.

2.4 Die Osmanengefahr

Durch die kontinentale Abwehr der Türken wurden das Reich und die Reichsstände vor bisher unbekannte Aufgaben zur Verteidigung Ungarns gestellt (vgl. auch unten Seite 89). Obwohl die Reichstürkenhilfe die einzige wesentliche militärische Leistung des Reiches in der Zeit Karls V. darstellte und die Reichsmilitärverfassung „mit der Entwicklung der Reichstürkenhilfe weitgehend identisch" war, wie W. STEGLICH [179: Die Reichstürkenhilfe, 7] zutreffend festgestellt hat, lief diese Defensivhilfe nur in kleinen Raten an und erreichte insgesamt nur geringe militärische Wirkung. Die Forschungen von P. SCHMID [134: Reichssteuern, 156] haben neuerdings ergeben, daß sich, inoffiziellen Schätzungen der Zeit zufolge, die Kosten für eine „beharrliche" Türkenhilfe, also für einen mehrjährigen offensiven Türkenkrieg, auf 1,8 bis 3,6 Millionen Gulden im Jahr beliefen, wobei die Kosten einer Kriegsausrüstung von 20 000 Fußknechten und 4000 Reitern (Reisigen) pro Monat 120 000 bis 128 000 Gulden betrugen, ohne die erforderlichen Ausgaben für Artillerie, Troß und sonstige Erfordernisse gerechnet.

Gerade in der Eigenart der Romzughilfe von 1521 hat W. STEGLICH [179: Die Reichstürkenhilfe, 11] den wichtigsten Grund für die

Die Reichstürkenhilfe

geringe Hilfeleistung der Reichsstände gesehen: „Weder in den Verhandlungsakten der Reichsstände wurde vermerkt, wer das Führungspersonal, das Geschütz und das sonstige Kriegsmaterial aufbringen und unterhalten sollte, das den Einzelkontingenten der Reichsstände beigegeben werden mußte", um aus der aus 4000 Reisigen und 20000 Fußknechten bestehenden zugesagten Romzughilfe ein „operationsfähiges Feldheer zu machen". Gerade deshalb verlangten die Reichsstände seitens des ungarischen Königs eine Komplettierungszusage, die trotz der Bemühungen Ferdinands I. nicht zustande kam.

Das Ende des selbständigen Ungarn 1526

Im Ende des ungarischen Ständestaates der Jagiellonenzeit in der Schlacht von Mohács am 29. 8. 1526 und in ihren Folgen sah die ungarische Historiographie seit jeher den Wendepunkt der ost- und ostmitteleuropäischen Geschichte. Das „Mohács-Trauma" wird neuerdings jedoch mit dem Hinweis auf die Jahre des Übergangs (1526–1541) bis zur endgültigen Eingliederung Mittelungarns und Siebenbürgens in das Osmanische Reich relativiert. Bezeichnend für diese Tendenz ist die folgende Feststellung von T. VON BOGYAY [106: Geschichte Ungarns, 98]: „Suleiman betrachtete allerdings Ungarn vorerst nur als Aufmarschgebiet gegen das Habsburgerreich, dem sein nächster und entscheidender Schlag gelten sollte." Er unterstützte deshalb Ferdinands Gegner Johann Zápolya. „Erst nach dem zweifachen Scheitern [1529 und 1532] entschloß er sich, Ungarn zu erobern und als Operationsbasis gegen Habsburg zu benutzen. Unter dem Vorwand der Beschützung des einjährigen Waisen des Königs Johann gelang es ihm, 1541 die Hauptstadt Buda ohne Schwertstreich endgültig zu besetzen. In wenigen Jahren wurde die Mitte Ungarns, die fruchtbarsten und am dichtesten bevölkerten Gebiete, dem Türkenreich eingegliedert."

Wiener Türkenbelagerung 1529

Die (erste) Wiener Türkenbelagerung 1529 erregte seit jeher, besonders aus Anlaß von Jubiläen, die Aufmerksamkeit der österreichischen Historiker. Nach der älteren Arbeit von L. KUPELWIESER [176: Die Kämpfe Österreichs, 1899] befaßten sich neuerdings W. HUMMELBERGER [174: Wiens erste Belagerung] und G. DÜRIEGL [170: Die erste Türkenbelagerung] im Detail mit Aufmarsch, Belagerungstaktik, Durchhaltevermögen der Verteidiger uws. In die Strategie, Taktik und Bewaffnung der türkischen Armeen des 16. Jahrhunderts gab zuletzt Ü. YÜCEL [183: Türkische Kriegführung] interessante Einsichten. Zumeist wurde das Scheitern der Belagerung mit der späten Jahreszeit und den Witterungsverhältnissen oder dem Proviantmangel [179: W. STEGLICH, Die Reichstürkenhilfe, 41] erklärt. Doch gerade während der letzten Tage der Belagerung im Oktober hatten die Herbstregen ausgesetzt. G. DÜRIEGL [170: Die erste Türkenbelagerung, 24] machte neben disziplinären Schwierigkeiten im türkischen Heer vor allem das Scheitern der Absicht, Wien rasch im Sturm zu nehmen, für den Abbruch der dreiwöchigen Belagerung durch den Sultan verantwortlich. B. SUTTER [in 112: F. B. VON BUCHOLTZ, Geschichte der Regierung Ferdinand des Ersten, Bd. 1, 82*f.] sah in ihrem Abzug keinen militärischen Mißerfolg für die Türken. Vielmehr meinte er: „Sülejmân wußte genau, daß er zur nachhaltigen Sicherung der Donaulinie ein durchgängiges Glacis links des Stromes brauchte und daher schaffen mußte, und daß die Beherrschung, zumindest die Kontrollierung des pannonisch-ungarischen Raumes für sein Reich, sofern es in Europa verankert bleiben wollte, von vitalster Bedeutung war."

In der österreichischen Historiographie war es weitverbreitet, die Türkenbelagerungen Wiens von 1529 und 1683 vergleichend zu betrachten. Dabei kam es zu der Ansicht, 1529 hätte eine wirkungsvolle Verfolgung die Türken für längere Zeit von ihren Expansionsbestrebungen abbringen können. Deshalb wurde es kritisiert, daß das 60000 Mann starke Reichsheer unter Pfalzgraf Friedrich sich weigerte, die Reichsgrenze nach Ungarn hin zu überschreiten [B. SUTTER, Ferdinand I., in 112: F. B. VON BUCHOLTZ, Geschichte Fernand des Ersten, Bd. 1, 83*f.]. W. STEGLICH [179: Reichstürkenhilfe, 41f.] wies darauf hin, daß 1529 zur Rettung Wiens weit mehr Reichstruppen als im Rahmen der Türkenhilfe aufgebracht wurden. Auch wenn einzelne Reichsstände wie Hessen keine Truppen entsandten, seien es etwa 100000 Mann gewesen. Dies mache auch die Einschätzung Ferdinands I. verständlich, daß diese Truppen, wären sie vor dem Abbruch der Belagerung Wiens eingetroffen, den Türken eine Schlacht hätten liefern können, „durch welche die Christenheit und die deutsche Nation vor der Türkengefahr befreit gewesen wären". STEGLICH meinte, eine Verfolgung der Türken sei damals vor allem deshalb unterblieben, „weil bei dem Kriegsvolk in Wien und besonders bei den Reichstruppen nach der Aufhebung der Belagerung eine Meuterei ausbrach". Hingegen sah er keinen Hinderungsgrund im defensiven Auftrag der Reichstruppen. „Denn die Reichstürkenhilfe war ja in Speyer [1529] auch zum Schutze Ungarns bewilligt worden, die Wiedereroberung Ungarns im Zuge der Verfolgung der Türken hätte eigentlich zulässig sein müssen."

Gegen den Feldzug Süleimans im Jahre 1532 war das Reich besser gerüstet. B. SUTTER [Ferdinand I., in 112: F. B. VON BU-

Die Chance von 1532

CHOLTZ, Bd. 1, 85*f.] vertrat die Ansicht, „mit der zum Türkenfeldzug geeinten, großzügig organisierten Armee wäre es damals schon ein leichtes gewesen, ganz Ungarn zu erobern und dieses Königreich in seinem ganzen Umfang der Herrschaft Ferdinands zu unterordnen". Karls negative Einstellung zu einem Türkenkrieg auf dem kontinentalen Kriegsschauplatz hatte eine „innere Entfremdung zwischen den Habsburgischen Brüdern" lange vor der „spanischen Sukzession" Ende der vierziger Jahre zur Folge gehabt. Sutter sah die auf das Konto Karls V. gehende „versäumte Gelegenheit" von 1532 in einer Linie mit den nachfolgenden Niederlagen Ferdinands I. in Ungarn (1537, 1540/41) und mit der endgültigen Festsetzung der Osmanen in Ofen im August 1541: „Damit waren die Donaulinie und ganz Mittelungarn mit den fruchtbaren Ebenen um Theiß und Donau in türkischer Hand. Die Festung Ofen sollte hundertfünfundvierzig Jahre unter osmanischer Herrschaft verbleiben."

Der Friede von 1547

E. D. PETRITSCH [178: Der habsburgisch-osmanische Friedensvertrag, 55–58] geht von einer Edition der Ratifikationsurkunden des Waffenstillstands von 1547 aus, in denen die Texte Suleimans und Ferdinands I. voneinander abweichen; er erörtert grundsätzliche Probleme des Verhältnisses zwischen den Habsburgern und den Türken und zeigt die Unterschiede im politischen Selbstverständnis der beiden Seiten. Bei den Osmanen habe die Bedrohung durch Persien den Ausschlag dafür gegeben, das Risiko eines Zweifrontenkrieges abzubauen. Doch habe ein Waffenstillstand oder Frieden nur provisorischen Charakter haben können. „Solche Verträge wurden, wie dies bereits der Prophet Muhammad gehandhabt hatte, stets zeitlich limitiert. Der Frieden von 1547 wurde mit fünf Jahren, alle anderen im Verlauf des 16. Jahrhunderts mit den Habsburgern vereinbarten Abkommen wurden mit acht Jahren begrenzt; die Verträge des 17. Jahrhunderts einschließlich jenes von Zsitvatorok (1606) sahen eine Dauer von zwanzig Jahren vor." Der Friede von 1547 ist der erste schriftlich fixierte, und er war erstmals mit einer jährlich fälligen Pachtsumme, dem sogenannten Ehrengeschenk oder Tribut, verbunden. Wie PETRITSCH betont, gingen diese Angebote der habsburgischen Seite bis auf das Jahr 1530 zurück. Die Osmanen sahen in dieser Zahlung vielmehr die „Gegenleistung für diejenigen Orte in der Provinz Üngürüs [Ungarn], die sich de facto in der Hand der Christen befinden", wie es in der Ratifikation Süleimans heißt [178: 56, 72]. Dieser Wortlaut besagte nichts anderes als den Anspruch auf die osmanische Oberherrschaft über ganz Ungarn.

3. Das konfessionell geteilte Reich und seine Nachbarn

3.1 Zum Charakter der Epoche

M. RITTERS meisterhafte Darstellung [68: Deutsche Geschichte] wirkt bis heute nach. Dieses konzeptionell wohldurchdachte und äußerst informative Werk ist der politischen Geschichte gewidmet; die Synthese zwischen reichs- und territorialgeschichtlichen Fragen in bezug auf die innere Entwicklung des Reiches wird ebenso durchgehalten wie die Synthese zwischen dessen Innen- und Außenbezügen. Gerade durch diese Vorzüge ist diese dreibändige Monographie auch für den vorliegenden Band unentbehrlich. Anders steht es allerdings darum, wie RITTER die Aufgaben des Reichsoberhauptes und die Rolle des Römisch-Deutschen Reiches im Rahmen der machtpolitischen Entwicklung Europas bewertet und beurteilt. Daß RITTER das Fehlen eines starken Reiches in der Mitte Europas ebenso bedauerte wie die konfessionelle Entzweiung der Fürsten und die damit verbundene Schwächung der kaiserlichen Gewalt, wird an zwei Beispielen besonders deutlich. In den 1560er Jahren seien die „deutschen Ostgebiete" in den „Entscheidungskampf um ihre Selbständigkeit" getreten. RITTER charakterisierte Estland, Livland und Lettland als Gebiete, die vom Reich „halb abgelöst und innerlich aufgelöst waren", wobei das Herzogtum Preußen „durch die erstarkende Macht von Polen-Litauen unterworfen wurde". Als der Zar 1558 gegen die baltischen Staaten militärisch vorging, habe der Reichstag von 1559 nur auf diplomatischem Wege in den russisch-livländischen Konflikt eingegriffen, was RITTER folgendermaßen apostrophiert: „Die Pflicht des Reiches, für den Schutz der bedrängten Lande einzutreten, war jetzt wieder ebenso klar, wie sie es bei der Abreißung von Metz, Toul und Verdun gewesen war. Aber wie damals, so gab es jetzt erst recht […] wohl keinen, der die Pflicht eines bewaffneten Einschreitens wirklich anerkannt hätte" [68: Deutsche Geschichte, Bd. 1, 241f., 244]. Aus diesem äußerst gewagten Vergleich geht hervor, daß RITTER einem außen- und machtpolitisch aktiven Reich das Wort redete. In einer von der nationalstaatlichen Betrachtungsweise seiner Zeit geprägten Interpretationslinie sieht er einen Zusammenhang von den Kriegen zwischen Polen und Rußland (1562) bzw. zwischen Schweden und Dänemark (1563), aus denen sich das Reich „ängstlich fern hielt" und bewirkte, „daß einzelne Glieder desselben von ihnen ergriffen wur-

Das Reich und Europa seit der Mitte des 16. Jahrhunderts

Zum Nachwirken des epochalen Werkes von M. Ritter

den", wie etwa die Hanse, bis zur späteren passiven Rolle des Reiches: „Innerlich war hiermit ein erster Anfang gemacht für die Hineinziehung Deutschlands in die nordischen Kämpfe. Und sehr bald erstreckten dieselben ihre Wirkungen noch über Deutschland hinaus" [68: Deutsche Geschichte, Bd. 1, 245].

Im Hinblick auf die Livlandfrage sprach RITTER traditionelle Objekte der deutschen Geschichtswissenschaft an, die sich damit seit der Mitte des 19. Jahrhunderts intensiv beschäftigte [vgl. die bei M. LANZINNER in 30: Reichstagsakten, 36, 38 genannten Autoren Busse und Dreyer]. Seither ist der livländische Krieg von 1558 in der Literatur wiederholt aufgegriffen worden [vgl. 90: E. DONNERT, Der livländische Ordensritterstaat und Rußland]; zuletzt hat M. LANZINNER [30: Der Reichstag zu Speyer 1570, 737–740] die Akten des Speyrer Reichstages von 1570 über die Verhandlungen der livländischen Angelegenheit veröffentlicht.

Wie nachhaltig die Sicht Ritters wirkte, zeigt sich bei E. W. ZEEDEN: „Tatenlos sah das Reich den Einfluß der Hanse zurückgehen, Livland abbröckeln und die Habsburger bei den polnischen Thronkandidaturen unterliegen; es hielt sich sowohl aus den innerfranzösischen wie dem französisch-spanischen Krieg (wiederausgebrochen 1556) heraus, obwohl es dabei vielleicht die von Kg. Heinrich II. einbehaltenen lothringischen Reichsbistümer hätte zurückerobern können; auch aus dem Anlauf, den Kurfürsten und Kaiser 1566/1568 genommen hatten, um sich eventuell am spanisch-niederländischen Krieg zu beteiligen, wurde nichts, weil Philipp II. sofort gebieterisch abwinkte" [72: Das Zeitalter der Glaubenskämpfe, 54 Anm. 13]. Eine andersartige Antwort, die das Verhalten von Kaiser und Reich erst gar nicht als Versäumnisse beurteilt, hat H. LUTZ gegeben: Das Reich befand sich in einem „äußerlich ruhigen Zustand; zu der Erfahrung des durchgestandenen konfessionellen Bürgerkrieges kam der abschreckende Anschauungsunterricht der nicht endenden Kämpfe in Frankreich und in den Niederlanden, dazu die ständig drohende Türkengefahr" [47: Reformation und Gegenreformation, 75].

Von den Historikern des 19. Jahrhunderts ist diese Zeit sehr negativ beurteilt worden. Unter dem Eindruck des Endes (1618–1648) ist sie in der Regel als Epoche des Zerfalls gesehen worden. Auch heute wird sie gelegentlich noch als reizlose, wenn auch friedliche Epoche charakterisiert [vgl. dazu 70: W. SCHULZE, Deutsche Geschichte, 161 f.].

Ein anderes Bild der Reichsgeschichte des späten 16. und frü-

Ansätze einer Neubeurteilung der Epoche durch Lutz und Schulze

3. Das konfessionell geteilte Reich und seine Nachbarn

hen 17. Jahrhunderts entwarf neuerdings W. SCHULZE. Seinen Ausführungen zufolge war diese Epoche „mehr als nur das lange Vorspiel eines neuen großen Krieges. [...] Das Reich war ein kompliziertes politisches Gemeinwesen sui generis, das sehr wohl nach innen wie nach außen bestimmte Grundfunktionen erfüllte. Es erwies sich zudem als veränderungsfähiges politisches Gemeinwesen, wenn auch seine Möglichkeiten nicht ausreichten, jene Konflikte aufzufangen, die von außen an es herangetragen wurden. [...] Wichtig erscheint dabei die vielleicht überraschende Feststellung, daß es keineswegs eine kontinuierliche Spannungssteigerung im Reich gab, daß vielmehr eine erstaunlich lange Phase einer durchaus funktionsfähigen Reichsordnung zu erkennen ist, die jedenfalls nicht mit zwingender Notwendigkeit auf den großen Konflikt hinsteuerte" [70: Deutsche Geschichte, 162f., 166].

3.2 Reichsitalien und die Niederlande

Seit dem Zerfall des habsburgischen Gesamtsystems Karls V. in zwei habsburgische Teilsysteme, die von Wien und Madrid aus regiert und verwaltet wurden, lagen Reichsitalien und die Niederlande an den Bruchzonen dieser beiden Herrschaftssysteme. Dieses Problem ist in der Forschung sehr unterschiedlich rezipiert worden.

Trotz der neueren Arbeiten von K. O. VON ARETIN [211: Reichsitalien] und F. EDELMAYER [213: Maximilian II., Philipp II. und Reichsitalien] gehört die Geschichte Reichsitaliens bis heute zu den vernachlässigten Gebieten der Reichsgeschichte. Auch die einschlägigen Überblickswerke zur italienischen Geschichte berücksichtigen diese Thematik wenig, am ehesten noch H. LUTZ [78: Italien vom Frieden von Lodi] und R. QUAZZA [215: Preponderanza spagnuola]. Aufschlußreich sind im einzelnen die neueren Arbeiten zu den wichtigsten ehemaligen Gebieten Reichsitaliens. Noch immer einschlägig für Mailand sind F. CHABOD [74: Storia di Milano] und D. SELLA [83: Lo stato di Milano] mit einer höchst umfangreichen Bibliographie zur mailändisch-spanischen Zeit. Für das Herzogtum Florenz, Lucca, die Konsolidierung des Medicistaates und die spanisch-mediceische Kooperation liegt nun das Werk von E. ROMERO GARCÍA [76: El imperialismo hispánico en la Toscana] vor, das durch die Studie von F. DIAZ [77: Il Granducato di Toscana] über die Medici ergänzt wird. Zu Parma und Piacenza ist G. TOCCI [84: Il ducato di Parma e Piacenza] zu nennen, für Mantua C. MOZZARELLI [81: Mantova e i Gonzaga]. Stark wirtschafts- und sozialgeschicht-

Reichsitalien

lich ausgerichtet ist die neueste Monographie zur Geschichte Genuas von C. CONSTANTINI [75: La Repubblica di Genova].

Die Überschneidung der Lehensordnungen   Auch wenn die Entwicklung der italienischen Staaten seit dem 15. Jahrhundert nicht in erster Linie vom Lehensrecht bestimmt wurde, so blieben doch die Lehensordnungen in Kraft. Karl V. hat im Zuge der Brechung der französischen Positionen in Italien weite Teile der Apenninenhalbinsel wieder der kaiserlichen Lehensordnung unterworfen. Als spanischer König sorgte Karl V. auch dafür, daß die Spanier ihre ursprünglich auf Neapel-Sizilien beschränkte Herrschaft auf Norditalien ausdehnten. K. O. VON ARETIN [211: Reichsitalien, 81–88] hat die drei wichtigsten überregionalen Lehensordnungen Italiens und ihre Organe eingehend untersucht: die kaiserliche, die fast alle nord- und mittelitalienischen|Herzogtümer, Grafschaften und Städte, mit Ausnahme Venedigs und des Kirchenstaates, umfaßte, die päpstliche, zu welcher neben dem Kirchenstaat Neapel-Sizilien gehörte, schließlich die der Spanier, die sich bemühten, eine eigene Lehensordnung zu errichten, welche die mailändische zur Grundlage hatte. Aus dieser lehensrechtlichen Situation resultierte eine Reihe von Konflikten, die auch die Beziehungen der beiden habsburgischen Linien belasteten.

Reichsrechte und Reichslehen in Italien   G. RILL [160: Reichsvikar und Kommissar, 173] hat kritisch vermerkt, daß das, was man zusammenfassend gewöhnlich die „Reichsrechte" nennt, de facto aus einem Komplex verschiedenartiger rechtlicher, politischer und administrativer Beziehungen bestand, die nicht immer zueinander in Einklang standen. K. O. VON ARETIN hat darauf verwiesen, daß die mailändische Lehensordnung mit der des Reiches ständig in Konflikt lag. Das hatte historische Gründe, weil den Herzögen von Mailand vom Reichsoberhaupt Ende des 14. Jhs. die Oberhoheit über die kleineren Reichslehen in der Lombardei, den Langhen und der Lunigiana eingeräumt worden war. „Als Karl V. 1540 seinen Sohn Philipp II. mit Mailand belehnte, bestätigte er zwar die vorhergehenden kaiserlichen Urkunden, betonte aber seine Absicht, die Reichslehen künftig von allen Zwischeninstanzen frei zu halten und direkt dem Kaiser zu unterstellen. Hier war ein Konfliktstoff angelegt, der insbesondere unter Philipp III. zu Beginn des 17. Jahrhunderts zum Ausbruch kam, als dieser versuchte, die Oberhoheit Mailands über die Lunigiana wiederherzustellen." Eine ähnliche Gemengelage der regionalen, kaiserlichen und päpstlichen Lehensordnungen läßt sich für Piemont-Savoyen feststellen [211: K. O. VON ARETIN, Reichsitalien, 80].

K. O. VON ARETIN sieht den Ausgangspunkt zur Neuordnung

3. Das konfessionell geteilte Reich und seine Nachbarn 81

Italiens in den Investituren, die Karl V. im Zuge seiner Krönung zum Kaiser und zum König von Italien im Jahr 1530 in Bologna vornahm. Er bescheinigt dem Kaiser eine „weitschauende Politik", etwa in der Zurückdrängung der florentinischen Vorherrschaft in Mittelitalien [211: Reichsitalien, 101-105]. Die größeren Reichslehen wie die Toskana, Mailand, Modena, Mantua, Massa, Montferrat, Parma-Piacenza und die Städte Genua und Lucca sind rasch genannt, aber die „kaiserliche Lehensordnung umfaßte ca. 250-300 Lehen, die im Besitz von 50-70 Familien waren. Genaue Zahlen sind heute nur schwer zu rekonstruieren." Komplexer sieht die Sachlage im Einzelfall, etwa bei Genua und Lucca, aus. Das hängt damit zusammen, daß sich in Italien – im Gegensatz zum Reich – keine förmliche Verfassung herausgebildet und für die Reichslehen bis zum Beginn des 17. Jhs. keine eigene Reichsverwaltung existiert hat. „Sie unterstanden dem kaiserlichen Botschafter in Rom. Erst die in der zweiten Hälfte des 16. Jahrhunderts auftretenden Spannungen mit Spanien und die allzu offensichtliche Tendenz, Reichslehen in spanische Afterlehen zu verwandeln, zwangen zu Beginn des 17. Jahrhunderts den Kaiser, eine eigene Behörde in Italien, die Plenipotenz, einzurichten. Ihr Sitz war Mailand, später Pisa und Pavia" [211: K. O. VON ARETIN, Reichsitalien, 84].

Zur Entwicklung des ligurischen Reichslehens Finale in der Epoche Philipps II. und Maximilians II. hat neuerdings F. EDELMAYER in einer Studie die Besetzung dieses Reichslehens durch die Spanier im Jahre 1571 behandelt. EDELMAYER vermag zu zeigen, daß das hartnäckige Beharren des Kaisers auf dem Reichsrecht schließlich den Rückzug Philipps II. bewirkte. „Von nun an versuchte er [Philipp] bis zum Ende seines Lebens nicht mehr, in Italien mit purer militärischer Macht gegen die dortigen Lehensträger vorzugehen, sondern seine Ziele auf dem Verhandlungsweg zu erreichen. Das Jahr 1571, das den Höhepunkt der Krise der kaiserlichen Italienpolitik darstellte, bedeutete gleichzeitig auch einen Neubeginn derselben. Denn durch seine unbeugsame und unnachgiebige Haltung hatte Maximilian Philipp bewiesen, daß dieser das Reichsoberhaupt nicht ignorieren könne" [213: Maximilian II., Philipp II. und Reichsitalien, 214f.]. *Der Konfliktfall Finale*

Das Heraustreten der Niederlande aus dem Reichsverband, das sich seit 1548 beschleunigte, hat schon die ältere deutsche und österreichische Forschung intensiv beschäftigt, so in den Arbeiten von F. RACHFAHL [166: Die Trennung der Niederlande] und G. TURBA [167: Über das rechtliche Verhältnis der Niederlande zum *Die Niederlande*

Reich]. Höchst problematisch ist die 1944/45 erschienene Quellenedition [35: Urkunden und Aktenstücke], in der die reichsrechtliche Stellung des burgundischen Reichskreises völlig einseitig gesehen wird. Zuletzt hat V. PRESS [165: Die Niederlande und das Reich] dem wechselseitigen Verhältnis einen Überblick vom 15. bis zum 18. Jahrhundert gewidmet. Unter Einbeziehung der niederländischen Literatur untersuchte W. R. WYBRANDS-MARCUSSEN [210: Der Kölner Pazifikationskongreß] die Beziehungen und die Politik Rudolfs II. auf dem Höhepunkt des niederländischen Aufstandes.

Zur staatsrechtlichen und politischen Selbständigkeit der Niederlande   Die Historiker sind sich darin einig, daß die niederländischen Gebiete seit dem Mittelalter zu jenen kaiserfernen Regionen gehörten, die sich der Reichsgewalt weitgehend entzogen und gelegentlich auf eine Ur-Unabhängigkeit beriefen. Nach RACHFAHL waren die Niederlande im 15. Jh. „faktisch [...] bereits so gut wie abgeschieden; man mußte fürchten, dass über kurz oder lang eine förmliche Lösung des staatsrechtlichen Bandes sich ereignen würde" [166: Die Trennung der Niederlande, 85]. Die Konstituierung der Generalstaaten (1477) trug dazu bei, daß die Burgunderherzöge wenig Interesse an der gleichzeitig sich entwickelnden Reichsversammlung hatten, vor allem aber ein Übergreifen der „Reichsreform" auf die burgundischen Länder verhinderten. Doch suchten die Herzöge und zuletzt Maria von Burgund politisch-militärischen Rückhalt beim Reich, um sich den Rücken für ihre gegen Frankreich gerichtete Politik freizuhalten. Das politische Verhältnis zwischen den Niederlanden und dem Reich entwickelte sich somit anders als das der Eidgenossenschaft zum Reich, die seit 1499 ihre militärisch erlangte Selbständigkeit und Unabhängigkeit bewahrte.

Mit dem Regierungsantritt Karls V. ging die Entwicklung noch ein erhebliches Stück weiter. Der Kaiser trachtete danach, die Niederlande in ihrer staatsrechtlichen und politischen Selbständigkeit zu bewahren, wohl aber die Schutzfunktion des Reiches im Konflikt mit Frankreich zum Schutz seiner kaiserlichen Erblande in Anspruch zu nehmen. Diese Absichten konnte der Kaiser im Burgundischen Vertrag von 1548 verwirklichen, aber nur aufgrund seiner herrschaftsrechtlichen Doppelfunktion als Reichsoberhaupt und als „seigneur naturel" der Niederlande. In der Forschung ist bisher allerdings das Faktum zu wenig gesehen worden, daß aufgrund der Vertragskonstruktion und der Vertragspartner eine eigentliche Schiedsinstanz fehlte, was für die Zukunft, unter anderen personellen und herrschaftsrechtlichen Voraussetzungen, große Nachteile zur Folge haben konnte.

3. Das konfessionell geteilte Reich und seine Nachbarn 83

Im Burgundischen Vertrag hat RACHFAHL die „formelle Entlassung der Niederlande aus dem Reichsverband" gesehen [166: Die Trennung der Niederlande, 98; ähnlich auch 210: W. R. WYBRANDS-MARCUSSEN, Der Kölner Pazifikationskongreß, 244]. F. EDELMAYER formulierte es in vorsichtiger Weise so: Die Niederlande seien durch diesen Vertrag „dem Verband des Alten Reiches gleichsam entrückt worden" [213: Maximilian II., Philipp II. und Reichsitalien, 1]. Im Zuge der wachsenden Opposition gegen Karl V. und der damit verbundenen Kritik an seiner Politik lehnten die Reichsstände jegliche Konsequenz aus der 1548 vom Kaiser oktroyierten Schutzverpflichtung ab. 1555 wurden die Niederlande aus der Exekutionsordnung des Reichslandfriedens ausgeschlossen [vgl. die auf dem Augsburger Reichstag geführte Diskussion und die von Revisionswünschen getragene reichsständische Argumentation in 28: Das Reichstagsprotokoll, 140f.]. Ferner wurde mit dem Abtreten des Kaisers (1555) „ein Eckstein aus dem Gebäude der Anbindung der Niederlande und das Reich gebrochen" [165: V. PRESS, Die Niederlande und das Reich, 329].

Der Burgundische Vertrag (1548) und seine Folgen für das Verhältnis der Niederlande zum Reich

Hinfort waren die Niederlande Bestandteil der spanischen Monarchie Philipps II. Dadurch erhielten die im Zeichen des Konflikts mit dem spanischen König religionspolitisch motivierten Hilferufe der niederländischen Aufständischen an die Reichsstände und an den Kaiser eine neue, ungeahnte Brisanz. Die Exekutionsordnung von 1555 bot keine Grundlage für ein militärisches Eingreifen des Reiches. W. R. WYBRANDS-MARCUSSEN sieht die Linie von der „faktischen Lösung" von 1548 zur endgültigen Trennung ab 1579, als Rudolf II. im Kölner Pazifikationskongreß das letzte Mal seine Autorität als Reichsoberhaupt geltend machte, so: „Der Aufstand gegen Spanien bewirkte dann noch einmal eine erneute Annäherung der Niederlande an das Reich, wobei die Generalstände in ihrer Not sogar den burgundischen Vertrag im umgekehrten Sinne interpretierten. Als die Niederländer in ihren – in Anbetracht der religiösen und politischen Gespaltenheit des Reiches sicherlich zu hoch gespannten – Erwartungen enttäuscht wurden, namentlich nach dem Kölner Kongreß, erkaltete ihr Eifer für den Zusammenhang mit dem Reich endgültig" [210: Der Kölner Pazifikationskongreß, 250].

3.3 Die Herrschaft Maximilians II.

Religionskonzessionen und Türkenabwehr

Die Erforschung der Religionspolitik Maximilians II. hat in der deutschen und österreichischen Forschung eine lange Tradition [vgl. 68: M. RITTER, Deutsche Geschichte, Bd. 1; 184: V. BIBL, Maximilian II.]. Für die Intentionen dieser Politik gilt die von H. LUTZ getroffene Feststellung: „Die tatsächlich von ihm durchgeführte bzw. zugelassene Religionspolitik in den Erblanden lief auf ein Nebeneinander von katholischer Reform und Konzessionen an den aufblühenden, reichsrechtlich nicht abgedeckten österreichischen Protestantismus hinaus (Religionskonzession 1568, Assekurationsakte 1571)" [47: H. LUTZ, Reformation und Gegenreformation, 75]. In den habsburgischen Erbländern war die Türkenhilfe nicht ohne Hilfe der Landstände durchführbar. Auch Maximilians Bruder Karl von Innerösterreich sah sich in den folgenden Jahren zu konfessionellen Zugeständnissen an seine Stände gezwungen. Der politischen Problematik, die in dem Junktim von Türkenabwehrmaßnahmen und Religionskonzessionen begründet war, und dem auf diesem monarchisch-ständischen Einvernehmen beruhenden Defensionswesen hat W. SCHULZE [231: Landesdefension und Staatsbildung] eine umfassende Monographie gewidmet, die weit über die Regierungszeit Maximilians II. hinausreicht.

In außenpolitischer Hinsicht ist Maximilians II. „Friedenswille" [72: E. W. ZEEDEN, Das Zeitalter der Glaubenskämpfe, 50] hervorgehoben worden. R. A. KANN hat dies etwas differenzierter gesehen und betont, der Herrscher habe „der östlichen Frage gegenüber eine gleichgültige Einstellung" besessen, hingegen sei er mehr an den Reichsproblemen interessiert gewesen: „Weder vom Standpunkt der Nachfolge Habsburgs im Osten noch aus ideologischen Gründen – der Idee der kämpfenden Katholischen Kirche anstelle seiner eigenen Vorstellung eines universellen Christentums – war der türkische Krieg für ihn von Bedeutung." Dabei kam ihm sicherlich auch entgegen, daß mit dem Tod von Sultan Süleyman 1566 „die Hauptperiode türkischer imperialistischer Aggression im 16. Jahrhundert vorläufig zu Ende" war [65: Geschichte des Habsburgerreiches, 50].

Maximilian II. und Philipp II.

Am besten erforscht sind die Jahre 1568 bis 1570; es sind zugleich jene Jahre, an denen die Zusammenhänge zwischen Innen- und Außenbezügen der kaiserlichen Politik besonders instruktiv vorgeführt werden können. M. RITTER hob die politische Kehrtwendung Maximilians II. in dessen Verhältnis zum spanischen König

3. Das konfessionell geteilte Reich und seine Nachbarn

hervor, die den Kaiser in Hinkunft vor einem Eingreifen in die niederländischen Angelegenheiten abhielt. Damit war „thatsächlich die volle Selbständigkeit gegenüber dem Reich ausgesprochen" [68: Deutsche Geschichte, Bd. 1, 406]. RITTER sah die Beweggründe für die Änderung der Haltung Maximilians in dynastischen Fragen und Projekten begründet, die nach dem Tod von Don Carlos (1568) wieder an Aktualität gewannen. So verlobte sich der spanische König 1569 mit Erzherzogin Anna, der ältesten Tochter des Kaisers, um sie 1570 zu heiraten; Maximilian wiederum plante eine Verheiratung seiner Söhne mit Philipps Töchtern.

Zuletzt hat F. EDELMAYER die politischen Beziehungen zwischen Maximilian II. und Philipp II. einer umfassenden Analyse unterzogen. Er sieht im Vermächtnis Karls V., beide Linien des habsburgischen Hauses eng aneinander zu binden, „eine der Wurzeln der intensiven Beziehungen zwischen den Höfen in Wien und Madrid [...]", als deren Exponenten zwei Herrscherpersönlichkeiten mit höchst unterschiedlicher Politik gelten können: „Auf der einen Seite stand ein mit wenig Machtmitteln gesegneter Kaiser, der allein schon aus der tagespolitischen Realität heraus [...] ein reibungsloses Zusammenleben mit den Protestanten suchen mußte, auf der anderen der Katholische König, aufgewachsen im Geiste der Intoleranz gegen alle Andersgläubigen, der eben deshalb keine Rücksicht nehmen konnte, dies aber auch nicht für opportun hielt (im gleichen Jahr 1568 gewährte Maximilian die Religionskonzession und begann Philipp den Krieg gegen die Morisken in Granada)" [185: Die Beziehungen zwischen Maximilian II. und Philipp II., 157f.].

Unter dem Aspekt der zunehmenden inneren Spannungen und der auswärtigen Verwicklungen haben schon M. RITTER [68: Deutsche Geschichte, Bd. 1, 418–424] und W. PLATZHOFF [191: Frankreich und die deutschen Protestanten] die innerprotestantischen Gegensätze und die Beziehungen Frankreichs und Englands in der Ära Maximilians II. untersucht. Auf die englische diplomatische Initiative 1569 zur Bildung einer europäischen protestantischen Allianz mit Dänemark, Holstein, Schweden und protestantischen Reichsständen ist neuerdings I. E. KOURI [188: England and the Attempts to form a Protestant Alliance] eingegangen. Dabei wird deutlich, daß die reichspatriotische Gruppe um Kursachsen und Kurbrandenburg jedes Offensivbündnis ablehnte. Lediglich Pfalzgraf Friedrich II. und Johann Kasimir waren dazu bereit, auch nach der Bartholomäusnacht (August 1572) mit Frankreich gegen Alba in den Niederlanden zu kämpfen (1573), um ein Jahr später auf der Seite

Frankreich, Niederlande

der Hugenotten zusammen mit England einen Feldzug gegen Frankreich vorzubereiten, der allerdings nicht mehr zustande kam [68: M. RITTER, Deutsche Geschichte, Bd. 1, 442–444; 192: B. VOGLER, Die Rolle der pfälzischen Kurfürsten in den französischen Religionskriegen].

Speyrer Reichstag 1570

Es ist der Initiative der Historischen Kommission bei der Bayerischen Akademie der Wissenschaften in München zu verdanken, daß mit der Edition der Reichstagsakten aus der zweiten Hälfte des 16. Jahrhunderts begonnen worden ist. Aus dieser neuen Abteilung „Reichsversammlungen 1556–1662" liegt seit kurzem der von M. LANZINNER bearbeitete Speyrer Reichstag von 1570 vor [30: Der Reichstag zu Speyer 1570]. In engem Zusammenhang mit der Ausarbeitung dieses Bandes der Reichstagsakten entstanden zwei Aufsätze LANZINNERS zu wichtigen Verhandlungsgegenständen und außenpolitischen Fragen dieses Reichstages [190: Friedenssicherung; 189: Der Aufstand der Niederlande], die sich anhand der Quellen auch mit den älteren Auffassungen auseinandersetzen.

Militärische Intervention des Reiches in den Niederlanden?

Gegen die von M. RITTER [68: Deutsche Geschichte, Bd. 1, 391] bedauerte zurückhaltende Politik von Kaiser und Reichsständen gegenüber einer militärischen Intervention in den Niederlanden hat M. LANZINNER den berechtigten Einwand erhoben: „Aus der Sicht des Jahres 1570 fehlte vom Reich her eine ausreichende Legitimation, rechtlich und politisch, in den niederländischen Krieg einzuschreiten. Das Problem für die Stände bestand darin, ein Übergreifen des niederländischen Ringens zu verhindern und das Reich als defensives politisches Ordnungssystem funktionsfähig zu erhalten. [...] Es scheint, daß auch für die politische Ordnung des Reichs nach 1555 eine Konfliktbegrenzung durch Verrechtlichung und verfahrensmäßigen Austrag zunehmend unerläßlich wurde" [189: Der Aufstand der Niederlande, 117].

Der Anlaß einer ersten Reichstagswerbung der Kurfürsten war durch die Verstöße der seit 1568 auf Reichsgebiet geworbenen Truppen, die den Kriegsschauplätzen in den Niederlanden und in Frankreich zugeführt wurden, gegen den Landfrieden gegeben. Diese Truppen „zogen nicht, wie vorgeschrieben, rottenweise, verursachten Schäden, erpreßten Geld und Proviant und leisteten in der Regel nicht die seit dem Deputationstag 1564 obligatorischen Kautionen, die Entschädigungen sicherstellen sollten" [30: M. LANZINNER, Der Reichstag zu Speyer 1570, 115]. Es waren gerade diese Fragen der Friedenssicherung, die Kaiser Maximilian II. nach einigem Zögern auf die Reichstagsinitiative der Kurfürsten positiv

3. Das konfessionell geteilte Reich und seine Nachbarn 87

reagieren ließen. Wenn er im weiteren Verlauf der Reichstagsvorbereitung auf die persönliche Anwesenheit der Kurfürsten drängte, so hängt dies offenbar mit dem Plan einer fundamentalen Neuregelung der Friedenssicherung im Reich zusammen, die auf den Vorstellungen des kaiserlichen Rates und Generals Lazarus von Schwendi basierte [30: M. LANZINNER, der Reichstag zu Speyer 1570, 122 f.]. Vor allem in seinem „Diskurs und bedencken über jetzigen stand und wesen des Hailigen Reichs, unsers lieben vaterlands" [vgl. die Analyse bei 30: M. LANZINNER, Der Reichstag zu Speyer 1570, 130–132] schlug Schwendi vor, die traditionelle Freiheit der Kriegsdienste deutscher Söldner bei auswärtigen Mächten einzuschränken und diesen die Bewilligung ihrer Truppenwerbungen durch den Kaiser und die Kurfürsten vorzuschreiben. Ferner sollte der Kaiser generell die Möglichkeit erhalten, Reichstruppen ständig zu unterhalten und durch ein Reichszeughaus versorgen zu lassen. Nach Schwendis Auffassung waren die reichsständischen Praktiken der Kriegsdienste eine Hauptursache für den Verfall der kaiserlichen Herrschaft im Reich. Eine andere sah er in den konfessionellen Gegensätzen, die er deshalb abgebaut wissen wollte.

Versuch einer Neubewertung der Reformpolitik Schwendis durch Lanzinner

Schwendi konnte sich dabei auf die Ergebnisse des Frankfurter Deputationstages (1569) stützen, der „ein bemerkenswertes Modell [entwickelte], wie die militärischen und finanziellen Kräfte der Kreise unter kaiserlicher Führung konzipiert werden konnten", wenn unter dem Druck der äußeren Gefahr dem Kaiser das 1555 verwehrte Amt eines Generalobersten samt einem zeitlich befristeten, aus Reichssteuern finanzierten Truppenkontingent zugesagt wurde [190: M. LANZINNER, Friedenssicherung, 290 f.]. Im Gegensatz zur älteren Literatur [186: E. v. FRAUENHOLZ, Des Lazarus von Schwendi Denkschrift; 187: J. KÖNIG, Lazarus von Schwendi] konnte LANZINNER nachweisen, daß diese Vorschläge Schwendis in der zentralen Exekutionsfrage des Reiches realitätsfern waren; sie entsprangen der Auffassung, daß nur die monarchische Zentralgewalt die Abwehr von Angriffen auswärtiger Mächte und die Sicherung von Frieden und Recht im Reich garantieren konnte. Hingegen zeigen die Verhandlungen seit dem Deputationstag 1564, daß die Reichsstände dem Kaiser lediglich für ein befristetes Werbungsverbot Beschlußkompetenzen zu gewähren bereit waren. Auch das scheiterte, und zwar daran, daß die protestantischen Reichsstände dem Kaiser hierbei die Unparteilichkeit absprachen [190: M. LANZINNER, Friedenssicherung, 298–308].

In der Religionsfrage nahm der Kaiser 1570 allerdings eine

„schwankende Haltung" ein, über die „sich nur schwer Klarheit gewinnen" läßt. Die politische Lage im Reich sprach gegen religionspolitische Verhandlungen auf dem Reichstag. „Selbst Rücksichten auf politische Kräfte außerhalb des Reichs mußten Maximilian davon abhalten, eine Konfessionsdebatte in Gang zu bringen. Sowohl die Kurie wie Philipp II. von Spanien wünschten, von derartigen Nachrichten verschont zu bleiben. Das Trienter Konzil hatte entschieden, die Zeit der Konzessionen und Gespräche war vorbei." Nach LANZINNER könnte der Kaiser seine Meinung, die Religionsfrage doch zu proponieren, vor allem deshalb geändert haben, weil er hoffte, „die konfessions- und verfassungspolitische Weichenstellung von 1566 ändern zu können", d. h. die Entscheidung über die Konfessionszugehörigkeit des kalvinistischen Pfalzgrafen nicht wie damals wieder zu vertagen [30: Der Reichstag zu Speyer 1570, 125–127].

3.4 Das Reich und die Türkengefahr in der Ära Rudolfs II.

Zum Herrscherbild Rudolfs II.

Bis heute zeigen die Einschätzungen und Charakterisierungen Rudolfs II. durch die historische Forschung drei Herrscherbilder: „Das erste zeigt den schwankenden und geschwächten Monarchen, der ein glänzendes politisches Erbe antrat und dennoch als Gefangener in seinem eigenen Schloß endete: von den Kurfürsten entmachtet, aus Österreich und Ungarn vertrieben und schließlich auch in Böhmen abgesetzt. Diese Geschichte ist in ihrem Ablauf inzwischen allgemein bekannt und mit Dokumenten unterlegt, besonders die Ereignisse der letzten tragischen Jahre [...]." Das zweite und einzige positive Bild zeigt Rudolf als Mäzen der Künste und Wissenschaften, das dritte hingegen sieht ihn als „Freund der okkulten Künste, der sich mit einer an Wahnsinn grenzenden Besessenheit in die Geheimwissenschaften versenkt". Die „wahren Zusammenhänge" sieht R. J. W. EVANS im Charakteristikum der Atmosphäre des rudolfinischen Hofes „für das geistige Klima des ausgehenden 16. Jahrhunderts in Europa". Es war „das Streben nach Universalität, das Bemühen, die geistige und politische Einheit des Christentums zu bewahren, die religiöse Spaltung zu vermeiden und Europa von den Türken zu befreien" [193: Rudolf II., 9 f.].

In der Regel wird Rudolf II. sehr stark unter dem Aspekt der politischen Inaktivität seiner Spätzeit gesehen. Der Kaiser und sein Prager Hof werden als interessantes kulturhistorisches Phänomen betrachtet. Es ist die Perspektive des alternden, seit 1600 an der Melancholie stark leidenden Herrschers. Im Hinblick auf die innere Entwicklung des Reiches wird gerne auf den Kontrast zwischen den Anfängen und dem Ende der langen Regierungszeit Rudolfs II. (1576–1612) hingewiesen. Aus dieser Sicht muß ein Resümee über diesen eigenwilligen Herrscher zwangsläufig negativ ausfallen: „Während der Regensburger Reichstag 1576 [...] verhältnismäßig glatt und ergebnisreich verlief, gab es in seinem Todesjahr 1612 einen aktionsfähigen Reichstag überhaupt nicht mehr; die übrigen Reichsorgane waren gelähmt; die eigenen Brüder hatten kurz zuvor dem Kaiser seine Landesfürstentümer weggenommen, und die Kurfürsten hatten, ohne seine Einwilligung einzuholen, einen Termin zur Wahl des Römischen Königs festgesetzt" [72: E. W. ZEEDEN, Das Zeitalter der Glaubenskämpfe, 55]. Die neuere tschechische Geschichtsschreibung [vgl. 193: R. J. W. EVANS, Rudolf II., 38 f.] verwirft hingegen die Theorie des politischen Desinteresses und sieht in Rudolf einen bis in die Spätzeit seiner Regierung agierenden und nicht nur reagierenden Herrscher.

Zunächst ist zu bemerken, daß Rudolf II. in vier- bis sechsjährigen Abständen, ausgenommen die Jahre zwischen 1582 und 1594, bis zum Jahre 1608 regelmäßig Reichstage abhalten ließ. Die Rückwirkungen der konfessionellen Gegensätze auf die Tätigkeit der Reichsorgane sind von der deutschen Geschichtswissenschaft von jeher hoch eingeschätzt worden. Die Auflösung der reichsständischen Visitationskommission für das Reichskammergericht (1588), gefolgt von der Unzuständigkeitserklärung des Deputationstages (1600), wurde in einem kausalen Zusammenhang betrachtet. E. W. ZEEDEN [72: Das Zeitalter der Glaubenskämpfe, 62] sah in diesem sukzessiven Ausfall der „Revisionsinstitutionen" des Reiches den „Zusammenbruch der Reichsjustiz", ergänzt und vollendet durch die Handlungsunfähigkeit des ohne Reichsabschied beendeten Regensburger Reichstages von 1603. W. SCHULZE bezeichnete die Reichstage der Ära Rudolfs II. (1576–1608) als „Türkenreichstage", weil die Verhandlungen über die vom Kaiser verlangte Türkensteuer im Mittelpunkt dieser Reichstage standen. Dabei hatte Rudolf das Problem zu lösen, daß er die Türkenhilfen nicht zur Verteidigung des Reiches, sondern zur Abwehr der Osmanen in Ungarn beanspruchte, wodurch sich für die protestantischen Reichsstände ein beachtlicher politischer Handlungsspielraum ergab. „Dieser politische Mechanismus war aber nur so lange wirksam, wie die osmanische Bedrohung den Ständen wirklich glaubhaft gemacht werden konnte. Insofern verwundert es nicht, wenn der erste Reichstag

Reichstag und Türkenkrieg

nach dem Friedensschluß von 1606 im Jahre 1608 zum erstenmal ohne Ergebnis auseinanderging. Die Protestanten verließen diesen Reichstag schließlich unter Protest und verweigerten damit dem Kaiser die erbetene Türkenhilfe" [70: Deutsche Geschichte, 165]. K. VOCELKA verwies auf die kluge politische Taktik des Kaisers, die, betrachtet man die hohen Türkengelderbewilligungen seit 1576, voll aufging [201: Die politische Propaganda, 146-149]. In der Tat wurde von den Reichsständen zwischen 1576 und 1606 ein Betrag von 18 692 210 Gulden erlegt, das sind immerhin 88% der beantragten Beträge und zwei Drittel aller Steuern, die zwischen 1519 und 1603 für die Türkenkriege bewilligt wurden. Mit dieser quellenmäßig fundierten Neuberechnung revidierte W. SCHULZE [230: Die Erträge der Reichssteuern, 180f.] die Einschätzung der älteren Forschung, die Situation des Reichsfinanzwesens sei prekär gewesen. W. SCHULZE erbringt überdies den Nachweis, daß die osmanische Bedrohung auch auf den Ausbruch der religionspolitisch veranlaßten Auseinandersetzungen im Reich eine retardierende Wirkung hatte. Dieser Eindruck wird dadurch verstärkt, daß der Reichstag von 1608, verbunden mit der Tatsache, daß die Donauwörther Exekution des gleichen Jahres „der erste bewaffnete Vorfall unter den schwelenden Konflikten" war, „als ein weiterer Wendepunkt in der Reichspolitik jener Jahre" bezeichnet werden kann: „Der darauf folgende Reichstag von 1613 endete wie der vorhergehende Reichstag, denn die beiden Parteien konnten sich nicht mehr auf eine friedliche ‚Komposition' ihrer Konflikte einigen. Damit war der Reichstag nicht mehr der Ort, an dem die Streitigkeiten zwischen den Ständen und dem Kaiser ausgetragen werden konnten" [70: Deutsche Geschichte, 166].

Der „lange Türkenkrieg" (1593-1606) ist schon in der älteren Literatur ausführlich behandelt worden. Zuletzt erschien dazu die instruktive Zusammenfassung von H. HAUPT [in 198: Prag um 1600, Bd. 1, 97f.]. K. VOCELKA [201: Politische Propaganda, 219-299] untersuchte den Zusammenhang zwischen Kriegsverlauf und politischer Propaganda unter Berücksichtigung der antiosmanischen Flugschriftenliteratur. C. FINKEL [218: The Administration of Warfare] analysierte Fragen der Mobilisierung, Verpflegung und Finanzierung der osmanischen Truppen. R. A. KANN wies auf die begrenzten Erfolge der kaiserlichen Truppen in Siebenbürgen hin, wo die Fürsten aus dem Hause Báthory die kaiserliche Herrschaft anerkannten. Erst Bocskay verfolgte seit 1605 als Fürst von Siebenbürgen eine Politik der „dritten Kraft" zwischen dem Osmanischen

3. Das konfessionell geteilte Reich und seine Nachbarn

Reich und Habsburg [65: Geschichte des Habsburgerreiches, 51]. Sehr kritisch zur kaiserlichen Politik im Türkenkrieg, vor allem in Siebenbürgen, der Moldau und Walachei, äußerte sich W. LEITSCH [221: Rudolph II. und Südosteuropa].

H. LUTZ sieht in dem seit 1593 andauernden Türkenkrieg einen entscheidenden Beweggrund für einschneidende Veränderungen im Hause Habsburg und im Reich. Wie W. SCHULZE konstatiert er die konsolidierende Wirkung des Krieges auf das Reich und auf die reichsständische Solidarität bei der Abwehr der Türken als einer äußeren Bedrohung. Mit dem Friedensschluß von 1606 „gewann die protestantische Bewegungspartei wieder jenen Spielraum politischkonfessioneller Aktion im Reich, der in den Jahren akuter äußerer Bedrohung versperrt war." Die habsburgische Seite geriet nach dem Ende des Türkenkrieges in jene Krise, für die der Begriff „Bruderzwist" steht. Insgesamt handelte es sich dabei „um einen weitgehenden und langfristigen Zusammenbruch jenes gegenreformatorischhabsburgischen Systems, das seit dem Tode des milden Maximilian II. im Zeichen von staatlicher Zentralisierung und katholischer Restauration gegen die ständische, protestantische Opposition gestanden hatte". Diese konnte „seit 1606 ihre Macht so gewaltig ausbauen, daß dann der Prager Fenstersturz nur mehr ein konsequenter Schlußstrich der Machtergreifung war" [66: Das Ringen um deutsche Einheit, 394].

J. R. W. EVANS hat auf den Zusammenhang aufmerksam gemacht, der zwischen den enttäuschten Hoffnungen Rudolfs in diesem Türkenkrieg und dessen Rückzug aus dem politischen Entscheidungsfeld bestand: „Kurzfristig gab die Auseinandersetzung dem Kaiser neuen Auftrieb, da er erheblichen Rückhalt im Reich und in seinen eigenen Landen erfuhr, von einer halboffiziellen Propagandakampagne verherrlicht wurde und begeisterte Unterstützung von vielen Intellektuellen, Protestanten wie Katholiken, erhielt. Sein diplomatischer Stab arbeitete am Plan eines Kreuzzuges des christlichen Europa und faßte sogar Allianzen mit außereuropäischen Mächten wie Rußland und Persien ins Auge [...]. Aber langfristig hatte der Krieg eine zunehmend destruktive Wirkung und arbeitete buchstäblich als Katalysator" [in 198: Prag um 1600, Bd. 1, 32].

In der Historiographie wird im allgemeinen hervorgehoben, daß im Frieden von Zsitvatorok (1606) der Kaiser vom Sultan erstmals als gleichberechtigter vertragschließender Partner anerkannt wurde, was auch für die künftigen diplomatischen Beziehungen galt [226: R. NECK, Andrea Neogroni, 17f.; 86: M. KÖHBACH, Das Os-

Der Friede von Zsitvatorok (1606)

manische Reich, 13]. Für R. A. KANN hatte dieser Friede „vor allem die Bedeutung, daß die einzige Macht im Kampf um die Herrschaft im Osten, die in den folgenden Jahrzehnten die Habsburgermonarchie in Mittel- und Osteuropa entscheidend schwächen konnte, das ottomanische Reich, während des Dreißigjährigen Krieges neutral blieb. Die Wichtigkeit dieser Tatsache, die 1627 vertraglich bestätigt wurde und durch 21 Jahre in Kraft blieb, kann kaum überschätzt werden" [65: Die Habsburgermonarchie, 52]. Allerdings hat K. NEHRING darauf verwiesen, daß es zunächst nicht vorauszusehen war, „daß ein so widersprüchliches Vertragswerk die Grundlage für einen relativ langen, wenn auch nicht ungetrübten Frieden wurde [...]". Das hing damit zusammen, daß der Sultan aufgrund seines islamisch-türkischen Selbstverständnisses als „Universalmonarch" sich schwertat, die im Frieden von Zsitvatorok vereinbarte Gleichberechtigung mit dem Kaiser zu realisieren [227: Adam Freiherr zu Herbersteins Gesandtschaftsreise, 62].

In Detailfragen dieses Friedens gab es Unklarheiten, die mit der Tatsache zusammenhängen, daß der osmanische Vertragstext von dem des Kaisers abwich. So fehlt im Exemplar des Sultans im Hinblick auf die Abgeltung der Tributzahlungen „vor allem der wichtige Passus ‚semel pro semper' [...], woraus sich ständige Spannungen und Zahlungsforderungen seitens der Osmanen ergeben" haben [86: M. KÖHBACH, Das Osmanische Reich, 14]. Eine schematische und inhaltliche Darlegung der beiden Vertragsfassungen und Ratifikationsurkunden (mit deutscher Übersetzung der türkischen Ratifikation) sind bei K. NEHRING abgedruckt, der zur Anerkennungsproblematik der Zahlungsabgeltung auf osmanischer Seite feststellt: „Denn diese letzte und einmalige ‚Verehrung' war ein Zeichen für die Beendigung des Tributverhältnisses des Kaisers – als König von Ungarn – gegenüber der Pforte. Auf der habsburgischen Seite beharrte man nachdrücklich auf der Einhaltung dieses Artikels und sandte deshalb die türkische Ratifikationsurkunde 1610 wieder zurück. Ohne formal diesen Artikel zu bestätigen, akzeptierte die Pforte nach langen Verhandlungen den kaiserlichen Standpunkt im Frieden von Wien 1616" [227: Adam Freiherr von Herbersteins Gesandtschaftsreise, 60 f.].

3.5 Das letzte Jahrzehnt vor dem Krieg

Diese letzten zehn Jahre vor dem Dreißigjährigen Krieg wurden häufig unter dem retrospektiven Aspekt des bevorstehenden

3. Das konfessionell geteilte Reich und seine Nachbarn

größten militärischen Konflikts im Mitteleuropa des 17. Jahrhunderts betrachtet. E. W. ZEEDEN sprach vom „letzten Jahrzehnt vor dem Kriege" und sah die Umkehr der Gegenläufigkeit zwischen der Entwicklung West- und Südwesteuropas einerseits und Mitteleuropas andererseits. Während dort die kriegerischen Konflikte zwischen Spanien, Frankreich und England 1598 und 1609 beendet werden konnten, bahnte sich im Reich „dagegen eine für den inneren Frieden bedrohliche Entwicklung an. Die konfessionelle Bündnisbildung verschärfte die schon vorhandenen Gegensätze; Kaiser Matthias' Politik der friedlichen ‚Kompositionen' scheiterte, und in der habsburgischen Ländergruppe trieben die inneren Schwierigkeiten auf eine Gewaltlösung hin" [72: Das Zeitalter der Glaubenskämpfe, 70].

Zur Vermittlungspolitik Klesls ist man weiterhin auf die ältere Studie von J. MÜLLER [239: Die Vermittlungspolitik Khlesls] angewiesen, in deren Mittelpunkt die Jahre vom Regensburger Reichstag 1613 bis 1616 stehen. Auch J. RAINER [241: Kardinal Melchior Khlesl] vermag diese Lücke nicht zu schließen. Dies ist um so erstaunlicher, als seit geraumer Zeit wichtige Quellen zur Politik der Reichsstände, vornehmlich Bayerns, veröffentlicht sind [6: Briefe und Akten]. *Kardinal Klesl*

Ähnliches gilt für Kaiser Matthias (1612–1619) selbst, der völlig im Schatten Kaiser Rudolfs II. und Kaiser Ferdinands II. steht. Das hängt damit zusammen, daß er als schwacher Repräsentant der kaiserlichen Gewalt und als Übergangsfigur betrachtet wird, der die politisch-konfessionelle Entwicklung im Reich nicht mehr aufzuhalten vermochte. Dieser Einschätzung entspricht das Urteil von H. LUTZ [47: Reformation und Gegenreformation, 101]: „Die Schwäche des Kaisertums wirkte unter diesen Umständen zeitweilig eher verschärfend; der Konfliktmechanismus der Rechtsinterpretation bedurfte keiner personalen Antriebe." *Kaiser Matthias*

Auch der Gründung der konfessionellen Bündnisse im Reich – der protestantischen „Union" (1608) und der katholischen „Liga" (1609) – sind bislang keine neueren Darstellungen gewidmet worden. Weiterhin ist man u. a. auf die Arbeit von K. LORENZ [238: Die kirchlich-politische Parteibildung in Deutschland] angewiesen. Besser erforscht ist hingegen die Pfälzer Politik. So hat V. PRESS den dominierenden Einfluß des Amberger Statthalters Christian von Anhalt auf die Heidelberger Politik seit 1597 herausgestellt und gezeigt, wie seine diplomatischen Aktivitäten und politischen Pläne im Zusammenwirken mit dem jungen Pfalzgrafen Friedrich V. *Konfessionelle Polarisierung*

Die Politik der Kurpfalz

(1610–1619) zu einer weiteren Dynamisierung der Pfälzer Politik führten: Die Pfälzer Politik bekam „einen noch sprunghafteren Charakter, als sie ohnehin schon hatte. Christian hatte stets die verschiedensten Projekte vor Augen und suchte nervös einen Ansatzpunkt für seine Pläne. Als er ihn in Böhmen gefunden hatte, führte er die Katastrophe der Pfalz herbei. Hier zeigte es sich, daß der Fürst eines übersah: die begrenzten Mittel der Pfalz. Christian war ein glänzender Taktiker – ein politischer Stratege von wirklicher Größe jedoch nicht" [240: Calvinismus und Territorialstaat, 490].

Der Jülich-klevische Erbfolgestreit

Gut erforscht ist auch der Jülich-klevische Erbfolgestreit. Die Politik von Pfalz-Neuburg wurde zuletzt in der Münchner Wittelsbacher-Ausstellung von 1980 reich dokumentiert [243: H. SCHMIDT, Pfalz-Neuburgs Sprung zum Niederrhein; 242: J. ROGGENDORF, Die Politik der Pfalzgrafen von Neuburg]. Letztlich kamen in diesem Konflikt zwei Charakteristika des innerdeutschen Konfliktmechanismus zum Ausdruck: „Die starke Einwirkung des Auslandes (mit politischen Faktoren, die eine konfessionelle Zuordnung durchkreuzen) und die trotz allem zählebige Integrationskraft der strapazierten Verfassung des Reiches" [47: H. LUTZ, Reformation und Gegenreformation, 101], und dies in einer in Aufrüstung begriffenen Gesellschaft, die G. PARKER [249: Der Dreißigjährige Krieg, 72–76] anhand von Reiseberichten illustriert hat.

4. Der Dreißigjährige Krieg

4.1 Gesamtdarstellungen und Terminologie

Gesamtdarstellungen

Dem Phänomen des „Dreißigjährigen Krieges" werden seit langem Gesamtdarstellungen gewidmet. Für das 19. Jahrhundert stehen die Namen von M. RITTER [68: Deutsche Geschichte, Bd. 3] und A. GINDELY [248: Geschichte des Dreißigjährigen Krieges] für diese historiographische Tradition. Auch für das 20. Jahrhundert gibt es eine lange Reihe von Beispielen. Hier können nur einige genannt werden: C. V. WEDGWOOD [260: Der Dreißigjährige Krieg], S. H. STEINBERG [258: Der Dreißigjährige Krieg], J. V. POLIŠENSKÝ [252: The Thirty Years' War] und zuletzt G. BARUDIO [244: Der Teutsche Krieg] und G. PARKER [249: Der Dreißigjährige Krieg]. Neben dem von H. U. RUDOLF [257: Der Dreißigjährige Krieg mit einschlägigen älteren und jüngeren Aufsätzen ist K. REPGEN [254: Krieg und Politik] zu erwähnen, dessen Sammelband auf ein international be-

4. Der Dreißigjährige Krieg

setztes Symposium von 1984 zurückgeht. Die genannten Arbeiten konzentrieren sich auf die politisch-militärischen Sachfragen, unter Einbeziehung wirtschaftshistorischer Perspektiven.

Hinter dem meist als Buchtitel verwendeten, in der Literatur eingeführten Begriff „Dreißigjähriger Krieg" verbergen sich zum Teil erhebliche Auffassungsunterschiede über Dauer, Intensität und Ausdehnung der kriegerischen Ereignisse in Europa während der ersten Hälfte des 17. Jahrhunderts. Wesentliche Unterschiede ergeben sich aus der Vorentscheidung, ob dieser Krieg vor allem im Kontext einer deutschen Geschichte betrachtet wird, wie dies M. RITTER tat, auch wenn er in vorbildlicher Weise die wichtigsten europäischen Staaten in seine Darstellung einbezog. Ihm waren jedoch die Konsequenzen einer solchen „Erweiterung des historischen Schauplatzes durchaus bewußt", wenn er feststellte: Folgt die Darstellung „wirklich dem Zusammenhang der Ereignisse, so wächst sie sich aus einer deutschen zur europäischen Geschichte aus und wird dann auch den Endpunkt nicht beim westfälischen Frieden, sondern erst bei den Friedensschlüssen der Jahre 1659 und 1660 finden" [68: Deutsche Geschichte, Bd. 3, 455]. S. H. STEINBERG hat das europäische Ausmaß des Konflikts, den er als Kampf um die Hegemonie zwischen zwei europäischen Dynastien sah, betont und für diese schon bei M. RITTER angedeutete Erweiterung des zeitlichen Rahmens plädiert, wenn er feststellt: „Die verschiedenen europäischen Kriege, die zwischen 1609 und 1660 ausgetragen wurden, entschieden die Auseinandersetzung zwischen den Dynastien Habsburg und Bourbon. [...] Vor diesem europäischen Hintergrund erscheinen die deutschen Angelegenheiten von geringerer Bedeutung. [...] Die deutschen Kriege begannen im Jahre 1609 mit dem Kriege um die Jülich-Clevesche Erbfolge und endeten 1648 mit dem Vertrag von Münster und Osnabrück." J. ENGEL hat diesen zeitlichen Rahmen noch weiter ausgezogen: „Die große europäische Kriegsepoche beginnt im Grunde schon in den achtziger Jahren des 16. Jh. und endet erst mit den Friedensschlüssen von 1659 und 1661, die den Westen, den Norden und Osten Europas betrafen." Die Jahrzehnte vor der Auseinandersetzung um die Niederlande (1596–1609) bis zu den Friedensschlüssen von Oliva (1660) und Kardis (1661, zwischen Rußland und Schweden) faßt er unter der „Epoche der großen Kriege" zusammen [39: Von der spätmittelalterlichen res publica, 316f., 314].

Zuletzt hat K. REPGEN in einer mit über 200 Einzelbeispielen (von 1621 bis zum Ende des 17. Jhs.) dokumentierten begriffsge-

Terminologie

Repgen gegen Steinberg

schichtlichen Analyse den Begriff des „Dreißigjährigen Krieges" vehement verteidigt und als den Ausdruck eines späthumanistischen Verfahrens der Geschichtsinterpretation verstanden [255: Über die Geschichtsschreibung]. In kontroverser Auffassung zu S. H. STEINBERG [259: Eine neue Interpretation; 258: Der Dreißigjährige Krieg] und F. DICKMANN [246: Der Westfälische Frieden] hat K. REPGEN die Frage nach der Individualität und der „historischen Ganzheit" dieses Krieges bejaht: „Unter dem ‚Ganzen' verstehen wir das, was den Konflikt, den wir ‚Dreißigjähriger Krieg' nennen, von den anderen (früheren, gleichzeitigen und späteren) kriegerischen Konflikten Europas so unterscheidet, daß man von einer historischen Individualität sprechen darf, die zunächst, im 17. Jahrhundert, als eine gegenwärtige Besonderheit erlitten und erlebt, und die danach, bis heute, als Erinnerung tradiert wurde und als Vergangenheit verlebendigt werden soll" [255: Über die Geschichtsschreibung, 2]. Unabhängig von G. S. MUELLER [250: The „Thirty Years' War"] lieferte REPGEN [256: Noch einmal] 1982 den urkundlichen Nachweis, daß auf dem Westfälischen Friedenskongreß im Osnabrücker Fürstenrat am 6.5.1648 von dem „fast über die 30 iahr sich erstreckenden Krieg" gesprochen wurde. Im Gegensatz zu Steinberg sei daher davon auszugehen, „daß bereits die Zeitgenossen die politisch-militärische Ereignisfolge, welche wir ‚Dreißigjähriger Krieg' nennen, als etwas Zusammenhängendes erlebt und verstanden haben" [255: Über die Geschichtsschreibung, 3, 5].

Während REPGENS Auffassung von der Einheit des militärisch-politischen Geschehens 1618–1648 Zustimmung fand [254: Krieg und Politik, 317–319], klangen in den Stellungnahmen zu der von REPGEN behandelten „Einordnung des Dreißigjährigen Krieges in die allgemeine Geschichte der Politik und Kriegführung Alteuropas" unterschiedliche Auffassungen an. REPGEN verwirft einerseits eine „vornehmlich nationalgeschichtliche Konzeption" schon allein deshalb, weil das „politische System" auf Kaiser und Reich bezogen gewesen sei und als „gesamteuropäisches Ereignis" gesehen und beurteilt werden müsse. Andererseits sieht er in diesem Krieg die schwerste politisch verursachte Katastrophe der deutschen Geschichte vor dem Zweiten Weltkrieg und mißt somit der „nationalgeschichtlichen Komponente" einen hohen Stellenwert bei [255: Über die Geschichtsschreibung, 28]. S. H. STEINBERG [259: Eine neue Interpretation, 67] sah eine solche „Katastrophe" nicht, vielmehr bezeichnete er die nach 1648 erfolgende Trennung zwischen Politik und Kultur als das „größte Unglück deutscher Geschichte".

4. Der Dreißigjährige Krieg 97

Eine sowohl von Repgen als auch von Steinberg abweichende Auffassung vertritt G. BARUDIO, der den Dreißigjährigen Krieg als „Teutschen Krieg" betrachtet und dem grundsätzlichen Zusammenhang von Krieg, Recht und Frieden nachgeht. Gerade dadurch gelangt er aber zu einer positiven Beurteilung der Westfälischen Friedensverträge, wenn er feststellt: „Erst die universal angelegten Abkommen von 1648 erfüllten die Bedingungen der Gegenseitigkeit sowie der Verhältnismäßigkeit und damit die wesentlichen Elemente eines echten und gerechten Friedens" [244: Der Teutsche Krieg, 17].

In gesamteuropäischer Hinsicht wurden vor allem die Auswirkungen des Dreißigjährigen Krieges auf die Frage nach Hegemonie und Gleichgewicht im europäischen Staatensystem diskutiert. Nach S. H. STEINBERG löste der Pyrenäenfriede (1659) das „wichtigste Problem Europas: die schließlich erfolgte Niederwerfung der habsburgischen Hegemonie setzte das Prinzip des Mächtegleichgewichts durch, das fortan jedem Versuch, die Herrschaft eines Staates über Europa zu errichten, entgegenwirkte" [259: Eine neue Interpretation, 52]. Im Gegensatz dazu vertritt REPGEN die Ansicht, die „Balance-Politik" Richelieus sei „nicht Organisationsprinzip für die Gesamtheit der europäischen Staaten" gewesen, sondern „Instrument im Kampf gegen Spanien". Auch die vom Prinzen von Rohan 1638 vertretene Gleichgewichtstheorie sei „zwar generell formuliert, aber eingebettet in seinen französischen Gesichtskreis, in dem ein Norden, Osten und Südosten Europas kaum auftauchen". Doch sei die Realität der internationalen Beziehungen zu komplex, um sie auf das „elementare Begriffspaar ‚Universalmonarchie' und ‚Anti-Universalmonarchie' zu reduzieren." ‚Hegemonie' als Programm sei zwischen 1618 und 1648 weder für die spanische Politik noch für die „theoretisch und praktisch verfochtenen Ziele des Kaisers [...] nachweisbar" [255: Über die Geschichtsschreibung, 29].

Auf seiten der Gegner Habsburgs im Dreißigjährigen Krieg sah dies allerdings anders aus. Der Frage, welche Bedeutung dem Begriff der Universalmonarchie im politischen Handlungsrahmen zukam und wie er in der publizistischen Auseinandersetzung um das Haus Habsburg eingesetzt wurde, ist F. BOSBACH [263: Die Habsburger, 152] nachgegangen. Er kommt zu dem Ergebnis, daß das Streben des Kaisers und Spaniens nach der Universalmonarchie sogar der Hauptgrund für die Kriegführung seiner Gegner gewesen ist. Diese Bezugnahme war für sie ein „Argument vom gerechten Krieg und ein Mittel, militärische Intervention zu begründen, indem die

Die Wirkungen des Dreißigjährigen Krieges: Hegemonie oder Gleichgewicht in Europa?

habsburgische Machtstellung – obwohl außerhalb des eigenen Herrschaftsbereiches – gleichwohl als direkte Bedrohung der eigenen Herrschaft interpretiert und die eigenen Maßnahmen als Akte der Selbstverteidigung deklariert werden können" [287: Die Habsburger, 168]. Die Ausführungen BOSBACHS sind eine Exemplifizierung der von K. REPGEN entworfenen historischen Typologie der Kriegsmanifeste, in deren zwölf „Leitbegriffen" die „Abwehr einer Universalmonarchie" ihren Platz hat [254: Krieg und Politik, 33].

Im Hinblick auf die Frage, welche Rolle der Begriff der „Hegemonie" während des Dreißigjährigen Krieges auf habsburgischer Seite gespielt hat, ist die Forschung von einem Konsens noch weit entfernt.

4.2 Der Kaiser und seine Verbündeten

Bis heute üblich und in vielen Belangen zweckmäßig ist die folgende Gliederung des Dreißigjährigen Krieges in vier Abschnitte, die auf die ältere Literatur zurückgeht:
1. böhmisch-pfälzischer Krieg (1618–1623),
2. dänisch-niedersächsischer Krieg (1625–1629),
3. schwedischer Krieg (1630–1635),
4. schwedisch-französischer Krieg (1635–1648).

Diese Gliederung verweist einerseits auf die Haupt-Kriegsschauplätze, andererseits auf die kriegführenden Hauptmächte. Dabei kommt auch der während des Krieges zunehmende Anteil ausländischer Mächte zum Ausdruck. Doch ist diese vom Reich ausgehende zeitliche und räumliche Gliederung von einer auffallenden Einseitigkeit geprägt, insofern in ihr das Haus Habsburg – die österreichische Linie wie die spanische – nicht berücksichtigt wird.

Ferdinand II.

Das Bild Ferdinands II. (1619–1637) ist seit langem umstritten. H. STURMBERGER [280: Kaiser Ferdinand II., 158 f.] hat die verschiedenen Positionen der älteren Literatur einander gegenübergestellt: F. HURTER, der in der Mitte des 19. Jhs. den Kaiser mit „leidenschaftlicher romantisch-katholischer Gesinnung" zeichnete, F. STIEVE, der den Kaiser 1877 als eine „unbedeutende Persönlichkeit kleinen Formats" schilderte, und M. RITTER [68: Deutsche Geschichte, Bd. 3, 24 f.], der ihm geistige Mittelmäßigkeit bescheinigte. STURMBERGER sieht in Ferdinand II. keine „große, überragende Gestalt der Geschichte", warnt jedoch vor einer Verniedlichung seiner geistigen Fähigkeiten. Als Angelpunkt für eine Beurteilung des Kaisers erscheint ihm die unbeugsame Katholizität, die schon die Zeit-

4. Der Dreißigjährige Krieg

genossen außergewöhnlich fanden und die als „Hauptquelle seines Absolutismus" zu betrachten sei. Für STURMBERGER ist Ferdinand II. „die Schlüsselfigur eines österreichischen Frühabsolutismus", dem es als erstem gelang, die Stände auszuschalten. Dieses Urteil ist in der neueren Literatur im Grunde bestätigt worden [268: J. FRANZL, Ferdinand II., 286–291].

Die Arbeiten von R. BIRELEY gelten der Problematik von Religion und Politik dieser Epoche. Es war naheliegend, diese Thematik anhand zweier durchaus vergleichbarer Herrscher und ihrer jesuitischen Ratgeber – Maximilian von Bayern mit Adam Contzen [286: Maximilian von Bayern] und Kaiser Ferdinand II. mit Wilhelm Lamormaini [262: Religion und Politics] – für die Jahre zwischen 1624 und 1635 näher zu untersuchen. Dabei konnte Bireley zeigen, wie maßgebend für beide Herrscher religiöse Gewissensentscheidungen waren und daß sie den Dreißigjährigen Krieg primär als religiösen Konflikt verstanden haben mögen. Auch H. STURMBERGER erachtete für die Anfangsphase des Dreißigjährigen Krieges das „konfessionelle Motiv" als die „treibende Kraft". Jedenfalls habe der Krieg als „Konfessionskrieg" begonnen, auch wenn er sich im weiteren Verlauf zum Machtkampf entwickelte [281: Aufstand in Böhmen, 99 f.]. Auf dem von K. Repgen 1984 veranstalteten Symposion „Krieg und Politik" hat R. BIRELEY in seinem Beitrag [245: The Thirty Years' War] die Problematik des „Religious War" systematisch entfaltet und ein Dreiphasenmodell entwickelt, in welchem die Jahre zwischen 1627 und 1635 den Höhepunkt („Holy War") dieser Entwicklung darstellen. Dieser zugespitzten Charakterisierung des Dreißigjährigen Krieges, die sich sehr stark auf das Selbstbewußtsein einzelner Herrscher gründet, hat K. REPGEN in der Diskussion [254: Krieg und Politik, 319–321] heftig widersprochen. Bemerkenswert sind die Stellungnahmen von D. ALBRECHT und H. NEUHAUS, die sich gegen den Vorrang der religiösen und konfessionspolitischen Momente aussprachen und für eine vermittelnde Sicht auf das Verhältnis zwischen Religion und Politik sowie für eine Einbeziehung konfessionsneutraler Begriffe – Integrität, Tranquillität, Libertät, Sekurität – plädierten.

Der Dreißigjährige Krieg – ein Konfessionskrieg?

Neben dem seit jeher im Mittelpunkt des Interesses stehenden Generalissimus Albrecht von Wallenstein [274: J. PEKAŘ, Wallenstein 1630/34; 273: G. MANN, Wallenstein; 272: G. LUTZ, Wallenstein, Ferdinand II. und der Wiener Hof; 277: H. SCHMIDT, Wallenstein als Feldherr] verbanden die Historiker mit dem Prager Frieden (1635) die Frage nach der letzten Möglichkeit in der Geschichte des

Kaisertums, das römisch-deutsche Reich in eine „absolute Monarchie" zu verwandeln.

Kaiserliche Politik im Zeichen des Prager Friedens

Nach F. DICKMANN betraf dies zunächst die Lösung des Verfassungsproblems in einem monarchischen Sinn, wie das auch vom 16. Jahrhundert her bekannt ist. Ebenso entscheidend war für ihn die Frage, ob es damals gelang, „alle nationalen Kräfte über die Schranken der Konfession hinweg zusammenzufassen" [246: Der Westfälische Frieden, 73]. In ähnlicher Weise sah A. WANDRUSZKA [292: Reichspatriotismus und Reichspolitik, 114] den Prager Frieden als letzten Versuch „einer innerdeutschen Lösung", d.h. unter Ausschluß der kriegführenden ausländischen Mächte.

Neue Einsichten in die Möglichkeiten und Grenzen der kaiserlichen Politik im Jahre 1635 vermittelt die von H. HAAN untersuchte Heeresreform. „Zur Verteidigung der Integrität des Reiches war in Prag die Gründung einer Reichsarmee unter kaiserlichem Oberbefehl vereinbart worden. Diese Friedensbestimmung hielt bei manchen Ständen auch nach Prag noch die Befürchtung lebendig, daß Ferdinand II. nach einer absoluten Herrschaft über das Reich strebe. So weit gerichtete Absichten hat der Kaiser indessen mit der konzipierten Neuregelung des Heerwesens gewiß nicht verfolgt" [287: Der Regensburger Kurfürstentag, 19]. HAAN, der die Errichtung einer absolutistischen Monarchie nach spanischem Vorbild im Reich als eine Befürchtung der Gegner Habsburgs wertete, zeigte in seiner Untersuchung der geplanten Heeresreform, daß Ferdinand II. sowohl Bayern wie den evangelischen Ständen gegenüber der nötige Einfluß fehlte, „während einer vereinten Kriegführung ein einheitliches Oberkommando über die gesamte Reichsarmee durchzusetzen. Ebensowenig konnte er verhindern, daß die Kurfürsten von Bayern, Sachsen und Brandenburg die ihnen unterstellten Truppen eigenmächtig wieder aus der Hauptarmada zurückzogen. [...] Von der Möglichkeit einer Umwandlung des Reiches in eine absolutistische Monarchie kann daher im Zusammenhang mit dem Prager Frieden von 1635 nicht gesprochen werden" [H. HAAN in 257: H. U. RUDOLF, Der Dreißigjährige Krieg, 263 f.].

Kriegs- und Friedensziele der Reichsstände

„Im europäischen Maßstab waren die deutschen Reichsstände nur politische Potenzen zweiten oder dritten Ranges und daher nicht imstande, ihre Kriegsziele ohne direkte oder indirekte Hilfe der Großmächte zu realisieren. Diesem Erfordernis kam das Bestreben der auswärtigen Mächte entgegen, durch die Verbindung mit deutschen Fürsten im Reich Fuß zu fassen, die Unterstützung der Reichsfürsten in den Dienst ihrer eigenen Kriegsziele zu stellen." So

4. Der Dreißigjährige Krieg 101

hat DIETER ALBRECHT die Kriegs- und Friedensziele der Reichsstände charakterisiert und bemerkt, „daß die meisten der so zahlreichen großen und kleinen Reichsstände nicht nur erduldend und leidend, sondern aktiv handelnd an den Auseinandersetzungen des Dreißigjährigen Krieges beteiligt waren" [282: Die Kriegs- und Friedensziele, 272, 241]. Aber neben dem unterschiedlichen Ausmaß der Kriegsbeteiligung gab es erhebliche Unterschiede hinsichtlich der Reichweite dieser Ziele. Die Mehrheit der Reichsstände verfolgte zunächst die Absicht, den Krieg „ohne Verlust wie Zugewinn" zu überstehen, sie waren bestrebt, „insgesamt den Zustand von 1618 zu konservieren bzw. wiederherzustellen". Diese „prinzipiell konservative Haltung" sei zuerst auf katholischer Seite im Zuge der Siege der 1620er Jahre und durch das Restitutionsedikt von 1629, dann auch auf protestantischer Seite aufgrund der schwedischen Erfolge unter Gustav Adolf „ausgreifenderen Zielsetzungen gewichen". Auch das sei nur temporär geschehen, denn mit fortschreitender Erschöpfung durch den Krieg reduzierten die meisten Reichsstände ihre Kriegsziele auf die „Behauptung des Wesentlichen". Nur wenige konnten neben dem Kaiser und den auswärtigen Mächten eine Politik entfalten, die für den Kriegsverlauf und den Friedensschluß eine Bedeutung erhalten hat, etwa in der Verfolgung vielschichtiger Kriegsziele, die drei Bereichen zuzuordnen seien: der Reichsverfassung, der Religionsverfassung und der dynastisch-territorialstaatlichen Interessenpolitik [282: Die Kriegs- und Friedensziele, 241, 268 f.]. Die Detailanalysen ALBRECHTS, die sich auf zwei bedeutende Reichsstände – das kalvinistische Hessen-Kassel und das katholische Bayern – konzentrieren, zeigen, wie fruchtbringend eine vergleichende Fragestellung ist, die auch auf andere Reichsstände, vor allem die lutherischen, ausgedehnt werden sollte.

Ein Vergleich der beiden konfessionellen Lager der Reichsstände macht deutlich, daß die katholische Liga besser gerüstet war als die protestantische Union. In der Ära von Kaiser Matthias war die Liga verfallen, zeitweise auch aufgelöst. Diese Entwicklung ging auf die Konkurrenz zwischen Bayern und Österreich um die Führung des Bündnisses zurück. Erst als Ferdinand II. 1619 auf die führende Position verzichtete und sie dem Herzog von Bayern überließ, änderte sich dies grundlegend. Damit war eine Machtsteigerung Bayerns verbunden. Im Münchener Vertrag vom 8.10.1619 zwischen dem Kaiser und Kurfürst Maximilian sicherte sich ersterer die militärische Hilfe Bayerns, indem er sich verpflichtete, durch Verpfändung von Besitzungen die Kosten zurückzuerstatten. H.

Bayern als Beispiel für das katholische Lager der Reichsstände

STURMBERGER sieht darin die „dominierende Stellung, die sich der Wittelsbacher vertraglich zusichern ließ. Es läßt seinen realpolitischen Sinn erkennen, daß er sich nicht vor Vollendung der Rüstungen in den Krieg hineinziehen ließ und zuerst Stück für Stück die materiellen Grundlagen einer wirklichen militärischen Hilfe schaffen wollte" [281: Aufstand in Böhmen, 72f.]. Kurfürst Maximilian verstand es, sehr geschickt die spezifischen bayerischen Interessen, territorialen Wünsche und Vorteile mit allgemeinen Angelegenheiten zu verbinden. Die Forschung ist sich darin einig, daß der Sieg am Weißen Berg (1620) in erster Linie dem Heer der Liga zu verdanken war. Es ist daher durchaus richtig, darin einen persönlichen Triumph Maximilians und des von Tilly kommandierten Ligaheeres zu sehen, wogegen der Kaiser schlecht gerüstet war. Jedenfalls bleibt festzuhalten, daß Bayern aus diesem für die katholische Sache dringend nötigen Sieg territorial- und reichspolitisch erheblich gestärkt hervorging und daß Kaiser Ferdinand II. nur durch die Verpfändung des Landes ob der Enns und der Oberpfalz den Forderungen nach dem Ersatz der bayerischen Kriegskosten nachkommen konnte [69: H. SCHILLING, Aufbruch und Krise, 415f.].

Von der zeitweisen Überspannung zur Reduktion der bayerischen Kriegsziele

Die Entwicklung der bayerischen Kriegs- und Friedensziele betrachtet D. ALBRECHT als „klassischen Fall" für eine Erweiterung und Überspannung von Kriegszielen (zwischen 1619 und 1629/30) und schließlich ihrer Reduktion (zwischen 1635 und 1648). In der Tradition der Politik seiner Vorgänger stehend, führte Herzog Maximilian (1598–1651) die „territorialstaaatliche Zielsetzung möglichster Unabhängigkeit vom habsburgischen Kaisertum fort" [282: Die Kriegs- und Friedensziele, 255]. Auf das Mißtrauen und die Gegnerschaft Habsburgs stieß insbesondere, daß der Herzog seit der Gründung der katholischen Liga (1609) die katholische Partei im Reich führte, und zwar trotz zeitweiliger Rückschläge Bayerns in der Spätzeit von Kaiser Matthias. Als Maximilian 1619/20 im Zuge der Wiederherstellung der Liga und seiner Waffenhilfe in Böhmen seine politisch-militärische Position erheblich verbessern konnte, war sein vorrangiges Kriegsziel die Aufrechterhaltung bzw. Wiederherstellung der „überlieferten konfessionspolitischen und verfassungspolitischen Ordnung im Reich" [282: D. ALBRECHT, Die Kriegs- und Friedensziele, 257]. Die Erweiterung dieser Kriegsziele ergab sich aus der Notlage des Kaisers, die der Bayernherzog auszunützen beabsichtigte, und zwar durch den Ersatz der Kriegskosten, wobei der Kaiser so weit ging, bis zum Kostenersatz territoriale Pfänder anzubieten. Weiterhin strebte Maximilian danach, daß ihm die Pfälzer

Kur übertragen wurde. Er erhielt sie 1621 zunächst geheim, 1623 öffentlich und 1628 für sich und seine Erben. Schließlich wünschte er die Überlassung von eroberten Gebieten im Reich, was ihm 1628 den Besitz der Oberpfalz und der rechtsrheinischen Kurpfalz einbrachte. Hierin sieht D. ALBRECHT die Verbindung „allgemeiner Zielsetzungen der kaiserlich-katholischen Partei mit speziellen Zielsetzungen der Münchner Wittelsbacher und Maximilians verbunden" [282: Die Kriegs- und Friedensziele, 259]. Jedenfalls wird deutlich, wie nachhaltig die Erfolge der katholischen Heere bis 1629 (Frieden von Lübeck) die Gesamtheit der bayerischen Kriegsziele sicherten. Ihr fügte Kurfürst Maximilian mit seinem Eintreten für das kaiserliche Restitutionsedikt und die damit verbundenen umfassenden Restitutionen geistlicher Güter ein „weiteres, höchst expansives Ziel hinzu", das ihn in Gegensatz zum kalvinistischen Brandenburg und zum lutherischen Kursachsen bringen mußte. „Die volle Konsequenz der Einsicht, daß er seine Kriegsziele überspannt hatte, zog Maximilian dann durch den Beitritt zum Prager Frieden 1635" [282: Die Kriegs- und Friedensziele, 263]. Seit dem Scheitern des Restitutionsedikts von 1629 stand für Maximilian die Sicherung der Territorialgewinne (Oberpfalz und Kurpfalz) und die Regelung der Pfälzer Frage im Zentrum der bayerischen Friedensziele. Dabei ist bemerkenswert, daß der bayerische Kurfürst auch Druck auf den Kaiser ausübte, um Spanien zur Rückgabe der linksrheinischen Kurpfalz zu veranlassen, und gleichzeitig Rückhalt bei Frankreich suchte. Das führte in den letzten Jahren des Dreißigjährigen Krieges dazu, daß Maximilian sich für Frankreichs Forderungen nach dem Elsaß einsetzte, eine Problematik, die kürzlich A. KRAUS [288: Kurfürst Maximilian I. von Bayern und die französische Satisfaktion] neu untersucht hat.

Die Bedeutung Spaniens als europäische Hegemonialmacht und als kriegführender Staat im Dreißigjährigen Krieg hat in den letzten beiden Jahrzehnten in der englischen und deutschen Forschung neue Beachtung gefunden. Das zeigen die Studien von P. J. BRIGHTWELL [264: Spain and Bohemia], J. H. ELLIOTT [265: Foreign Policy] und E. STRAUB [279: Pax et Imperium]. Bahnbrechend war G. PARKERS Studie über die logistischen und strategischen Probleme der spanischen Armeen und deren Kriegführung in den Niederlanden und die sogenannte „Spanische Straße" von Oberitalien bis nach Flandern [202: The Army of Flanders and the Spanish Road]. Bemerkenswert sind ferner die neuen Biographien des führenden spanischen Staatsmannes Graf Olivares, Herzog von San Lucar,

Spanien

wobei der Vergleich mit Richelieu bewußt gesucht wird [266: J. H. ELLIOTT, The Count-Duke of Olivares; außerdem: J. H. ELLIOTT, Richelieu and Olivares. Cambridge 1984]. In einer der wenigen neueren Arbeiten untersucht E. STRAUB [279: Pax et Imperium] die Politik Spaniens in den Jahren zwischen 1617 und 1635 im Reich, in den Niederlanden und im Mantuanischen Erbfolgekrieg und gibt einen Ausblick auf die ersten Jahre der schwedischen Kriegführung im Reich.

Die Rolle Zúñigas bei der Umorientierung der spanischen Politik 1617
Viel Beachtung ist dem Umschwung der spanischen Außenpolitik von Graf Lerma zu Balthasar de Zúñiga (1617) geschenkt worden. „Zúñiga, with his long first-hand acquaintance with the affairs of northern and central Europe, became the natural spokesman on the council for the 'Austrian' party, and with them, for the activists." Nach J. H. ELLIOTT [265: Foreign Policy, 188] war Zúñiga der Protagonist am spanischen Hof, der dafür eintrat, den Kaiser gegen die aufständischen Böhmen zu unterstützen, und der die Neuorientierung Spaniens auf Mitteleuropa einleitete und mittrug. Die Bedeutung des sogenannten Oñate-Vertrags ist allerdings umstritten (vgl. oben S. 23). E. STRAUB stellte fest: „Die unumstößliche Einheit im Hause [Habsburg] und die böhmische Frage bildeten den Hintergrund für die Oñate-Verträge, aber nicht ein ‚imperialistisches Annexionssystem', das von den Spaniern aus Sorge um die Verkehrsverbindung zwischen Flandern und Mailand angeblich entwickelt worden war" [279: Pax et Imperium, 121]. Doch hat sich seit G. PARKER [202: The Army of Flanders and the Spanish Road] die Ansicht durchgesetzt, die „Solidarität mit der Wiener Linie" dürfte als Artikulation des spanischen Interesses „in Oberitalien und hinsichtlich der Verbindungslinie von Italien in die Niederlande zu werten sein" [47: H. LUTZ, Reformation und Gegenreformation, 100]. Weniger umstritten ist die Tatsache, daß Spanien bis zur Mitte der dreißiger Jahre des 17. Jahrhunderts als „beherrschende Macht Europas" betrachtet werden kann, wobei den Zeitgenossen klar war, daß die Zeit gegen Spanien arbeitete, vor allem seit die Bemühungen von Graf Olivares um einen Frieden mit Frankreich 1626/27 gescheitert waren [vgl. 279: E. STRAUB, Pax et Imperium, 253–288].

Urban VIII. als Gegner Habsburgs
Papst Urban VIII., der ursprünglich eine Vermittlungspolitik zwischen den beiden habsburgischen Mächten und Frankreich betrieb, hat mit seiner profranzösischen Politik, die aus dem Gegensatz zu Spanien in Italien entstand, zum Niedergang der iberischen Macht wesentlich beigetragen. Grundlegend zur Gesamtpolitik des Papstes ist das breitangelegte Werk von G. LUTZ [271: Kardinal

Giovanni Francesco Guidi di Bagno] für die Jahre zwischen 1626 und 1641. Darin wird herausgearbeitet, daß die profranzösische Politik Urbans VIII. den Nahzielen in Italien, wie der Sicherung des Kirchenstaates und der Begrenzung des spanischen Machteinflusses, diente. Für die politische Reputation des Papsttums war dies von großem Schaden. Urban VIII. trägt die Mitverantwortung für die endgültige Selbstbehauptung des europäischen Protestantismus. Denn er unterstützte nachweislich Frankreichs Kompromisse mit den Hugenotten (1629), die den Zweck verfolgten, Italien vom ‚spanischen Joch' zu befreien" [249: G. PARKER, Der Dreißigjährige Krieg, 191]. Zur gleichen Zeit befürwortete der Papst die französisch-bayerische Annäherung und versagte der Restitutionspolitik des Kaisers seine Hilfe [261: D. ALBRECHT, Der Regensburger Kurfürstentag, 56 f.].

4.3 Frankreich

Die französische Politik während des Dreißigjährigen Krieges war aufs engste mit der Person von Kardinal Richelieu verbunden. Diese Tatsache hat seit langem die Historiker beschäftigt. Allerdings reicht das an Richelieu erprobte Fragenspektrum weiter und umfaßt die grundlegenden Veränderungen im Hinblick auf die Ausbildung des Absolutismus [vgl. 296: A. D. LUBLINSKAYA, French Absolutism] und der zwischenstaatlichen Bezüge [vgl. 47: H. LUTZ, Reformation und Gegenreformation, 176 f., wo auch auf die ältere Sicht Richelieus Bezug genommen wird]. Die neuere Literatur, vertreten durch W. F. CHURCH [293: Richelieu and Reason of State] und F. DICKMANN [294: Rechtsgedanke und Machtpolitik] ist sich darin einig, daß die Politik Richelieus in einem traditionellen Bezugsrahmen von Staat und Kirche verankert war: „He did not secularize modern politics and should not be so judged" [293: W. F. CHURCH, Richelieu and Reason of State, 513].

Richelieu

Die Edition der Friedensakten von 1648 nahm DICKMANN zum Anlaß, die Politik der kriegführenden Mächte in Deutschland neu zu analysieren. Seine ausgesprochen quellenbezogene Beschäftigung mit der Politik Richelieus, etwa anhand der französischen Hauptinstruktionen für den Friedenskongreß aus den Jahren 1637 und 1643 sowie der „Avis de Rois" seit 1629, galt den Grundfragen der französischen Außenpolitik und des damaligen Völkerrechts, vor allem im Zusammenhang mit dem Interventionsrecht. DICKMANN kommt zu dem Ergebnis, daß Richelieu beabsichtigte, für „die Si-

Dickmanns Bedeutung für die neuere deutsche Richelieu-Forschung

cherheit des künftigen Friedens durch eine wechselseitige Garantieverpflichtung aller Signatarmächte, der Sieger wie der Besiegten, oder, wie man modern sagen würde, ein System kollektiver Sicherheit, das die ganze europäische Staatengemeinschaft umspannen sollte", Sorge zu tragen [294: Rechtsgedanke und Machtpolitik, 308].

Diese Interpretationen sind von H. WEBER weiter verfolgt und ausgeführt worden. Er sieht in der Politik, mit der Richelieu in den vierziger Jahren des 17. Jahrhunderts die Zulassung der Reichsstände als vollberechtigte Partner zu einem Friedenskongreß betrieb, ein Eintreten für ein „System der kollektiven Sicherheit" in dem Sinne, „daß damit das Reich selbst Garant des Friedens gegenüber Habsburg werden konnte". Die erheblichen Gewinne an Rechtspositionen für die Reichsstände, die in den Westfälischen Friedensverträgen schließlich verankert wurden, wie das Jus territoriale et superioritatis und vor allem das Jus foederis, können als „praktische Sprengung der Reichseinheit durch die Erhebung der Reichsstände zu souveränen Staaten" gesehen werden, die „freilich nicht das ausschließliche Ergebnis der Richelieuschen Politik, sondern zuallererst das Endstadium einer säkularen Krise im Innern des Reiches selbst" waren. Was Richelieu vorangetrieben hatte und was 1648 zum Abschluß kam, war die Möglichkeit, „daß einzelne Reichsstände sich mit anderen Mächten zusammen in politische Systeme einfügten, die ein neues europäisches Kräfteverhältnis schufen, ein Kräfteverhältnis, das die habsburgische Macht ausbalancieren, vielleicht sogar zu noch stärkerem Absinken verurteilen konnte" [300: Richelieu und das Reich, 46f., 51].

H. LUTZ hat in seiner Rekonstruktion der Kriegsziele Richelieus davon gesprochen, daß der französische Minister „föderative Lösungen für Italien und das Reich mit entschiedener Zurückdrängung Habsburgs und faktischer Vormachtstellung Frankreichs" gewollt und deshalb einen Sonderfrieden zwischen Schweden und dem Kaiser verhindert habe [47: Reformation und Gegenreformation, 110]. Nach F. DICKMANN habe Richelieu die zu diesem Zweck seit dem 16. Jahrhundert traditionelle französische „Politik der Stützpunkte und Einfallspforten in ein System gebracht". Die Beherrschung bestimmter Schlüsselstellungen gelte für das Veltlin wie für Lothringen und den Rhein. „Sie sollen es ihm ermöglichen, bald hier, bald dort einzugreifen, beweglich und allgegenwärtig zu sein, jederzeit und überall intervenieren zu können. Hier liegt der Schlüssel zu dieser Politik der ‚Passagen' und ‚Pforten', deren Sinn von

4. Der Dreißigjährige Krieg

den Zeitgenossen sehr wohl verstanden und erst später unter dem Eindruck veränderter Zielsetzungen der französischen Außenpolitik mißdeutet worden ist. Bei genauem Zusehen läßt sich aber diese Absicht Richelieus auch in allen späteren Phasen seiner Politik nachweisen. Wo scheinbar von territorialen Erwerbungen die Rede ist, handelt es sich häufig nur um militärische Sicherung, für die die Frage, ob das fragliche Gebiet auch staatsrechtlich zu Frankreich geschlagen wird oder nicht, gar nicht so entscheidend ist. Uneingeschränkt gilt das für die Zeit bis zum Kriegseintritt Frankreichs 1635, später tritt dann wohl auch die Absicht wirklicher Annexion hervor" [294: Rechtsgedanke und Machtpolitik, 282]. Hingegen war die Besetzung des linken Rheinufers nach DICKMANN in der Zeit nach 1635 nicht nur von militärischen Sicherheitsgründen, sondern in der Hauptsache von der Absicht geprägt, „Faustpfänder" für die Zukunft zu gewinnen.

Die deutsche Forschung hat sich auch seither mit der französischen Protektionspolitik im Elsaß [vgl. 299: W. H. STEIN, Protection Royale] und der Reichspolitik Richelieus und dabei wieder besonders mit der Rheinpolitik und dem offenen Kriegseintritt Frankreichs von 1635 beschäftigt. In diesem Zusammenhang sind vor allem die Arbeiten von H. WEBER [302: Frankreich, Kurtrier, der Rhein und das Reich; 300: Richelieu und das Reich; 301: Vom verdeckten zum offenen Krieg] zu nennen. Nicht der Kaiser, sondern Spanien sei der große Gegner Frankreichs gewesen: „Zum Schutz der Christenheit und um der Größe des Königs von Frankreich willen war das Haus Habsburg – das hieß also vor allem: Spanien – zurückzudrängen und in seine Schranken zu verweisen. Das war das außenpolitische Lebensprogramm Richelieus, in diesem Rahmen ordnete sich auch seine Politik gegenüber Kaiser und Reich ein." Italien war zunächst der Schauplatz der französisch-spanischen Konfrontation, und zwar das Veltlin und Mantua. Das führte dazu, daß Richelieu die „Interdependenz zwischen Italien und dem Reich" verstärkte, um die spanische Verbindungslinie zwischen Flandern, dem Reich und Italien zu stören [300: Richelieu und das Reich, 38, 41]. Nach der Eroberung der Alpenfestung Pinerolo im Piemont (März 1631) und dem Verlust von Mantua an den Kaiser (Juli 1631) war Richelieu mehr als je zuvor entschlossen, „die französische Position in Italien nicht weiterhin durch den Kaiser und vom Reich her gefährden zu lassen". Die Eroberung Pinerolos durch Frankreich kann in ihrer europäischen Bedeutung kaum überschätzt werden. Sie war zugleich die Entscheidung Frankreichs

Richelieus Reichs- und Italienpolitik im Werk H. Webers

für eine „lang dauernde Auseinandersetzung mit Spanien". Ferner waren die französisch-schwedischen Verhandlungen und der Vertrag von Bärwalde (Januar 1631) eine „neue Stufe in der Eskalation. Und damit hatte auch eine neue Etappe der Richelieuschen Reichspolitik begonnen. Das Reich war als Feld der Auseinandersetzung mit dem Kaiser in den Vordergrund gerückt" [300: H. WEBER, Richelieu und das Reich, 42].

<small>Schweden als Bündnispartner Frankreichs</small>

Mit Schweden als dem wichtigsten Bündnispartner Frankreichs reichten die antihabsburgischen Kräfte über das traditionelle reichsständische Potential hinaus, das noch um Wallenstein ergänzt werden sollte, was aber mißlang. Eine Veränderung der französischen Reichspolitik bis 1635 sieht H. WEBER darin, daß Richelieu nun die Interessen protestantischer Reichsstände förderte und dadurch die katholische Partei verstimmte; er verringerte so die Chancen für Frankreich, eine über die Konfessionsgrenzen hinwegreichende Oppositionsfront gegen den Kaiser aufzubauen. In der seit 1631 einsetzenden „Passagenpolitik" an der Westgrenze des Reiches – in Lothringen, Kurtrier, Kurköln und im Elsaß – erkennt H. WEBER eine „neue Qualität in der Richelieuschen Reichspolitik", die den Stellenwert des Reiches im gesamtpolitischen System erhöhte. Frankreich war damit direkt engagiert. Es waren Zielsetzungen, die bisher für die französische Italienpolitik maßgebend gewesen waren und die nun mutatis mutandis auf das Reich übertragen wurden: Auffangs- und Ausgangsstellungen zum Reich hin, Einflußzonen, Verbindungslinien, deren vorderste Spitzen, wie der Ehrenbreitstein, Philippsburg, Straßburg und Breisach, Brückenköpfe bildeten, ergänzt durch Stützpunkte, Pforten und Übergänge, „defensive Maßnahmen [...], von militärisch-strategischen Erwägungen her ausgelöst, Sperren gegen eine kaiserliche Offensive, Riegel gegen eine schwedische Bedrohung" [300: Richelieu und das Reich, 43 f.]

<small>Richelieus Schritt vom verdeckten zum offenen Krieg</small>

In seiner neuesten Untersuchung kann H. WEBER zeigen, wie die Diskussionen im französischen Staatsrat über die Fortsetzung des verdeckten Krieges (für den Richelieu nachhaltig und am längsten plädierte) oder den Übergang zum offenen Krieg durch den schwedischen Vormarsch an Main und Rhein (seit 1632), die Zusage der Generalstaaten zu einem gemeinsamen Krieg mit Frankreich (1634) und von den als wahrscheinlich geltenden spanischen Offensivabsichten gegenüber Frankreich (1634) bestimmt wurden. „Dem kurzfristig und einspurig auf Krieg drängenden König setzte der Kardinal ein System entgegen, das die Rücksicht auf eine augenblickliche Situation mit weitergesteckten Zielen zu harmonisieren suchte, indem es auf Zeit setzte. Das konnte auch einem möglichen Krieg zugute kommen. Das ließ aber ebenso einem Frieden noch eine reale Chance" [301: H. WEBER, Vom verdeckten zum offenen Krieg, 209]. Sie konnte allerdings nicht verwirklicht werden.

4.4 Schweden

Über den Aufstieg Schwedens zur Ostseemacht und damit zur europäischen Großmacht im 16. und 17.Jh. gibt es in der schwedischen Historiographie zwei Richtungen, die M. ROBERTS [97: The Swedish Imperial Experience, 3–36] als „Old School" und „New School" bezeichnet hat. M. ROBERTS knüpfte an die ältere schwedische Schule an, wenn er die Sicherheitsaspekte zur Erklärung des schwedischen Imperiums hervorhob und die vorwiegend oder ausschließlich wirtschaftshistorische Erklärung der jüngeren Schule folgendermaßen kritisierte: „And indeed it is a hard matter to try to show that the primary aim of Swedish foreign policy in the years after 1630 was the economic domination of the Baltic: almost as perverse as to suggest that Gustav Adolf conquered Germany in order to find a vent for Swedish copper." Vielmehr sieht er in der Vermittlung beider Erklärungsansätze den Schlüssel zum Verständnis der Vorgänge: „[...] from start to finish the Swedish imperial adventure was accompanied by a never ending struggle to find the money to finance it" [97: The Swedish Imperial Experience, 36, 42].

<small>Zwei Erklärungsmodelle für den Aufstieg Schwedens zur europäischen Großmacht</small>

Auch K. ZERNACK, der an die Auffassung der neueren schwedischen Historikerschule anknüpft, sieht sehr wohl den engen Konnex zwischen Handel und Politik. Die Beherrschung der Küstenzonen und der großen Flußmündungen habe als „Grundlage eines Handelsverkehrsimperiums in der Ostsee [gedient], das seinerseits die finanziellen Mittel für steigende militärische Sicherheitsaufgaben würde einbringen können, deren eine solchermaßen ressourcenexpansionistisch begründete Ostseemacht bedurfte" [100: Schweden als europäische Großmacht, 340].

Die schwedische und deutsche Forschung stimmt in der Analyse und Beurteilung der Kriegs- und Friedensziele Schwedens im Dreißigjährigen Krieg darin überein, daß die schwedische Verteidigungskonzeption auch offensive Züge hatte und daß das Eingreifen Gustav Adolfs zugunsten der evangelischen Glaubensverwandten in einen Eroberungszug in Deutschland einmündete [98: W. THAM, Den svenska utrikespolitikens historia, 185–234, 387f.; 246: F. DICKMANN, Der Westfälische Frieden, 47f.].

<small>Schwedens Kriegs- und Friedensziele</small>

<small>Gustav Adolf</small>

Die religiöse Frage spielte in den schwedischen Kriegslegitimationen von 1630 kaum eine Rolle. Im Zentrum des Manifestes stand die „Beeinträchtigung des schwedischen Protektionsvertrages mit Stralsund 1628 durch Wallenstein [...] im Notenwechsel bedeute der König dem Kaiser, einer schwedischen Kriegserklärung bedürfe es nicht; denn der Kaiser habe ja den Krieg – in Pommern und Polen – 1628/29 begonnen und geführt". Erst nach der schwedischen Landung in Pommern und nachdem Kursachsen das Restitutionsedikt zum „Propaganda-Thema" gemacht hatte, schwenkte die schwedische Propaganda auf dieses Thema ein [K. Repgen in 254: K. REPGEN, Krieg und Politik, 344]. Nach S. LUNDKVIST mußte die politisch-militärische Entwicklung entweder „zur Auflösung des Reiches oder zur Einsetzung eines schwedischen Kaisers führen", was auch das sächsische Angebot der Kaiserkrone an Gustav Adolf nach der Schlacht bei Breitenfeld (1631) veranschaulicht.

In Anknüpfung an M. ROBERTS: Analyse der Kriegs- und Friedensziele des schwedischen Reichskanzlers Axel Oxenstierna [308: Oxenstierna in Germany] sieht S. LUNDKVIST drei Hauptforderungen Schwedens im Verlauf des Krieges, „die Amnestie oder assecuratio pacis, die satisfactio coronae und die satisfactio militum". Diese der Sprache der Quellen entlehnten Begriffe wurden schon vor dem Eingreifen Gustav Adolfs im Reich diskutiert. So warf der schwedische König 1624 in seinem Angebot, in eine evangelische Allianz gegen den Kaiser einzutreten, mit der Forderung nach einem Ostseehafen (Wismar oder Bremen) eine Frage auf, die zuletzt in den Westfälischen Friedensverhandlungen in Münster und Osnabrück im Rahmen der assecuratio pacis und der satisfactio eine Rolle spielen sollte. Ferner läßt sich aus dem Briefwechsel zwischen Gustav Adolf und Oxenstierna von 1627/28 ersehen, daß das militärische Eingreifen Schwedens im Reich nur so vorstellbar war, daß die schwedische Armee „auf deutschem Boden versorgt und instand gehalten werden sollte" – der Krieg mußte sich selbst ernähren, wie dies auch Wallenstein erfolgreich praktizierte. Das war die Grundlage für die späteren Forderungen nach assecuratio und satisfactio militum [306: Die schwedischen Kriegs- und Friedensziele, 222 f.].

Die schwedischen Kriegsziele waren vor und nach dem Tod Gustav Adolfs von der „Rückkehr zu den früheren Verhältnissen in Deutschland" beherrscht, das heißt von den Forderungen nach der Aufhebung des kaiserlichen Restitutionsedikts (1629), der Wiedereinsetzung evangelischer Reichsstände in ihre Gebiete und der Wie-

4. Der Dreißigjährige Krieg

derherstellung des inneren Friedens auf der Grundlage des Augsburger Religionsfriedens von 1555. Das bedeutete, daß Schweden, insgesamt gesehen, die rechtliche Stellung des Kaisers als Reichsoberhaupt in ein Gleichgewicht mit den Reichsständen bringen wollte. 1635 schließlich galt es, den kaiserlichen Machtzuwachs zu brechen, vor allem was den Einfluß in Norddeutschland anlangte [306: S. LUNDKVIST, Die schwedischen Kriegs- und Friedensziele, 224 f.].

Der Politik des Reichskanzlers Oxenstierna sind in jüngster Zeit mehrere Arbeiten gewidmet worden. Nach S. GOETZE [304: Die Politik des schwedischen Reichskanzlers] verfolgte Oxenstierna eine Politik, die Deutschland auf Dauer schwächen sollte. M. ROBERTS [308: Oxenstierna in Germany, 77–97] wies darauf hin, daß der schwedische Reichskanzler gegen den Wunsch des schwedischen Reichstages nach dem Tod Gustav Adolfs, im November 1632, seine wichtigste Aufgabe im Abschluß eines vorteilhaften, die Reputation der Krone Schwedens wahrenden Friedens sah, entweder in einem Separatfrieden mit dem Kaiser, was 1635 hinfällig wurde, oder in einem Universalbündnis mit Frankreich. Zu diesem Zweck schloß Oxenstierna 1638 die Allianz mit Frankreich ab und ging, nach Jahren der militärischen Defensive, 1638/39 zur militärischen Offensive, vor allem zum Angriff auf die Erbländer des Kaisers, über.

Oxenstierna

Es ist problematisch, Schwedens Abhängigkeit von den französischen Subsidiengeldern zu überschätzen, wie dies E. W. ZEEDEN [72: Das Zeitalter der Glaubenskämpfe, 98 f.] und S. GOETZE [304: Die Politik des schwedischen Reichskanzlers, 253 f.] getan haben. „Die französischen Subsidien haben in offensiven Phasen zwar ihre Bedeutung gehabt, nicht zuletzt als Sicherheit für Anleihen, aber Geldmittel haben auch ohne Frankreichs Hilfe zur Verfügung gestanden" [306: S. LUNDKVIST, Die schwedischen Kriegs- und Friedensziele, 221]. F. DICKMANN [246: Der Westfälische Frieden, 148–153], S. GOETZE [304: Die Politik des schwedischen Reichskanzlers, 220–224] und S. LUNDKVIST [306: Die schwedischen Kriegs- und Friedensziele, 225] haben darauf hingewiesen, daß Oxenstierna seit 1635 nicht nur die Bindung des Kaisers an die Zustimmung der Reichsstände in allen politischen Fragen verfolgte, sondern auch die reichsständischen Bestrebungen nach dem Jus foederis et belli, insbesondere nach dem Bündnisrecht mit auswärtigen Mächten, unterstützte. Oxenstierna betrachtete das Reich in völkerrechtlicher Hinsicht als einen Bund freier und gleichberechtigter Staaten. Da-

Die Bedeutung der französischen Subsidien

mit sollte Schweden auch in Zukunft die Möglichkeit eines politischen Eingreifens im Reich haben.

Unbestritten ist die Einbindung Gustav Adolfs in die „mitteleuropäische Tradition", wenn man allein bedenkt, daß seine Mutter eine deutsche Prinzessin gewesen ist und daß er der deutschen Sprache mächtig war. „Ob Gustav Adolf selbst habe Kaiser werden wollen, sei umstritten." Die schwedischen Räte, zum Teil an deutschen Universitäten geschult, seien weniger um „schwedische Originalität" bemüht gewesen als um den „schwedischen Anschluß an europäische Standards" [so M. Heckel und S. Lundkvist in: 254: K. REPGEN, Krieg und Politik, 345].

Grundzüge der schwedischen Satisfaktionspolitik

„Die schwedische Satisfaktionspolitik enthielt ein starkes sicherheitspolitisches, zugleich auch ein handelspolitisches Element." Das gelte vor allem von der „satisfactio coronae", wie aus dem Streben nach der sogenannten „Seekante" ersichtlich wird. Schweden ging es darum, „den Frieden zu sichern, zugleich aber auch militärisch und ökonomisch einen Ausgangspunkt gegen den Kaiser und andere zu gewinnen und Schutz für das Mutterland in Form von Gebieten zu erhalten, die den ersten Stoß abfangen konnten. Dazu kam besonders in den dreißiger Jahren noch die Furcht vor kaiserlichen Flottenoperationen, die von der Südküste der Ostsee gegen Schweden und schwedische Interessen gerichtet werden konnten" [306: S. LUNDKVIST, Die schwedischen Kriegs- und Friedensziele, 228]. Wie F. DICKMANN [246: Der Westfälische Frieden, 153] sah Lundkvist auch für die Jahre um 1635 den Vorrang der Satisfaktionsziele vor der „assecuratio pacis", ganz im Gegensatz zu S. GOETZE, der in Bezugnahme auf Aussagen des Reichsfeldherrn Jakob de la Gardie (11.11.1635) und Reichskanzler Oxenstierna (22.1.1639) feststellt, das wichtigste Ziel sei die „Restitution der deutschen Stände in ihre hergebrachten Rechte und Freiheiten gewesen" [304: Die Politik des schwedischen Reichskanzlers, 238]. Doch läßt sich zeigen, daß seit 1632 an der Spitze der schwedischen Satisfaktionsforderungen Pommern stand, das man als „Gebiet iure perpetuo und als ein Reichslehen" haben wollte. In der Hauptinstruktion von 1641 für die schwedischen Unterhändler auf dem künftigen Friedenskongreß wurde hervorgehoben, daß Pommern wegen seiner Lage zu Schweden und weil sein Fürstenhaus ausgestorben sei, besonders gut passe [306: S. LUNDKVIST, Die schwedischen Kriegs- und Friedensziele, 229].

5. Schlußbemerkung

Die zuletzt vorgeführte Forschungsdiskussion über den Dreißigjährigen Krieg konnte zeigen, wie stark in den letzten Jahren wieder die europäische Dimension dieses politisch-militärischen Ringens im Reich hervortritt. Dies gilt für die Arbeiten zur Politik Frankreichs, Schwedens, Spaniens, Englands und der Niederlande. Für den Kaiser und die Reichsstände bleiben allerdings einige Desiderate anzumelden. So fehlen für Ferdinand II. neuere Studien über den Zusammenhang von Krieg und Politik, mit besonderer Berücksichtigung der Kriegsfinanzierung und der Truppenversorgung. Unter diesen Umständen lassen sich Vergleiche des politisch-militärischen Aktionsbereiches zwischen dem Kaiser und den übrigen europäischen Mächten nur schwer anstellen. Ähnliches gilt für die wichtigsten kriegführenden Reichsstände. Von Ausnahmen abgesehen, ist bis heute eine komparatistische Beurteilung ihrer Kriegs- und Friedensziele schwer möglich. Die Forschungen zur europäischen Politik Ferdinands II. blieben weit zurück

Blicken wir auf das 16. Jahrhundert zurück, so fällt der Kontrast zwischen der gut erforschten ersten Jahrhunderthälfte und der erst heute wieder stärker in den Blickpunkt gelangenden Epoche auf, die mit den Namen der Kaiser Maximilian II. und Rudolf II. verbunden ist. Es mag sein, daß der Schlüssel für diesen Gegensatz zwischen einem „Zuviel an Veränderung und Gefährdung" der ersten Hälfte und den „Anpassungen und Reaktionen des späteren 16. Jahrhunderts" liegt [70: W. SCHULZE, Deutsche Geschichte, 7]. Sicherlich hängt es auch damit zusammen, daß das Reich in der ersten Hälfte des 16. Jahrhunderts zeitweise stark in die Hegemonialpolitik Karls V. einbezogen war und daß sich in den folgenden Jahrzehnten der Kampf um die Hegemonie nach Westeuropa verlagerte. Doch muß zur Epoche Karls V. einschränkend gesagt werden, daß die Außenbeziehungen der Reichsstände, von Ausnahmen wie Bayern oder den „Kriegsfürsten" von 1551/52 abgesehen, eine umfassende Neubewertung verdienten. Das wäre auch deshalb von besonderem Interesse, weil die Reichsstände vor 1648 formell kein Bündnisrecht innehatten, aber via facti und den kaiserlichen Verboten zum Trotz rege Außenbeziehungen unterhielten. Das große Interesse galt und gilt der ersten Hälfte des 16. Jahrhunderts

Für die zweite Hälfte des 16. Jahrhunderts wird heute klar ersichtlich, wie stark das Werk M. Ritters nachgewirkt und wie es die Forschung eher gehemmt als gefördert hat. Auch wenn sich Veränderungen abzeichnen, bleibt vieles noch zu tun. Dies gilt sowohl für Die Forschungen zu Maximilian II. und Rudolf II. bedürfen neuer Impulse

die Zeit Maximilians II. als auch für die lange Regierung Rudolfs II. Wenn beide Perioden der Reichsgeschichte bis heute noch als zu wenig erforscht gelten müssen, so hängt dies zunächst einmal mit der vernachlässigten Edition der Quellen zusammen. Dies läßt sich gerade für die Erfassung und Herausgabe der kaiserlichen Korrespondenzen mit den eigenen Diplomaten, aber auch mit den wichtigsten Reichsfürsten und europäischen Herrschern feststellen. Im Falle Rudolfs hat dazu die seit langem auf dessen späte Regierungsjahre sowie auf kulturgeschichtliche Fragen konzentrierte Beschäftigung der Historiographie beigetragen. Als vordringlich erscheinen derzeit Untersuchungen, die seine ersten Regierungsjahre als Kaiser zum Gegenstand haben. In diesem Zusammenhang könnten auch neue Einsichten bei anderen Fragen gewonnen werden, die mit der „Herausentwicklung" der Niederlande aus dem Reich, den politischen und rechtlichen Konfliktfeldern in Reichsitalien, aber auch mit der Gesamtproblematik der habsburgischen Ostpolitik gegenüber Polen und dem Osmanischen Reich und deren innerhabsburgischen Rückwirkungen verbunden sind.

6. Tendenzen der Forschung seit 1990. Nachtrag 2010

6.1 Zur Entwicklung des europäischen Staatensystems

In den letzten Jahren hat die Untersuchung und Darstellung der Geschichte der Internationalen Beziehungen einen Aufschwung erlebt; in der deutschsprachigen Forschung kommt diese Tendenz im Projekt des neunbändigen Handbuches der „Geschichte der Internationalen Beziehungen" zum Ausdruck, das von H. DUCHHARDT und F. KNIPPING herausgegeben wird und von dem für die vorliegende Epoche die Bände bereits erschienen sind [vgl. 317: A. KOHLER, Expansion und 324: H. SCHILLING, Konfessionalisierung]. Die Bände folgen einer konzisen Konzeption: Sie analysieren systematisierend die innerstaatlichen Gegebenheiten – wirtschaftliche, kulturelle, konfessionelle, mentale, geopolitische, strategische etc. – der Außenpolitik und zwischenstaatlichen Beziehungen. Dabei werden sowohl einzelne europäische Handlungsräume erkennbar als auch systemische Entwicklungen im Sinne eines europäischen Staatensystems. Unübersehbar ist dabei die „Bellizität" dieser Entwicklung, gekennzeichnet durch dominierende Phasen von Krieg und Zerstörung [317: KOHLER, 11 ff., 399]. Sie führte von einer europäischen „Mächteordnung im Zeichen

Neue Ansätze einer Geschichte der Internationalen Beziehungen

von Staatsgleichheit" im Zuge des Westfälischen Friedens zur Entwicklung eines „Mächteeuropa", wobei SCHILLING um 1600 einen Strukturwandel beobachtet, der zur „Konfessionalisierung der Außenpolitik" führte, in der er allerdings nur ein „Durchgangsstadium" zu erkennen vermag [324: 395, 417].

Für die Epoche der Reformation und des konfessionellen Zeitalters ist auch die Frage nach dem Faktum von Religionskriegen von zentraler Bedeutung, wie dies von F. BRENDLE und A. SCHINDLING [311: Religionskriege] neuerdings umfassend analysiert worden ist. Für das Heilige Römische Reich kommen beide zu folgendem interessanten Ergebnis: „Es gab offiziell von katholischer habsburgischer Seite keine Religionskriege im Heiligen Römischen Reich deutscher Nation. Selbst auf dem Höhepunkt der Gegenreformation im Dreißigjährigen Krieg deklarierten Kaiser Ferdinand II. und die katholische Liga ihre militärischen Aktionen gegen die Protestanten immer als Verteidigungsmaßnahmen angesichts von Verletzungen des Landfriedens und als Landfriedens-Exekutionen. [...] Im Heiligen Römischen Reich war somit früh und erfolgreich das Problem von Religionskriegen als Gerechten Kriegen aus dem Kriegsdiskurs herausgenommen worden und blieb auf den Türkenkrieg jenseits der Reichsgrenzen begrenzt [...]" [ebd., 38 f.].

Zur Typologie von Kriegen

Im Hinblick auf die Entwicklung der frühneuzeitlichen Diplomatie ist zu konstatieren, dass neben Venedig und der Kurie Spanien einen besonderen Fall in der Entwicklung der internationalen Beziehungen jener Zeit darstellt. Die Katholischen Könige gehörten zu den Protagonisten des „diplomatischen Systems" der Neuzeit, das von der Entwicklung gelegentlicher, anlassbezogener diplomatischer Missionen zur ständigen Repräsentanz bzw. zum ständigen Residentensystem gekennzeichnet ist. Und dies in einer Situation, als die Könige Kastiliens und Aragóns eine führende politische Rolle in Europa spielten, zumal sie sich in Italien gegen die Politik der französischen Krone engagierten. Ferner gilt es zu bedenken, dass unter Kaiser Karl V. aus der spanischen Diplomatie eine „imperiale" werden sollte.

Die Entfaltung der frühneuzeitlichen Diplomatie

M. A. OCHOA BRUN [323: Die Diplomatie Karls V., vgl. auch 322: M. A. OCHOA BRUN, Historia de la diplomacia española] hat darauf hingewiesen, dass Karl V. in seinen Herrschaftsgebieten auf eine hochentwickelte Diplomatie zurückgreifen konnte, die durch ständige Residenten geprägt war, und zwar in Burgund bzw. in den Niederlanden und in den spanischen Königreichen. Typisch für die Rekrutierung der Gesandten sei schon unter den Katholischen Königen die „Multinationalität" gewesen. Unter Karl V. nahm diese noch zu; nach 1519

Die kaiserliche Diplomatie

kamen zu Gesandten italienischer und spanischer Herkunft jene aus den Niederlanden hinzu. Diese waren gleichrangig, unabhängig von ihrem Herkunftsgebiet. Seit 1519 gab es auch eine „Doppelvertretung"; die spanischen Gesandten fungierten seit diesem Zeitpunkt somit auch als kaiserliche Gesandte.

Erste Wirkungen der neuzeitlichen Diplomatie

Gewiss trug die Intensivierung der Diplomatie auch zum häufigeren Gebrauch vertraglicher Mittel bei, doch war es in der Folge keineswegs so, dass der Umgang mit bilateralen oder multilateralen Verträgen im frühneuzeitlichen Europa sich so entwickelt hätte, dass daraus stabile Beziehungen entstanden wären. Gewiss kann man die Diplomatie in dieser Form als „europäische Erfindung" charakterisieren, die sich jedoch erst allmählich durchsetzte. So war die Epoche der Geschichte Italiens nach 1494 davon geprägt, dass die Bündnispartner rasch und unerwartet wechselten, ganz nach dem jeweiligen Vorteil, der sich für die Fürsten daraus ergab. Und doch wird daran auch der Wille zur Bewahrung des Gleichgewichts sichtbar – man vermied vor allem die existenzgefährdende Niederlage einer der Mächte der Pentarchie, die Mailand, Venedig, Florenz, Neapel und das Patrimonium Petri umfasste. Auch die Sicherheit der Gesandten war keineswegs gegeben. Verweisung oder Verfolgung von Gesandten machen dies deutlich. Ein Beispiel dafür ist jener Gesandte katalanischer Abstammung, Antonio Rincón (Rincone), der seit 1526 zwischen Frankreich und dem Osmanischen Reich hin- und herreiste. 1541 wurde er in Oberitalien auf dem Po zusammen mit seinem Begleiter Fregoso von spanischen Truppen umgebracht. Karl V. distanzierte sich zwar von dieser Aktion seiner Gefolgsleute, doch besteht kein Zweifel, dass die habsburgische Seite schon seit längerem versuchte, Rincón abzufangen [341: KOHLER, Karl V., 256]. Zur langfristigen Kooperation zwischen dem Königreich Frankreich und dem Osmanischen Reich liefert M. HOCHEDLINGER [314: Die französisch-osmanische ‚Freundschaft' 1525–1792] wichtige Erkenntnisse.

Völkerrecht

Die völkerrechtliche Vertragspraxis zwischen den christlichen Fürsten bzw. Monarchien Europas war auch weiterhin vom Aspekt kurzfristiger Nützlichkeit und Perspektivität gekennzeichnet. Nur gelegentlich vereinbarten im 16. Jahrhundert einzelne Fürsten oder konfessionelle Gruppen Verträge auf „ewige" Zeit, oder ließen sich auf ‚immerwährende' Vereinbarungen ein. In der Regel ging Konzeptionen dieser Art die Suche nach einem grundlegenden Neubeginn der Beziehungen voraus, um tiefgreifende und längerfristige Gegensätze zu überwinden. Im Hinblick auf die Beziehungen der europäischen Staaten zum Osmanischen Reich kommt A. STROHMEYER [Das Osmanische Reich – ein Teil des europäischen Staatensystems der Frühen Neuzeit?, in: 320: M. KURZ u. a., Das Osmanische Reich, 149–164] zu dem Schluss: „Die Annäherung des Osmanischen Reichs an das europäische Staatensystem war ein Prozeß der ‚langen Dauer', der auf allen gesellschaftlichen Ebenen ablief, keine Autobahn, sondern ein kurvenreicher und steiniger, mit zahlreichen Konflikten gepflasterter Weg" [ebd., 164].

Die Eigen- und Fremdbilder der europäischen Nationen im 15. und 16. Jahrhundert sind bislang kaum systematisch erforscht worden, obwohl ihre Kenntnis für das Verständnis der Bedingungen und Erscheinungsformen der internationalen Beziehungen unentbehrlich ist. Das eindrucksvollste Beispiel dieser Art stellt das „Heilige Römische Reich" bzw. das „Heilige Römische Reich deutscher Nation" dar. Die beiden Begriffe bringen die Gleichzeitigkeit von zwei Auffassungen zum Ausdruck. Anhand der Formeln des Reichstagsabschiedes von 1495 lässt sich wohl ein „Gemeinschaftsgefühl" aller Reichsbewohner erkennen, das zweifellos von den gesellschaftlichen Eliten, u. a. von Humanisten, propagiert wurde. Im Hinblick auf Selbstverständnis und Stereotypen der humanistischen und politischen Eliten des Heiligen Römischen Reiches hat G. SCHMIDT [325: Geschichte des alten Reiches] dargelegt, dass deutsche Humanisten „eine gegen die ‚Welschen' und insbesondere gegen Rom gerichtete, auf Vorstellungen der Römer von den Germanen zurückgehende, nationale Identität [konstruierten] und das Bewußtsein des historischen Kontinuums, eines geschichtlichen Zusammenhanges seit anderthalb Jahrtausenden' [schufen]. Mit ihrer kühnen Interpretation der gerade wiederentdeckten ‚Germania' des Tacitus gaben sie dem deutschen Raum eine eigene, ethnisch unterlegte, sprachlich-kulturell begründete Tradition" [ebd., 46f.]. Es passte in das Bild der „deutschen Nation", wenn im Vorfeld der Königs- bzw. Kaiserwahl von 1519 vom künftigen Amtsinhaber keine universale, sondern eine „nationale Politik" erwartet wurde. Deshalb verlangte man von den Wahlwerbern Karls V. im Voraus, dass der künftige Kaiser sich in einer Wahlkapitulation verpflichtete, „die teutsche nation" in ihren Strukturen zu belassen.

Auch die erfolgreiche Instrumentalisierung antifranzösischer Stereotypen durch die habsburgische Propaganda hatte Karl V. zur Wahl verholfen. Diese kritische bis ablehnende Einstellung war auch in Spanien und in Italien anzutreffen. Ein Musterbeispiel dieser Einstellung war Gattinara selbst, der „die Franzosen" generell als Betrüger und Wortbrüchige bezeichnete [zahlreiche Beispiele in 340: I. KODEK, Großkanzler].

> Die Bedeutung der Eigen- und Fremdbilder

6.2 Zum „Reich als Teil der ‚Monarchia universalis' Kaiser Karls V."

G. SCHMIDT hat 1999 mit seiner Frage nach dem Profil des Heiligen Römischen Reiches als „Reichs-Staat" die Diskussion zur Frage belebt, was das Reich in phänomenologischer Hinsicht gewesen sei [325: Geschichte des alten Reiches, insbes. 347 ff.]. Das „Reichsjubiläum" von 2006 (1806 – in Anknüpfung an das Ende des Heiligen Römischen Reiches) hat neuerlich Anlass zu weiteren Diskussionen gegeben; vgl. u.a. B. STOLLBERG-RILINGER [326: Das Heilige Römische Reich Deutscher Nation]. Bis heute wird sowohl der herkömmliche Begriff des „Verbandes" und Lehenssystems mit „Haupt und Gliedern" gebraucht als auch der Staatsbegriff. Verwendet man nicht den Staatsbegriff, so kommt man nicht umhin, den Sondercharakter des Reiches im Rahmen der Entwicklung der europäischen Monarchien und Republiken anhand vieler Einzelphänomene („Personenverband", „Friedens- und Rechtswahrungsverband", „hierarchisch strukturierter Verband", „ständisch-korporativer Verband", „Verband heterogener Glieder unter einem Oberhaupt, dem Kaiser") zu erläutern [ebd., 116 ff.]. Macht man hingegen vom Staatsbegriff Gebrauch, so hat dies viele Vorteile: Das Reich lässt sich in die europäische Entwicklung integrieren als ein Fall des „frühmodernen" oder „frühneuzeitlichen Staates", orientiert an W. REINHARD [Geschichte des modernen Staates. Von den Anfängen bis zur Gegenwart, München 2007], der das staatliche Gewaltmonopol zu Recht erst im Lauf der neuzeitlichen Jahrhunderte sukzessive verwirklicht sieht. Außerdem lässt sich der Konnex zwischen Staat und Nation (als zwei verschiedene Dinge) leicht herstellen. Als frühmoderner Staat war das Reich ein „politisches Ordnungssystem" und Ausdruck „deutscher Gesamtstaatlichkeit", gestützt auf zwei Höchstgerichte und die größte und durchstrukturierte Ständeversammlung – den Reichstag als Legislative. Gewiss war die Exekutive problematischer, weil sie auf dem Subsidiaritätsprinzip Kaiser – Stände bzw. Reichsebene und Territorialebene beruhte.

Fortschritte bei der Edition der Reichstagsakten

Wichtig ist die Tatsache, dass nach einer langen „Anlaufzeit", die mit der Vorbereitung der Aktenedition der Reichstage (der Jüngeren Reihe) der 1540er und 1550er Jahre verbunden war, in den letzten Jahren eine stattliche Anzahl von Bänden zu den Reichstagen von 1542, 1544, 1545, 1546, 1547/48, 1550/51 und 1555 erschienen ist; es fehlen nur noch vier Bände (zu den Reichstagen 1526, 1530, 1543 und 1541) [vgl. im Einzelnen 349]. Fortschritte machte auch die Reihe der „Reichsversammlungen 1556–1662" im Hinblick auf Reichstage und Reichsversammlungen der 1560er, 1570er und 1580er Jahre [361]. Sie ist signifikant für die intensive Beschäftigung mit der Reichsgeschichte der zweiten Hälfte des 16. Jahrhunderts seit über zehn Jahren. Der von M. LANZINNER und A. STROHMEYER herausgegebene Sammelband [348: Der Reichstag 1486–1613] hat hingegen die Außenwahrnehmung der Reichstage, im einzelnen die Kommunikationsstrukturen, die Wirkungen in den Öffentlichkeiten sowie die Wahrnehmung durch Politiker, Diplomaten und Publizisten im europäischen Raum im Blick und analysiert auf diese Weise das Erscheinungsbild der größten Ständeversammlung im europäischen Kontext.

Das Problem der unedierten Quellen zur Geschichte Karls V. existiert auch heute noch. Unter der Leitung von H. RABE wurde 1969 an der Universität Konstanz ein Forschungsvorhaben begonnen, das im Jahr 1999 seine Arbeitsergebnisse der allgemeinen wissenschaftlichen Benützung zur Verfügung stellte. Von den Konstanzer Historikern wurden etwa 1489 Faszikel durchgearbeitet und rund 100 000 Briefe der sogenannten „Politischen Korrespondenz" Karls V. verzeichnet; dieses Projekt kam jedoch über ein Verzeichnis der Quellen nicht hinaus [347: H. RABE, Karl V. Politische Korrespondenz]. So bleibt zu hoffen, dass diese Korrespondenz in Hinkunft sukzessive ediert werden wird [siehe A. KOHLER, Ein Blick zurück, in: 344: A. KOHLER u.a., 11–19]. Das Gleiche gilt für Ferdinand I. Die Edition der Familienkorrespondenz kommt wohl voran, aber es bleibt noch viel zu tun – in den nächsten Jahren dürfte die Korrespondenz bis zum Ende der 1530er Jahre vorliegen [333: Die Korrespondenz Ferdinands I.]. Der von M. FUCHS und O. RÉTHELY herausgegebene Sammelband zu Maria von Ungarn (1505–1558) [345] geht auf einen im Herbst 2005 in Budapest abgehaltenen Kongress zum Jubiläum der Herrscherin zurück; er ist u. a. deshalb bemerkenswert, weil in zahlreichen Beiträgen ungarischer Historiker und Historikerinnen eine neue, positive Sichtweise der habsburgischen Herrschaft im Königreich Ungarn deutlich wird.

Quantitätsproblem der Quellen zu Karl V. und Ferdinand I.

I. KODEK [340: Großkanzler] hat die Autobiographie Mercurino Gattinaras aus dem Lateinischen übersetzt; nun ist zu hoffen, dass diese bisher entlegen publizierte Quelle häufiger benützt wird, zumal es sowohl zu Gattinaras Position am Kaiserhof als auch zu seiner Glaubwürdigkeit verschiedene Meinungen gibt. In ihrer Einleitung setzt sich die Autorin auch mit der neueren kritischen Sichtweise der spanischen Historiographie auseinander, die anders als die ältere deutsche Forschung (K. Brandi) die Probleme aufzeigt, die Gattinara am Hof Karls V. in Spanien offensichtlich hatte, bedingt durch zeitweiligen Vertrauensverlust beim Kaiser und längere Phasen der Gichterkrankung [vgl. dazu 350: M. RIVERO RODRÍGUEZ, Memoria]. KODEK charak-

Gattinaras Autobiographie

terisiert Gattinaras Tätigkeit am Hof Karls V. durchaus kritisch: „Gattinara war jedenfalls mit großem Einsatz politisch aktiv, aber schon 1522 war es für den Großkanzler offenbar immer schwieriger, auch nur die zur effizienten Ausübung seines Amtes notwendigen Audienzen zu erhalten. Staatssekretäre, die sich beim Kaiser größerer Beliebtheit erfreuten und in viel engerem Kontakt mit ihm standen, drohten Gattinara immer mehr zu verdrängen, während dieser [damals 57-Jährige] von Gicht, aber offenbar auch von einer langwierigen Lungenentzündung gepeinigt, nicht in der Lage war, dem ständig auf der Reise befindlichen Hofstaat zu folgen" [340: 20]. 1525 sei es zur Krise zwischen Kaiser und Großkanzler gekommen, wie der venezianische Botschafter bemerkt: „Der Kanzler hatte – wieder einmal – auf seine Kompetenzen gepocht, diesmal auf Wunsch des Kaisers schriftlich. Sein Antrag wurde zusammen mit einem negativen Bescheid des Kaisers vor Zeugen verlesen, worauf der Kanzler seinen Rücktritt verkündete und der Kaiser diesen prompt annahm" [340: 22]. Am folgenden Tag habe sich Karl V. mit Gattinara jedoch ausgesöhnt. Doch auch in Zukunft konnte der Großkanzler gegen die Staatssekretäre nichts ausrichten – er blieb meist isoliert, letztlich auch in der Situation nach Pavia (1525), als sich Lannoy und andere, die für eine Aussöhnung mit dem französischen König eintraten, bei Karl V. durchsetzten. Gattinara konnte die „italienische Karte" jedoch in den folgen Jahren ausspielen; so dürfte der Seitenwechsel von Andrea Doria auf Geheimverhandlungen des Großkanzlers in Genua zurückgehen, und letztlich war die Aussöhnung mit dem Papst im Vertrag von Barcelona und Karls Kaiserkrönung in Bologna (1529/30) Gattinaras Werk, das er als Höhepunkt seiner Karriere ansah.

<small>Südeuropäische Interpretationslinie</small> Damit ist auch die südeuropäisch-spanische Perspektive angesprochen, die Karl V. für eine eindeutig nationalspanisch geprägte „Idea imperial" in Anspruch nahm und die Rolle Gattinaras relativierte. Tatsächlich dürfte der Tatbestand komplexer sein. So meint H. PIETSCHMANN: „Bedenkt man die vielfältigen Möglichkeiten, dieses imperiale Denken, sei es theologisch, philosophisch, juristisch und gerade im Zeitalter der Renaissance auch historisch mit Rekurs auf die Antike zu begründen bzw. zu rechtfertigen, so wird deutlich, dass für einen Herrscher der Epoche ein breites Spektrum von Denkansätzen verfügbar war, um sich mit Hilfe seiner Berater dieses ‚Arsenals' von Begründungsmöglichkeiten je nach Gelegenheit zu bedienen. Unterstellt man zugleich, dass Machiavelli in seinem Principe lediglich die Herrschaftspraktiken seiner Zeit systematisiert und in ihrem Funktionszusammenhang begründet hatte, so wird verständlich, dass es nicht einer

bestimmten, einflussreichen Persönlichkeit wie des Kanzlers Gattinara bedurfte, um Karl je nach Gelegenheit auf verschiedene imperiale bzw. universale Konzepte zurückgreifen zu lassen" [Imperiale Konzepte im Spanien Karls V., in: 351: C. STROSECKI, Aspectos históricos 397]. Im Hinblick auf den Einfluss auf den Kaiser bleibt PIETSCHMANN unbestimmt, wenn er abschließend konstatiert, es habe in Karls Umgebung weitere Humanisten gegeben, die für eine christliche Friedensordnung, miteingeschlossen ein Vorgehen gegen äußere Feinde (Osmanisches Reich) und innere (Lutheraner/Protestanten), plädiert hätten. Er nennt Alfonso de Valdés und Antonio de Guevara. Letztlich glaubt er in Bezugnahme auf Karls Instruktionen für Philipp (1548) herauszulesen, dass den Kaiser sein „königliches Richteramt" viel mehr als politische Konzepte in seiner Regierungstätigkeit beeinflusst hätten. [ebd., 410 f.]

Das Jubiläum Karls V. zur Wiederkehr seines 500. Geburtstages im Jahr 2000 wurde aufwendig begangen. Zahlreiche Kongresse und Ausstellungen fanden in Belgien, Deutschland, Österreich, Italien und vor allem in Spanien statt. Die kulturpolitischen Aktivitäten der 1997 eigens gegründeten und mit großen Geldmitteln ausgestatteten „Sociedad Estatal para la Conmemoración de los Centenarios de Felipe II y Carlos V" hatten schon dem Jubiläumsjahr Philipps II. (1998) gegolten. Die Gesellschaft kümmerte sich im Jubiläumsjahr Karls V. finanziell und organisatorisch um alle Aktivitäten in Spanien, zum Teil auch darüber hinaus. Auf großen Kongressen in Barcelona, Granada, Madrid, aber auch in Lissabon und Neapel, um nur die wichtigsten zu nennen, kamen Spezialisten aus ganz Europa, zum Teil auch aus Amerika zusammen – ihre Zahl ging in die Hunderte. In einer bis dahin nie dagewesenen Breite und Ausgewogenheit wurde über die grundlegenden Probleme und Themenbereiche der Herrschaft Karls V. referiert und diskutiert. Generell wurde Karl als europäisches, transnationales Phänomen, fälscherlicherweise gelegentlich auch als Vorläufer des heutigen Europa (der Europäischen Union) betrachtet; jedenfalls war diese Vergleichsperspektive bei zahlreichen staatspolitischen Initiativen zur Feier des Jubiläums als Hintergrundfolie erkennbar. Auch das Vorherrschen der politischen Dimension in der Beschäftigung mit Karl V. und seiner Epoche unterstreicht dies.

Eine Analyse der spanischen Jubiläumsaktivitäten und -publikationen zeigt jedoch, dass die Bedeutung des Heiligen Römischen Reiches nur in geringem Maße untersucht worden ist [vgl. 334: M. FERNANDEZ ÁLVAREZ, Carlos V.]. Die Akten des Wiener Symposions dürften in diesem Kontext eine der wenigen Ausnahmen sein [344: A.

Zur Jubiläumsliteratur 2000

KOHLER u.a., spanische Übersetzung Carlos V/Karl V. 1500–2000. Madrid 2001]. Dazu waren führende Spezialisten zu einzelnen Fragen und Themenbereichen der Regierung und Herrschaft Karls V. aus verschiedenen europäischen Ländern – aus Spanien, den Niederlanden, aus England, Frankreich, Dänemark, Deutschland, der Tschechischen Republik und Österreich – und aus den USA eingeladen, nicht nur um Bilanz der bisherigen Forschung zu ziehen, sondern auch, um Desiderate zu formulieren und Perspektiven für die künftige Forschung zu entwickeln. Sechs systematische Themenbereiche der Herrschaft und Politik Karls V. und Fragen der Rezeptionsgeschichte standen zur Diskussion: Selbstdarstellung, Propaganda und Traditionsbildung, Herrschaftsidee, Kommunikations-, Wirtschafts- und Finanzstrukturen, Karl V. und das Heilige Römische Reich, die Niederlande, Spanien und Amerika, Kontrahenten und Partner der kaiserlichen Politik, sowie die Bewertung des Kaisers durch die Jahrhunderte. So verfolgt u.a. A. LUTTENBERGER (Die Religionspolitik Karls V. im Reich) die politische Umsetzung des kaiserlichen Amtsverständnisses – Karl V. verstand sich als advocatus ecclesiae, ohne zu einer Art Vollzugsorgan des Papstes zu werden, und als Vertreter der Einheitsidee von 1521 bis 1555 – und stellt dabei eine mehrfache Verschiebung des strategisch-konzeptionellen Profils der kaiserlichen Religionspolitik seit dem ersten Wormser Reichstag fest. Karl V. vereinbarte zwar befristete Friedstände, vermochte dadurch aber die Probleme der „Reichsfriedensproblematik" nicht zu lösen. W. REINHARD (Governi stretti e tirannici. Die Städtepolitik Kaiser Karls V., 1515–1556) untersucht erstmals, ausgehend von der oberdeutschen Städtepolitik nach dem Schmalkaldischen Krieg, in vergleichender Weise die kaiserliche Städtepolitik in allen Herrschaftsgebieten Karls V. – in Spanien, den Niederlanden, Italien und im Reich – und kommt zu dem Ergebnis, dass der Kaiser überall kommunalistische Bewegungen bekämpfte und oligarchische Strukturen herstellte. Nach REINHARD handelt es sich dabei nicht um eine Vorstufe der Gegenreformation, sondern um eine Frühform von absoluter Monarchie.

6.3 Zu „Das konfessionell geteilte Reich und seine Nachbarn"

Editorische Fortschritte

Zunächst sind die Fortschritte bei der Edition der Reichstagsakten (Reichsversammlungen 1556–1662 [361]) positiv zu vermerken; derzeit liegen die Bände zu den Reichstagen von 1566, 1567, 1582 und 1586 vor, ebenso die Akten zum Erfurter Reichskreistag von 1567. M. LANZINNER [358: Konfessionelles Zeitalter] hat in seiner Darstellung der inneren Entwicklung des Heiligen Römischen Reiches und dessen äußerem Beziehungsfeld von der Mitte des 16. Jahrhunderts bis zum Beginn des Dreißigjährigen Krieges u.a. das Verdienst Kaiser Maximilians II. hervorgehoben, durch seine „überparteiliche Neutralität in der Reichspolitik" den Frieden gewahrt zu haben [ebd., 52]. Das könne u.a. am Beispiel der Bewältigung des Landfriedensbruchs von Grumbach (1567) ebenso instruktiv erörtert werden wie anhand der Bemühungen des Kaisers, im niederländischen Konflikt eine Parteinahme für Philipp II. zu vermeiden [ebd., 55, 57, 62]. Vor dem Hintergrund „anhaltender Agrarkrisen und wachsender Massenarmut, dazu einer Häufung von städtischen und bäuerlichen Unruhen" sieht LANZINNER ab 1586 die Weichen für die „konfessionelle Spaltung" gestellt: „Der Kaiserhof und die Reichsversammlungen, die vorher Spannungen ausgeglichen hatten, trugen nun bis 1603 dazu bei, den Konfliktstoff aufzutürmen, der bis 1618 in den beiderseitigen Gutachten und Resolutionen fortgeschleppt wurde" [ebd., 173, 172 f.].

Der von R. BÖSEL/G. KLINGENSTEIN/A. KOLLER herausgegebene Band zum Beziehungsfeld zwischen Kaiser und Papst vom 16. bis 18. Jahrhundert [315: Kaiserhof – Papsthof] liefert nicht nur den Beweis für die Bedeutung der Nuntiaturberichte, sondern auch für die politische Einwirkung der päpstlichen Nuntien. A. KOLLER [Der Kaiserhof am Beginn der Regierung Rudolfs II. in den Berichten der Nuntien, in: 315:13–24] zeigt dies am instruktiven Beispiel des Regierungswechsels von Maximilian II. zu Rudolf II. anhand der päpstlichen Kondolenz- bzw. Gratulationsgesandtschaft. „Die Sukzession von Maximilian II. auf Rudolf II. war für die Kurie kein Routinefall, denn mit dem verstorbenen Kaiser trat eine Figur von der Bühne ab, der in Rom sowohl was die eigenen Überzeugungen betraf wie auch hinsichtlich seiner durch Toleranz gegenüber den Protestanten geprägten Konfessionspolitik im Reich und in den Erblanden – milde ausgedrückt – höchste Skepsis entgegengebracht wurde." Gerade deshalb setzte sich die Kurie über die Nuntien „mit Nachdruck dafür ein, die Hofchargen ausschließlich mit Katholiken zu besetzen" [ebd., 13, 24].

Nach zahlreichen, allerdings durchwegs spanischen Veröffentlichungen zum Jubiläum 1998 legte zuletzt F. EDELMAYER eine deutschsprachige Biographie über Philipp II. vor, die einen positiven Zugang zu diesem von seinen protestantischen Gegnern (England, Niederlande) perhorriszierten Herrscher versucht. Zu Recht nennt EDELMAYER den Nachfolger Karls V. in Spanien einen „Weltherrscher" und betont damit die Kontinuität der „Monarchia universalis"; zugleich zeichnet er Philipp II. als persönlich sympathische und familiäre Persönlich- Spanisches Beziehungsfeld keit. Dabei stellt EDELMAYER so manches Klischee, das von der zeitgenössischen antispanischen Einstellung der protestantischen Rivalen ableitbar ist, in Frage. So wird beispielsweise vor einer Überbewertung der Auswirkungen der gescheiterten Invasion in England durch die Armada gewarnt: „Was Philipp II. 1588 wirklich verlor, war die auf das Unternehmen folgende Propagandaschlacht. Elisabeth I. gewann diese so nachhaltig, dass bis in die jüngste Zeit selbst Historiker davon ausgingen, die spanische Vorherrschaft zur See sei damals nachhaltig geschwächt worden" [355: EDELMAYER, Philipp II., 256 f.]. Welche Gefahren diese Mächte auch noch während des Dreißigjährigen Krieges in der Universalmacht Spanien sahen, hat P. SCHMIDT [374: Spanische Universalmonarchie] überzeugend analysiert und dargestellt.

Die Burgundischen Niederlande

Die grundsätzlichen Veränderungen im Verhältnis zwischen Landesherrn und ständisch-aristokratischen Eliten in den Burgundischen Niederlanden von Karl V. zu Philipp II. bis zur unabhängigen Republik (der nördlichen Provinzen) kommen in O. MÖRKES [359: Wilhelm von Oranien] ausgewogener Biographie Wilhelms I. von Oranien zum Ausdruck; dies nicht zuletzt deshalb, weil der Oranier von Karl V. besonders protegiert und gegen den niederländischen Hochadel ausgespielt worden ist. Erst unter Karls Sohn Philipp kam es zum Zerwürfnis und zur Abkehr Wilhelms vom Haus Habsburg. „So hatte das Wirken Wilhelms, im Nachhinein betrachtet, in der Beziehung Erfolg, dass der Einfluss und die Reputation seines Hauses in den Niederlanden, jedenfalls in deren nördlichem Teil, nicht nur gewahrt blieb, sondern ein Ausmaß annahm, welches das der habsburgischen Zeit bis in die 1560er Jahre hinein übertraf. [...] Dies war freilich zum Zeitpunkt von Wilhelms Tod nicht absehbar. Wertet man es dennoch als Folgewirkung der persönlichen Leistung Oraniens, so vor allem deshalb, weil es ihm gelungen war, sich selbst in schwierigsten Phasen des Aufstandes unter großen persönlichen Opfern im Fokus des Geschehens zu halten. Freund wie Feind unter seinen Zeitgenossen sahen ihn als Schlüsselfigur des Widerstandes gegen Spanien" [ebd., 249, 250].

Osmanenabwehr in Ungarn

Zur Osmanenproblematik am Ende des 16. Jahrhunderts und Anfang des 17. Jahrhunderts hat J. P. NIEDERKORN eine Studie vorgelegt, die nicht nur den „Türkenkrieg" Kaiser Rudolfs II. im engeren Sinn zum Thema hat, sondern die Pro- und contra-Politik der europäischen Mächte England, Frankreich, Spanien, Venedig, des Papstes und Kaisers einer umfassenden Analyse unterzieht [360: Die europäischen Mächte]. Dabei wird folgendes ersichtlich: „Der Gedanke der ‚christlichen Solidarität' mit dem vom ‚Erbfeind der Christenheit' angegriffenen Kaiser spielte zwar in der Rhetorik der Staatskanzleien eine bedeutende, in der Realität aber eine eher untergeordnete Rolle für die Entscheidungen der Geber-Länder" [ebd., 500].

6.4 Zu „Der Dreißigjährige Krieg"

Neuerdings gibt es zwei wichtige Synthesen zum Dreißigjährigen Krieg: CH. KAMPMANN [368: Europa] und G. SCHMIDT [373: Der Dreißigjährige Krieg]. An beiden Monographien zeigt sich zunächst, dass sich die seit langem verbindliche Einteilung dieses lang andauernden Krieges offensichtlich bewährt hat und der ursprüngliche Name dieses Krieges beibehalten wurde sowie die europäische Dimension betont wird. „Der Anfang war kein ‚deutscher Krieg' und das Ende kein ‚nationales Unglück'. Die dreißig Jahre dazwischen haben Deutschland und die Deutschen dennoch kräftig in Atem gehalten, millionenfachen Tod, Verwüstung und Barbarei über Mitteleuropa gebracht und die politischen Verhältnisse gehörig durcheinandergewirbelt. Doch die scheinbar so tiefgreifenden Veränderungen erwiesen sich als wenig beständig: Der Westfälische Frieden restaurierte 1648 die verfassungspolitischen Verhältnisse, wie sie sich in der zweiten Hälfte des 16. Jahrhunderts eingependelt hatten" [373: G. SCHMIDT, Der Dreißigjährige Krieg, 7]. „Der Dreißigjährige Krieg war ein europäischer Konflikt. Zwar war vornehmlich das römisch-deutsche Reich der Schauplatz dieses Krieges, ein ‚deutscher Krieg' ist er jedoch von Anfang an nicht gewesen. Bereits 1618, als der Krieg mit dem Ständeaufstand in den habsburgischen Erblanden ausbrach, entschied sich Spanien zum Eingreifen im Reich [...]" [368: CH. KAMPMANN, Europa, 1]. Nach G. SCHORMANN war der Dreißigjährige Krieg „eine Akkumulation vieler ineinander verschlungener Kriege, die schließlich nur noch kollektiv beizulegen waren – der Versuch einer Teillösung wie der Prager Frieden von 1635 erwies sich als nicht durchsetzbar" [375: Der Dreißigjährige Krieg, 270].

Zum Gesamtphänomen

P. SCHMIDT [374: Spanische Universalmonarchie] hat antihispanische Flugschriften analysiert, die während des Dreißigjährigen Krieges im Heiligen Römischen Reich zirkulierten, und dabei gezeigt, dass auf die Legitimierung von Kriegen großer Wert gelegt worden ist: „Einen Krieg zu führen, ohne ihn für die Zeitgenossen plausibel rechtfertigen zu können, bedeutete in der Frühen Neuzeit, aber nicht nur in jener Epoche, einen Verstoß gegen die Sittlichkeit, gegen das Recht und das göttliche Gebot. Nur so wird verständlich, warum die Legitimation eines Waffenganges einen derart zentralen Punkt frühneuzeit-

Spanien

licher Kriegsvorbereitung darstellte, der ebenso wichtig wie strategische Überlegungen oder logistische Vorkehrungen war" [ebd., 163]. Dahinter steht die „Bellum iustum"-Problematik aus dem Mittelalter und die aufkommende Kriegsgesetzgebung, die auf dem Naturrecht basierte, wie sie der Niederländer Hugo Grotius in seinem 1625 publizierten Werk „De Iure Belli ac Pacis" vertrat.

Frankreich Zur französischen Politik äußerte sich zuletzt U. SCHULTZ in seiner Biographie Richelieus [376]. Er analysiert die expansiven Ziele des Kardinals am Rhein und in Oberitalien seit 1629, die den Bruch mit Spanien und dem Kaiser bewusst in Kauf nahmen. Der Vorbereitung des Krieges gegen Spanien galt Richelieus Aufmerksamkeit, bis es 1635 so weit war; allerdings brachte das Ende des Feldzuges von 1635 und der Verlust der Flandern-Armee „für König und Minister eine ernüchternde Bilanz" [ebd., 267].

Reichsstände, Wallensteinfrage Zur Politik einzelner Reichsstände gibt u.a. zu Bayern M. KAISER [367: Politik und Kriegführung], zur Kurpfalz und England M. RÜDE [372: England] Aufschluss. Die Ermordung Wallensteins stellt sich weiterhin als „endlose Geschichte" im Sinne einer endgültigen Klärung dar [siehe 369: R. REBITSCH, Matthias Gallas, zu dessen Position im Umfeld der Wallensteingegner].

Kaiserliche Politik L. AUERS Analyse der kaiserlichen Politik behob ein bisher besonderes Manko in der internationalen Diskussion. Er stellt dezidiert fest, die kaiserliche Politik habe ihre beiden Hauptziele – die verfassungsmäßige Stellung des Kaisers im Reich und Sicherstellung der Voraussetzungen für eine absolutistische gesamtstaatliche Entwicklung der Habsburgermonarchie – erreicht und sei daher erfolgreich gewesen [in: 365: H. DUCHHARDT, Der Westfälische Friede]. Neuerdings hat sich L. HÖBELT [366] Kaiser Ferdinand III. gewidmet, er untersucht anhand des biographischen Genus die wichtigsten Stationen des Dreißigjährigen Krieges (auch vor 1637, dem Regierungsantritt Ferdinands III.). HÖBELT liefert damit neue Einsichten in die habsburgische Politik, die bisher über Kaiser Ferdinand II. kaum hinausreichten.

Westfälischer Frieden Die groß angelegte und editorisch vorbildliche Aktenedition der „Acta Pacis Westfalicae" [362] kann als abgeschlossen betrachtet werden. Sie mag dazu beigetragen haben, dass die Bewertung der Westfälischen Friedensverträge noch nie so positiv war wie seit dem Jubiläumsjahr 1998. J. BURKHARDT sieht darin einen „Frieden der Superlative", der dem Krieg, der zu einem „deutschen Schreckensmythos" werden sollte, ein Ende setzte und ein „neues Ordnungsideal" in Europa schuf, das sich allerdings erst allmählich durchsetzen konnte. Im Reich selbst sei das „dualistische politische System" wieder hergestellt worden. Das Verdikt der nationalen Geschichtsschreibung, vorweg der preußischen, die eigensüchtigen Sonderinteressen der Reichsfürsten hätten im Bunde mit den auswärtigen Mächten über einen ohnmächtigen Kaiser triumphiert, sollte damit endgültig der Vergessenheit angehören [364: Das größte Friedenswerk der Neuzeit].

Der von H. DUCHHARDT herausgegebene Tagungsband [365: Der Westfälische Friede], das Ergebnis eines im Vorfeld des Jubiläums (1998) 1996 in Münster veranstalteten internationalen Kongresses mit etwa 50 Referentinnen und Referenten, nimmt viele wichtige Themen auf, die vom Epochenereignis über die Bedeutung des Friedens für die europäischen Mächtebeziehungen und das Heilige Römische Reich bis zum kulturellen Umfeld, zum Militärwesen und zur Rezeptionsgeschichte reichen. H. SCHILLING geht es in seinem weitgespannten Beitrag um das sich ausprägende Profil Europas im Vorfeld der Westfälischen Friedensverträge, ebenso um deren längerfristige Auswirkungen auf die historisch-politische Kultur Europas. Im Zuge der frühmodernen Staatsbildung wurde die vom Mittelalter her bestehende Christianitas zum neuzeitlichen Staateneuropa umgeformt. SCHILLING sieht im Frieden den Ausdruck der prinzipiellen Friedensfähigkeit der europäischen Staaten und Konfessionen: „Aus dem Säkularisierungsprozeß ergab sich für die pragmatisch-säkulare Friedenspolitik der tonangebenden katholischen und protestantischen Fürsten samt ihrer juristischen Berater eine spezifische Legitimität, ohne die die Überwindung des Konfessionalismus kaum so rasch möglich gewesen wäre" [ebd., 18]. Nur das Papsttum habe diese Wendung von einer nahezu bedingungslosen Konfliktbereitschaft hin zur Realisierung ihrer prinzipiellen Friedensfähigkeit auch und gerade in bezug auf die religiösen und kirchenrechtlichen Gegensätze nicht mitvollzogen [ebd., 20]. Völkerrechtlich betrachtet SCHILLING den Frieden als „Gleichordnungs-Vertrag", den Ausdruck für die Überwindung des Gradualismus und der damit verbundenen Gefahr einer Universalmonarchie, mit anderen Worten als einen „systemischen Wandel". W. SCHULZE sieht den Frieden u. a. als Ausdruck der Tatsache, dass die „Frage nach der religiösen Wahrheit" [ebd., 116] hinter die „Frage nach der Überlebensfähigkeit und Ordnung des Gemeinwesens" zurücktrat, und insofern als eine Etappe in der Entfaltung des Toleranzgedankens in der europäischen Geschichte. Eine ganze Reihe von Beiträgen gilt der einzelstaatlichen Politik im Vorfeld des Westfälischen Friedens; Frankreich, Spanien bzw. Katalonien, Portugal, Schweden, Dänemark, die Niederlande, die Eidgenossenschaft, Polen, Russland, England und das Osmanische Reich wären zu nennen.

In der für K. REPGEN herausgegebenen Festschrift [370: Dreißigjähriger Krieg] kann man bequem auf fundamentale Aufsätze des initiativen und produktiven Forschers und Forschungsorganisators des Dreißigjährigen Krieges und Westfälischen Friedens zurückgreifen, wie beispielweise auf REPGENS Analyse von Krieg und Kriegstypen [ebd., 3–20] oder auf dessen Darstellung der zeitgenössischen Öffentlichkeit während des Westfälischen Friedens [ebd., 799–816].

III. Quellen und Literatur

A. Quellen

1. G. E. BERS, Die Allianz Frankreich – Kleve während des Geldrischen Krieges (Jülich'sche Fehde) (1539–1543). Urkunden und Korrespondenzen. Diss. phil. Köln 1969.
2. C. BORNATE (Hrsg.), Historia vite et gestorum per dominum magnum cancellarium Gattinara (Mercurino Arborio di Gattinara), in: Miscellanea di storia Italiana. 3. Serie. Bd. 17 (1915) 233–585.
3. Briefe des Pfalzgrafen Johann Casimir mit verwandten Schriftstücken, 1576–1592. 3 Bde. Hrsg. v. F. VON BEZOLD. München 1882–1903.
4. Briefe Friedrich des Frommen, Kurfürsten von der Pfalz, mit verwandten Schriftstücken, 1559–1576. 2 Bde. Hrsg. v. A. KLUCKHOHN. Braunschweig 1868–1872.
5. Briefe und Akten zur Geschichte des 16. Jahrhunderts mit besonderer Berücksichtigung auf Bayerns Fürstenhaus. Bde. 1–4: Beiträge zur Reichsgeschichte 1546–1555. Hrsg. v. A. VON DRUFFEL, Bd. 4 ergänzt v. K. BRANDI. München 1873–1896. Bd. 5: Beiträge zur Geschichte Herzog Albrechts V. und des Landsberger Bundes 1556–1598. Hrsg. v. W. GOETZ. München 1898. Bd. 6: Beiträge zur Geschichte Herzog Albrechts V. und der sogenannten Adelsverschwörung von 1563. Hrsg. v. W. GOETZ/L. THEOBALD. Leipzig 1913.
6. Briefe und Akten zur Geschichte des Dreißigjährigen Krieges in den Zeiten des vorwaltenden Einflusses der Wittelsbacher (1598–1618). 12 Bde. Hrsg. v. M. RITTER/F. STIEVE/K. MAYR/A. CHROUST/ H. ALTMANN. München 1870–1978.
7. Briefe und Akten zur Geschichte des Dreißigjährigen Krieges. Neue Folge. Die Politik Maximilians I. von Bayern und seiner Verbündeten 1618–1651. 8 Bde. Hrsg. v. G. FRANZ/A. DUCH/W. GOETZ/D. ALBRECHT/K. BIERTHER. München/Wien 1907–1982.
8. Briefe und Akten zur Geschichte Wallensteins 1630–1634. 4 Bde. Hrsg. v. H. HALLWICH. Wien 1912.
9. Briefwechsel des Herzogs Christoph von Wirtemberg. 4 Bde. Hrsg. v. V. ERNST. Stuttgart 1899–1907.
10. Briefwechsel Landgraf Philipps des Großmüthigen von Hessen mit Bucer. 3 Bde. Hrsg. v. M. LENZ. Berlin 1880–1891.
11. Corpus documental de Carlos V. 5 Bde. Hrsg. v. M. FERNÁNDEZ ALVAREZ. Salamanca 1973–1981.
12. Correspondance de Marguerite d'Autriche avec Philippe II. 3 Bde. Hrsg. v. L. P. GACHARD. Bruxelles 1867–1881.
13. Correspondance française de Marguerite d'Autriche avec Philippe II. 3 Bde. Utrecht 1925–1941.

14. Correspondencia de los príncipes de Alemania con Felipe II. y de los Embajadores de Éste en la córte de Viena (1556 á 1598) (= Colecciòn de documentos inéditos para la historia de España. Bde. 98 und 101. Hrsg. v. M. DE LA FUENSANTA DEL VALLE/J. S. RAYÓN/F. DE ZABALBURU. Bde. 103, 110 und 111. Hrsg. v. M. DE LA FUENSANTA DEL VALLE. Madrid 1855, 1891–1895).
15. Correspondenz des Kaisers Karl V. Hrsg. v. K. LANZ. 3 Bde. Leipzig 1844–1846.
16. Politische Korrespondenz des Herzogs und Kurfürsten Moritz von Sachsen. 3 Bde. Hrsg. v. E. BRANDENBURG/J. HERMANN/G. WARTENBERG. Leipzig 1900–1904/Berlin 1978.
17. Die politische Correspondenz der Stadt Straßburg im Zeitalter der Reformation. 5 Bde. Hrsg. v. H. VIRCK/O. WINCKELMANN/I. BERNAYS/W. FRIEDENSBURG. Straßburg/Heidelberg 1882–1933.
18. Correspondenzen und Aktenstücke zur Geschichte des politischen Verhältnisses der Herzöge Wilhelm und Ludwig von Bayern zu König Johann von Ungarn. Hrsg. v. C. A. MUFFAT. München 1857.
19. J. DU MONT, Corps universel diplomatique du droit des gens, contenant un recueil des traitez d'alliances, de paix, de trèves ... Amsterdam/Haag 1726.
20. Die Korrespondenz Ferdinands I. 3 Bde. (= Veröffentlichungen der Kommission für neuere Geschichte Österreichs 11, 30, 31, 58). Hrsg. v. W. BAUER/R. LACROIX/H. WOLFRAM/C. THOMAS. Wien 1912–1984.
21. Die Korrespondenz Maximilians II. 2 Bde. (1564–1567) (= Veröffentlichungen der Kommission für neuere Geschichte Österreichs 14, 16). Hrsg. v. V. BIBL. Wien 1916–1921.
22. Lettres, instructions diplomatiques et papiers d'État du Cardinal de Richelieu. Hrsg. v. D. L. M. AVENEL. 8 Bde. Paris 1853–1877.
23. Mémoires du cardinal de Richelieu. 10 Bde. Paris 1907–1931.
24. Rikskansleren Axel Oxenstiernas skrifter och brevväxling, utgivna av kungl. Vitterhets-, Historie- och Antikvitets-Akademien. 1. Abt. Bde. 1–15. 2. Abt. Bde. 1–12. Stockholm 1888–1977.
25. Papiers d'état du cardinal de Granvelle d'après les manuscrits de la bibliothèque de Besançon. 9 Bde. Hrsg. v. C. WEISS. Paris 1841–1852.
26. Les papiers de Richelieu. 5 Bde. Hrsg. v. P. GRILLON. Paris 1975–1982.
27. Quellen zur Geschichte des Kaisers Maximilian II. 2 Bde. Hrsg. v. M. KOCH. Leipzig 1857–1861.
28. Das Reichstagsprotokoll des kaiserlichen Kommissars Felix Hornung vom Augsburger Reichstag 1555. Mit einem Anhang: Die Denkschrift des Reichsvizekanzlers Georg Sigmund Seld für den Augsburger Reichstag. Hrsg. v. H. LUTZ/A. KOHLER. Wien 1971.
29. Deutsche Reichstagsakten unter Kaiser Karl V. Jüngere Reihe. 8 Bde. Hrsg. v. A. KLUCKHOHN/A. WREDE/J. KÜHN/W. STEGLICH. Gotha 1893–1905/Göttingen 1935–1971.
30. Deutsche Reichstagsakten. Reichsversammlungen 1556–1662. Der Reichstag zu Speyer 1570. Hrsg. v. M. LANZINNER. Göttingen 1988.
31. Neue und vollständigere Sammlung der Reichs-Abschiede. Hrsg. v. H. C. SENCKENBERG. 4 Teile. Frankfurt 1747.
32. Staatspapiere zur Geschichte des Kaisers Karl V. Hrsg. v. K. LANZ. Stuttgart 1845.

33. Die Schreiben Süleymans des Prächtigen an Karl V., Ferdinand I. und Maximilian II. Hrsg. v. A. SCHAENDLINGER. Wien 1983.
34. Sverges traktater med främmande magter jämte andra dit hörande handlinger. 3 Bde. (1572–1648). Hrsg. v. O. S. RYDBERG/C. HALLENDORF. Stockholm 1903–1915.
35. Urkunden und Aktenstücke des Reichsarchivs Wien zur reichsrechtlichen Stellung des Burgundischen Kreises. 3 Bde. Hrsg. v. R. VON LACROIX/L. GROSS. Wien 1944/45.
36. Urkunden und Aktenstücke zur Geschichte der Verhältnisse zwischen Österreich, Ungarn und der Pforte im 16. und 17. Jahrhundert. Hrsg. v. A. VON GÉVAY. Wien 1840.

B. Literatur

0. Allgemeine Darstellungen

0.1 Zur Geschichte Europas und des europäischen Staatensystems

37. F. VON BEZOLD, Das Bündnisrecht der deutschen Reichsstände. Bonn 1904.
38. L. DEHIO, Gleichgewicht oder Hegemonie. Betrachtungen über ein Grundproblem der neueren Staatengeschichte. Krefeld 1948.
39. J. ENGEL, Von der spätmittelalterlichen res publica christiana zum Mächte-Europa der Neuzeit. In: Nr. 41, 1–443.
40. E. FUETER, Geschichte des europäischen Staatensystems von 1492–1559. München/Berlin 1919.
41. Handbuch für europäische Geschichte. Hrsg. v. T. SCHIEDER. Bd. 3: Die Entstehung des neuzeitlichen Europa. Hrsg. v. J. ENGEL. Stuttgart 1971.
42. E. HASSINGER. Das Werden des neuzeitlichen Europa 1300–1600. Braunschweig 1957. 2. Aufl. 1964.
43. H. E. KOENIGSBERGER, The Habsburgs and Europe 1516–1660. Ithaca 1971.
44. J. KUNISCH/H. NEUHAUS (Hrsgg.), Der dynastische Fürstenstaat. Zur Bedeutung von Sukzessionsordnungen für die Entstehung des frühmodernen Staates. Berlin 1982.
45. H. LAPEYRE, Les Monarchies Européennes du XVIe siècle. Les Relations Internationales. 2. Aufl. Paris 1973.
46. M. LUNITZ, Diplomatie und Diplomaten im 16. Jahrhundert. Studien zu den ständigen Gesandten Kaiser Karls V. in Frankreich. Konstanz 1988.
47. H. LUTZ, Reformation und Gegenreformation. 2. Aufl. München/Wien 1982.
48. G. MATTINGLY, Renaissance Diplomacy. 2. Aufl. London 1962.
49. W. NÄF, Die Epochen der neueren Geschichte. Staat und Staatengemeinschaft vom Ausgang des Mittelalters bis zur Gegenwart. 2 Bde. München 1970.
50. G. PARKER, The Military Revolution of Early Modern Europe. Cambridge 1987.
51. G. PARKER, Europe in Crisis 1598–1648. London 1979.
52. B. PICARD, Das Gesandtschaftswesen Ostmitteleuropas in der frühen Neuzeit. Beiträge zur Geschichte der Diplomatie in der ersten Hälfte des sechzehnten Jahrhunderts nach den Aufzeichnungen des Freiherrn Sigmund von Herberstein. Graz/Wien/Köln 1967.
53. W. PLATZHOFF, Geschichte des europäischen Staatensystems, 1559 bis 1600. Berlin 1928. Nachdruck München 1967.
54. L. VON RANKE. Zur deutschen Geschichte. Vom Religionsfrieden bis zum dreißigjährigen Krieg (= L. von Ranke's Sämmtliche Werke 7). 7. Aufl. Leipzig 1874.

55. A. A. SCHAENDLINGER, La diplomazia ottomano-absburgica nella prima metà del sedicesimo secolo, in: Römische Historische Mitteilungen 26 (1984) 253–265.
56. G. VOGLER (Hrsg.), Europäische Herrscher. Ihre Rolle bei der Gestaltung von Politik und Gesellschaft vom 16. bis zum 18. Jahrhundert. Weimar 1988.
57. H. WEBER, Die Bedeutung der Dynastien für die europäische Geschichte in der frühen Neuzeit, in: ZBLG 44 (1981) 5–32.
58. M. WIGHT, Systems of Staates. Hrsg. v. H. BULL. Leicester 1977.
59. W. WINDELBAND, Die auswärtige Politik der Großmächte in der Neuzeit. 3. Aufl. Essen 1936.
60. E. W. ZEEDEN, Hegemonialkriege und Glaubenskämpfe 1556–1648. Frankfurt am Main/Berlin/Wien 1977.
61. J. ŽONTAR, Obveščevalna služba in diplomacija avstrijskih habsburgzanov v boju proti Turkom v 16. stoletju. Ljubljana 1973. Mit einer deutschen Zusammenfassung (191–242).

0.2 Zur Geschichte des römisch-deutschen Reiches und der habsburgischen Länder

62. W. P. FUCHS, Das Zeitalter der Reformation (= B. Gebhardt, Handbuch der deutschen Geschichte 8). München 1973.
63. Deutsche Geschichte. Bd. 3: Die Epoche des Übergangs vom Feudalismus zum Kapitalismus von den siebziger Jahren des 15. Jahrhunderts bis 1789. Berlin 1983.
64. M. HECKEL, Deutschland im Konfessionellen Zeitalter (= Deutsche Geschichte Bd. 5. Hrsg. v. J. LEUSCHNER). Göttingen 1983.
65. R. A. KANN, Geschichte des Habsburgerreiches 1526–1918. Wien/Graz/Köln 1982.
66. H. LUTZ, Das Ringen um deutsche Einheit und kirchliche Erneuerung. Von Maximilian I. bis zum Westfälischen Frieden 1490 bis 1648. Frankfurt am Main/Berlin/Wien 1983.
67. B. MOELLER, Deutschland im Zeitalter der Reformation (= Deutsche Geschichte Bd. 4. Hrsg. v. J. LEUSCHNER). Göttingen 1977.
68. M. RITTER, Deutsche Geschichte im Zeitalter der Gegenreformation und des Dreißigjährigen Krieges. 3 Bde. Stuttgart 1889–1895, Stuttgart/Berlin 1908. Reprint Darmstadt 1974.
69. H. SCHILLING, Aufbruch und Krise. Deutschland 1517–1648. Berlin 1988.
70. W. SCHULZE, Deutsche Geschichte im 16. Jahrhundert. 1500–1618: Frankfurt am Main 1987.
71. S. SKALWEIT, Reich und Reformation, Berlin 1967.
72. E. W. ZEEDEN, Das Zeitalter der Glaubenskämpfe 1555–1648 (= B. GEBHARDT, Handbuch der deutschen Geschichte 9). München 1973.

0.3 Epochenübergreifende Darstellungen einzelner europäischer Länder und Staaten

Italien

73. V. DE CADENAS Y VICENT, El fin de la República florentina. Segunda reposición de los Médicis en Florencia por los ejércitos españoles. Madrid 1976.
74. F. CHABOD, Storia di Milano nell'època di Carlo V. Torino 1961.
75. C. CONSTANTINI, La Repubblica di Genova. Torino 1986.
76. E. ROMERO GARCÍA, El imperialismo hispánico en la Toscana durante el siglo XVI. Lleida 1986.
77. F. DIAZ, Il Granducato di Toscano – I Medici. Torino 1987.
78. H. LUTZ, Italien vom Frieden von Lodi bis zum Spanischen Erbfolgekrieg (1454–1700), in: Nr. 41, 851–901.
79. L. MARINI, Lo stato estense. Torino 1987.
80. M. MONACO, Lo stato della chiesa. Dalla pace di Cateau-Cambrésis alla pace di Aquisgrana (1559–1748). Lecce 1975.
81. C. MOZZARELLI, Mantova e i Gonzaga dal 1382 al 1707. Torino 1987.
82. G. RILL, Geschichte der Grafen von Arco 1487–1614. Reichsvasallen und Landsassen. Horn 1975. Italienische Übersetzung: Storia dei Conti d'Arco 1487–1614. Roma 1982.
83. D. SELLA, Lo stato di Milano in età spagnola. Torino 1987.
84. G. TOCCI, Il ducato di Parma e Piacenza. Torino 1987.

Osmanisches Reich

85. N. JORGA, Geschichte des Osmanischen Reiches. 5 Bde. Gotha 1908–1913.
86. M. KÖHBACH, Das Osmanische Reich im 16. und 17. Jahrhundert, in: Österreich und die Osmanen – Prinz Eugen und seine Zeit. Hrsg. v. E. ZÖLLNER/K. GUTKAS. Wien 1988, 5–19.
87. J. MATUZ, Das Osmanische Reich. Grundlinien seiner Geschichte. Darmstadt 1985.
88. K. VOCELKA, Das Türkenbild des christlichen Abendlandes in der frühen Neuzeit, in: wie Nr. 86, 20–31.

Polen, Preußen, Litauen, Rußland

89. M. BISKUP, Polen an der Ostsee im 16. Jahrhundert, in: ZHF 5 (1978) 293–314.
90. E. DONNERT, Der livländische Ordensritterstaat und Rußland. Der Livländische Krieg und die baltische Frage in der europäischen Politik 1558–1583. Berlin 1963.
91. A. K. GRASSMANN, Preußen und Habsburg im 16. Jahrhundert. Berlin 1986.
92. I. HÖSS, Das Reich und Preußen in der Zeit der Umwandlung des Ordenslandes in das Herzogtum, in: Aus der Arbeit an den Reichstagen unter Kaiser Karl V. Sieben Beiträge zu Fragen der Forschung und Edition. Hrsg. v. H. LUTZ/A. KOHLER. Göttingen 1986, 130–157.
93. W. LEITSCH, Moskau und die Politik des Kaiserhofes im XVII. Jahrhundert. Teil 1: 1604–1654. Graz 1960.

94. J. Małłek, Das Herzogtum Preußen, Polen und das Reich zur Zeit Herzog Albrechts von Brandenburg-Ansbach, in: Horneck, Königsberg und Mergentheim. Hrsg. v. U. Arnold (= Schriftenreihe Nordost-Archiv 19). Lüneburg 1980, 33–51.
95. G. Rhode, Polen und Litauen vom Ende der Verbindung mit Ungarn bis zum Ende der Vasas (1444–1669), in: Nr. 41, 1003–1060.

Schweden und Dänemark

96. A. von Brandt, Die nordischen Länder von 1448 bis 1654, in: Nr. 41, 961–1002.
97. M. Roberts, The Swedish Imperial Experience 1560–1711. Cambridge 1979.
98. W. Tham, Den svenska utrikespolitikens historia I, 2: 1560–1648. Stockholm 1960.
99. K. Zernack, Das Zeitalter der nordischen Kriege von 1558 bis 1809 als frühneuzeitliche Geschichtsepoche, in: ZHF 1 (1974), 55–79.
100. K. Zernack, Schweden als europäische Großmacht der Frühen Neuzeit, in: HZ 232 (1981) 327–357.

Spanien

101. B. Chudoba, Spain and the Empire 1519–1643. Chicago 1952.
102. J. Lynch, Spain under the Habsburgs. 2 Bde. Oxford 1964–1969.
103. R. B. Merriman, The Rise of the Spanish Empire in the Old World and in the New. 4 Bde. New York 1918–1934.
104. G. Parker, Spain and the Netherlands 1559–1659. London 1979.
105. H. Rabe, Die iberischen Staaten im 16. und 17. Jahrhundert, in: Nr. 41, 586–662.

Ungarn

106. T. von Bogyay, Grundzüge der Geschichte Ungarns. Darmstadt 1967.
107. A History of Hungary. Hrsg. v. E. Pamlényi. London 1975.
108. G. Rhode, Ungarn vom Ende der Verbindung mit Polen bis zum Ende der Türkenherrschaft (1444–1699), in: Nr. 41, 1061–1117.

1. Die Epoche Karls V.

1.1 Karl V., Ferdinand I. und das Reich

109. H. Baumgarten, Geschichte Karls V. 3 Bde. Stuttgart 1885–1892.
110. K. E. Born, Moritz von Sachsen und die Fürstenverschwörung gegen Karl V., in: HZ 191 (1960) 18–66.
111. K. Brandi, Kaiser Karl V. Bd. 1: Werden und Schicksal einer Persönlichkeit und eines Weltreiches. 7. Aufl. München 1964. Bd. 2: Quellen und Erörterungen. München 1941.
112. F. B. von Bucholtz, Geschichte der Regierung Ferdinand des Ersten. 9 Bde. Wien 1831–1838. Nachdruck mit einer Einleitung von B. Sutter. Graz 1968–1971.

113. R. CARANDE, Carlos V. y sus banqueros 1516–1556. 3 Bde. Madrid 1943–1967. 2. Aufl. Barcelona 1987.
114. F. CHABOD, Contrasti interni e dibattiti sulla politica generale di Carlo V., in: Nr. 132, 51–60.
115. M. FERNÁNDEZ ALVAREZ, Imperator mundi. Karl V. Kaiser des Heiligen Römischen Reiches Deutscher Nation. Stuttgart 1977.
116. F. HARTUNG, Karl V. und die deutschen Reichsstände von 1546 bis 1555. Halle/Saale 1910. Nachdruck Darmstadt 1971.
117. J. M. HEADLEY, Germany, the Empire and Monarchia in the Thought and Policy of Gattinara, in: Nr. 127, 15–33.
118. J. M. HEADLEY, The emperor and his chancellor. A study of the imperial chancellery under Gattinara. Cambridge 1983.
119. H. KELLENBENZ, Das Römisch-Deutsche Reich im Rahmen der wirtschafts- und finanzpolitischen Erwägungen Karls V. im Spannungsfeld imperialer und dynastischer Interessen, in: Nr. 127, 35–54.
120. A. KOHLER, Die innerdeutsche und die außerdeutsche Opposition gegen das politische System Karls V., in: Nr. 127, 107–127.
121. A. KOHLER, Antihabsburgische Politik in der Epoche Karls V. Die reichsständische Opposition gegen die Wahl Ferdinands I. zum römischen König und gegen die Anerkennung seines Königtums. Göttingen 1982.
122. A. KOHLER, Die habsburgische „Universalmonarchie": Karl V. und die europäischen Nachbarn, in: In Europas Mitte. Deutschland und seine Nachbarn. Hrsg. v. H. DUCHHARDT. Bonn 1988, 83–88.
123. A. KOHLER, Karl V., Ferdinand I. und das Reich. Bemerkungen zur Politik der habsburgischen Brüder, in: Nr. 56, 58–70.
124. H. LAPEYRE, Charles Quint. Paris 1971.
125. E. LAUBACH, Karl V., Ferdinand I. und die Nachfolge im Reich, in: MÖSTA 29 (1976) 1–51.
126. H. LUTZ, Karl V. – Biographische Probleme, in: Biographie und Geschichtswissenschaft. Aufsätze zur Theorie und Praxis biographischer Arbeit. Hrsg. v. G. KLINGENSTEIN/H. LUTZ/G. STOURZH (= Wiener Beiträge zur Geschichte der Neuzeit 6). Wien 1979, 151–182.
127. H. LUTZ (Hrsg.), Das römisch-deutsche Reich im politischen System Karls V. (= Schriften des Historischen Kollegs. Kolloquien 1). München/Wien 1982.
128. H. LUTZ, Karl V. und Bayern. Umrisse einer Entscheidung, in: ZBLG 22 (1959) 13–41.
129. H. LUTZ, Christianitas afflicta. Europa, das Reich und die päpstliche Politik im Niedergang der Hegemonie Kaiser Karls V. (1552–1556). Göttingen 1964.
130. V. PRESS, Die Bundespläne Kaiser Karls V. und die Reichsverfassung, in: Nr. 127, 55–106.
131. P. RASSOW, Die Kaiser-Idee Karls V. dargestellt an der Politik der Jahre 1528–1540. Berlin 1932.
132. P. RASSOW/F. SCHALK (Hrsgg.), Karl V. Der Kaiser und seine Zeit. Köln/Graz 1960.
133. M. J. RODRIGUEZ-SALGADO, The Changing Face of Empire. Charles V, Philipp II and Habsburg Authority, 1551–1559. Cambridge 1988.

134. P. SCHMID, Reichssteuern, Reichsfinanzen und Reichsgewalt in der ersten Hälfte des 16. Jahrhunderts, in: H. ANGERMEIER (Hrsg.), Säkulare Aspekte der Reformationszeit. München/Wien 1983, 153–198.
135. P. SUTTER FICHTNER, Ferdinand I. Wider Türkennot und Glaubensspaltung. Graz 1986.
136. C. THOMAS, „Moderación del poder". Zur Entstehung der geheimen Vollmacht für Ferdinand I., in: MÖSTA 27 (1974) 102–140.
137. R. TYLER, Kaiser Karl V. 3. Aufl. Stuttgart 1961.
138. G. VOGLER, Ulrich von Hutten und sein „Vaterland". Überlegungen aus Anlaß des 500. Geburtstages, in: ZGW 36 (1988) 410–427.
139. H. WEBER, Zur Heiratspolitik Karls V., in: Nr. 127, 129–160.
140. R. WOHLFEIL, Der Wormser Reichstag von 1521 (Gesamtdarstellung), in: Der Reichstag zu Worms von 1521. Reichspolitik und Luthersache. Hrsg. v. F. REUTER. Worms 1971, 59–154.

1.2 Karl V. und Frankreich

141. L. CARDAUNS, Von Nizza bis Crépy. Rom 1923.
142. F. CHABOD, Milano o di Paesi Bassi? Le discussioni in Spagna sulla „alternativa" del 1544, in: RSI 7 (1958) 508–552.
143. Charles Quint, le Rhin et la France. Droit Savant et Droit Pénal a l'Europe de Charles Quint (= Collection „Recherches et Documents" 17). Strasbourg 1973.
144. S. FITTE, Das staatsrechtliche Verhältnis des Herzogtums Lothringen zum Deutschen Reich seit dem Jahre 1542 (= Beiträge zur Landes- und Volkskunde von Elsaß-Lothringen 14). Straßburg 1891.
145. E. LAUBACH, Wahlpropaganda im Wahlkampf um die deutsche Königswürde 1519, in: AKG 53 (1971) 207–248.
146. A. P. LUTTENBERGER, Libertät. Zur reichspolitischen Tragweite der Kriegspropaganda Frankreichs und seiner deutschen Verbündeten 1552, in: Deutschland und Frankreich in der frühen Neuzeit. Hrsg. v. H. DUCHHARDT/E. SCHMITT. München 1987, 103–136.
147. H. LUTZ, Kaiser Karl V., Frankreich und das Reich, in: Frankreich und das Reich im 16. und 17. Jahrhundert. Göttingen 1968, 7–19, 53–55.
148. J.-P. PARISET, Les relations entre la France et l'Allemagne au milieu du XVIe siècle. Strasbourg 1981.
149. W. PLATZHOFF, Frankreich, der deutsche Reichstag und Kurpfalz vom Passauer Vertrag bis zum Tode Heinrichs II. (1559), in: ZGO N.F. 29 (1914) 447–463.
150. V. PRESS, Frankreich und Bayern von der Reformation bis zum Wiener Kongreß, in: wie Nr. 146, 21–70.
151. K. J. SEIDEL, Frankreich und die deutschen Protestanten in den Jahren 1534/35. Münster 1970.
152. G. WARTENBERG, Die Politik des Kurfürsten Moritz von Sachsen gegenüber Frankreich zwischen 1548 und 1550, in: wie Nr. 146, 71–102.
153. G. ZELLER, Le Siège de Metz par Charles Quint (octobre–décembre 1552). Nancy 1943.
154. G. ZELLER, La Réunion de Metz à la France (1552–1648). 2 Bde. Paris 1926.

1.3 Italien, Spanien und Nordafrika

155. K. BRANDI, Dantes Monarchia und die Italienpolitik Mercurino Gattinaras, in: Deutsches Dante-Jahrbuch 24 (1942) 1–19.
156. H. DUCHHARDT, Das Tunisunternehmen Karls V. 1535, in: MÖSTA 37 (1984) 35–72.
157. H. J. HÜFFER, Deutsch-spanische Beziehungen unter Karl V., in: Gesammelte Aufsätze zur Kulturgeschichte Spaniens 14 (1959) 183–193.
158. A. KOHLER, Die spanisch-österreichische Begegnung in der ersten Hälfte des 16. Jahrhunderts. Ein mentalitätsgeschichtlicher Versuch, in: Spanien und Österreich in der Renaissance. Akten des Fünften Spanisch-Österreichischen Symposions 21.–25. September 1987 in Wien, hrsg. v. W. KRÖMER (= Innsbrucker Beiträge zur Kulturwissenschaft, Sonderheft 66, 1989) 43–55.
159. W. PETTER, Probleme der deutsch-spanischen Begegnung in den Anfängen Karls V., in: Gesammelte Aufsätze zur Kulturgeschichte Spaniens 26 (1971) 89–149.
160. G. RILL, Reichsvikar und Kommissar. Zur Geschichte der Verwaltung Reichsitaliens im Spätmittelalter und in der frühen Neuzeit, in: Annali della Fondazione italiana per la storia amministrativa 2 (1965) 173–198.
161. F. WALSER/R. WOHLFEIL, Die spanischen Zentralbehörden und der Staatsrat Karls V. Grundlagen und Aufbau bis zum Tode Gattinaras. Göttingen 1959.

1.4 Der Niederrhein und die Niederlande

162. R. FEENSTRA, A quelle époque les Provinces-Unies sont-elles devenues independentes en droit à l'égard du Saint-Empire, in: Tijdschrift voor Rechtsgeschiedenis 20 (1950) 30–63, 182–218, 474–480.
163. A. GLEZERMAN/M. HARSGOR, Cleve – ein unerfülltes Schicksal. Aufstieg, Rückzug und Verfall eines Territorialstaates. Berlin 1985.
164. F. PETRI, Landschaftliche und überlandschaftliche Kräfte im Ringen um Geldern und im Frieden von Venlo (1537–1543), in: Aus Geschichte und Landeskunde. Bonn 1960, 92–113.
165. V. PRESS, Die Niederlande und das Reich in der frühen Neuzeit, in: Etat et Religion aux XVe et XVIe siècles. Actes du colloque à Bruxelles du 9 au 12 octobre 1984. Hrsg. v. W. P. BLOCKMANS/H. VAN NUFFEL. Bruxelles 1986, 321–339.
166. F. RACHFAHL, Die Trennung der Niederlande vom deutschen Reich, in: Historische Zeitschrift für Geschichte und Kunst 29 (1900) 79–119.
167. G. TURBA, Über das rechtliche Verhältnis der Niederlande zum Reich. Wien 1903.

1.5 Die österreichischen Länder, Ungarn und die Osmanen

168. M. CSÁKY, Karl V., Ungarn, die Türkenfrage und das Reich zu Beginn der Regierung Ferdinands als König von Ungarn, in: Nr. 127, 223–237.
169. P. CSENDES, Geschichte Wiens. Wien 1981.
170. G. DÜRIEGL, Die erste Türkenbelagerung, in: Nr. 182, 7–33.

171. S. A. Fischer-Galati, Ottoman Imperialism and German Protestantism 1521–1555. Cambridge 1959.
172. G. Gerhartl, Die Niederlage der Türken am Steinfeld. Wien 1974.
173. C. Göllner, Turcica 1 und 2: Die europäischen Türkendrucke des 16. Jahrhunderts. Bucarest/Berlin 1961–1968. 3: Die Türkenfrage in der öffentlichen Meinung Europas im 16. Jahrhundert. Bucarest/Baden-Baden 1978.
174. W. Hummelberger, Wiens erste Belagerung durch die Türken 1529. Wien 1976.
175. G. Káldy-Nagy, Suleimans Angriff auf Europa, in: Acta Orientalia Academiae Scientiarum Hungaricae 28 (1974) 163–212.
176. L. Kupelwieser, Die Kämpfe Österreichs mit den Osmanen vom Jahre 1526 bis 1537. Wien/Leipzig 1899.
177. J. Matuz, Der Verzicht Süleymans des Prächtigen auf die Annexion Ungarns, in: Ungarn-Jahrbuch 6 (Mainz 1974/75) 38–46.
178. E. D. Petritsch, Der habsburgisch-osmanische Friedensvertrag des Jahres 1547, in: MÖSTA 38 (1988) 49–80.
179. W. Steglich, Die Reichstürkenhilfe in der Zeit Karls V., in: Militärgeschichtliche Mitteilungen 1 (1972) 7–55.
180. H. Sturmberger, Türkengefahr und österreichische Staatlichkeit, in: Ders., Land ob der Enns und Österreich. Aufsätze und Vorträge. Linz 1979, 311–328. (Erstmals erschienen 1967.)
181. C. Turetschek, Die Türkenpolitik Ferdinands I. von 1529–1532. Diss. phil. Wien 1968.
182. Wien 1529. Die erste Türkenbelagerung. Textband zur 62. Sonderausstellung des Historischen Museums der Stadt Wien vom 4. Oktober 1979 bis 10. Februar 1980. Wien/Köln/Graz 1979.
183. Ü. Yücel, Türkische Kriegführung und Waffen, in: Nr. 182, 107–122.

2. Das konfessionell geteilte Reich und seine Nachbarn

2.1 Maximilian II. und das Reich

184. V. Bibl, Maximilian II. Der rätselhafte Kaiser. Ein Zeitbild. Hellerau bei Dresden 1929.
185. F. Edelmayer, Die Beziehungen zwischen Maximilian II. und Philipp II. Ungedr. Diplomarbeit phil. Wien 1982.
186. E. von Frauenholz (Hrsg.), Des Lazarus von Schwendi Denkschrift über die politische Lage des deutschen Reiches von 1574. München 1939.
187. J. König, Lazarus von Schwendi 1522–1583. Schwendi 1933.
188. I. E. Kouri, England and the Attempts to form a Protestant Alliance in the late 1560s: A case in European Diplomacy. Helsinki 1981.
189. M. Lanzinner, Der Aufstand der Niederlande und der Reichstag zu Speyer 1570, in: Fortschritte in der Geschichtswissenschaft durch Reichstagsaktenforschung. Vier Beiträge aus der Arbeit an den Reichs-

tagsakten des 15. und 16. Jahrhunderts. Hrsg. v. H. ANGERMEIER/E. MEUTHEN. Göttingen 1988, 102–117.
190. M. LANZINNER, Friedenssicherung und Zentralisierung der Reichsgewalt. Ein Reformversuch auf dem Reichstag zu Speyer 1570, in: ZHF 12 (1985) 287–310.
191. W. PLATZHOFF, Frankreich und die deutschen Protestanten in den Jahren 1570–1573 (= Historische Bibliothek 28). München/Berlin 1912.
192. B. VOGLER, Die Rolle der pfälzischen Kurfürsten in den französischen Religionskriegen (1559–1592), in: Blätter für pfälzische Kirchengeschichte und religiöse Volkskunde 37/38 (1970/71) 235–266.

2.2 Rudolf II. und das Reich

193. R. J. W. EVANS, Rudolf II and his World. A Study in Intellectual History 1576–1612. Oxford 1973. Deutsche Ausgabe: Rudolf II. Ohnmacht und Einsamkeit. Graz/Wien/Köln 1980 (danach zitiert).
194. A. GINDELY, Rudolf und seine Zeit 1600–1612. 2 Bde. Prag 1863–1865.
195. M. LOSSEN, Geschichte des Kölnischen Krieges 1582–1586. München 1987.
196. H. NOFLATSCHER, Glaube, Reich und Dynastie: Maximilian der Deutschmeister (1558–1618). Marburg 1987.
197. H. NOFLATSCHER/E. SPRINGER, Studien und Quellen zu den Beziehungen zwischen Rudolf II. und den bosnischen Christen, in: MÖSTA 36 (1983) 31–82.
198. Prag um 1600. Kunst und Kultur am Hofe Kaiser Rudolfs II. Katalog der Ausstellung des Kunsthistorischen Museums Wien 1988/89, 2 Bde. Freren/Emsland 1988.
199. M. RITTER, Geschichte der Deutschen Union von den Vorbereitungen des Bundes bis zum Tode Kaiser Rudolfs II. (1598–1612). 2 Bde. Schaffhausen 1867–1873.
200. H. STURMBERGER, Die Anfänge des Bruderzwistes in Habsburg, in: wie Nr. 180, 32–75. (Erstmals erschienen 1957.)
201. K. VOCELKA, Die politische Propaganda Kaiser Rudolfs II. (1576–1612). Wien 1981.

2.3 Die Niederlande und Spanien

202. G. PARKER, The Army of Flanders and the Spanish Road, 1567–1659. The Logistics of Spanish Victory and Defeat in the Low Countries' Wars. Cambridge 1972.
203. G. PARKER, Der Aufstand der Niederlande. Von der Herrschaft der Spanier zur Gründung der Niederländischen Republik 1549–1609. München 1979.
204. L. PFANDL, Philipp II. Gemälde eines Lebens und einer Zeit. 7. Aufl. München 1973.
205. P. PIERSON, Philipp II. Vom Scheitern der Macht. Graz/Wien/Köln 1985.
206. F. RACHFAHL, Wilhelm von Oranien und der niederländische Aufstand. 3 Bde. Halle/Haag 1906–1924.

207. D. SELLA, Crisis and Continuity. The economy of Spanish Lombardy in the seventeenth century. Cambridge (Mass.) 1979.
208. R. A. STRADLING, Europe and the Decline of Spain. A Study of the Spanish system 1580–1720. London 1981.
209. K. VETTER, Wilhelm von Oranien. Eine Biographie. Berlin 1987.
210. W. R. WYBRANDS-MARCUSSEN, Der Kölner Pazifikationskongreß von 1579. Ungedr. Diss. phil. Wien 1970.

2.4 Reichsitalien unter spanischer Vorherrschaft

211. K. O. VON ARETIN, Reichsitalien von Karl V. bis zum Ende des Alten Reiches. Die Lehensordnungen in Italien und ihre Auswirkungen auf die europäische Politik, in: Ders., Das Reich. Friedensgarantie und europäisches Gleichgewicht 1648–1806. Stuttgart 1986, 76–163.
212. V. BIBL, Die Erhebung Herzog Cosimos von Medici zum Großherzog von Toskana und die kaiserliche Anerkennung (1569–1576), in: AÖG 103 (1913) 1–162.
213. F. EDELMAYER, Maximilian II., Philipp II. und Reichsitalien. Die Auseinandersetzungen um das Reichslehen Finale in Ligurien. Stuttgart 1988.
214. J. L. CANO DE GARDOQUI, La cuestión de Saluzzo en las comunicaciones del imperio español (1588–1601). Valladolid 1962.
215. R. QUAZZA, Preponderanza spagnuola (1559–1700). 2. Aufl. Milano 1950.
216. G. RILL, Die Garzweiler-Mission 1603/04 und die Reichslehen in der Lunigiana, in: MÖSTA 31 (1978) 9–25.

2.5 Ungarn, Polen und das Osmanische Reich

217. A. BUES, Die habsburgische Kandidatur für den polnischen Thron während des Ersten Interregnums in Polen 1572/73. Wien 1984.
218. C. FINKEL, The Administration of Warfare: the Ottoman Military Campaigns in Hungary, 1593–1606. Wien 1988.
219. L. GROSS, Zur Geschichte des Wiener Vertrages vom 25. April 1606, in: MIÖG, Ergänzungsband 11 (1929).
220. R. KISSLING, Die Einrichtung der österreichischen Militärgrenze, in: Südostdeutsches Archiv 9 (1966) 179–185.
221. W. LEITSCH, Rudolph II. und Südosteuropa (1593–1606), in: East European Quarterly 6 (1972) 301–320.
222. G. LENCZ, Der Aufstand Bocskays und der Wiener Friede. Debrecen 1917.
223. A. H. LOEBL, Zur Geschichte des Türkenkrieges von 1593–1606. 2 Bde. Prag 1899–1904.
224. J. LOSERTH, Innerösterreich und die militärischen Maßnahmen gegen die Türken im 16. Jahrhundert. Studien zur Landesdefension und zur Reichshilfe. Graz 1934.
225. A. MOLNÁR, Fürst Stefan Bocskay als Staatsmann und Persönlichkeit im Spiegel seiner Briefe 1598–1606. München 1983.
226. R. NECK, Andrea Negroni. Ein Beitrag zur Geschichte der österrei-

chisch-türkischen Beziehungen nach dem Frieden von Zsitva-Torok, in: MÖSTA 3 (1950) 166–195.
227. K. NEHRING, Adam Freiherr zu Herbersteins Gesandtschaftsreise nach Konstantinopel. Ein Beitrag zum Frieden von Zsitvatorok (1606). München 1983.
228. H. PRICKLER, Verlauf und Folgen der Bocskay-Rebellion im österreichisch-ungarischen Grenzraum, in: Österreich und die Türken (= Internationales kulturhistorisches Symposion Mogersdorf 1), Eisenstadt 1972, 157–174.
229. B. ROBERG, Türkenkrieg und Kaiserpolitik. Die Sendung Kardinal Madruzzos an den Kaiserhof 1593 und zum Reichstag von 1594 (Teil 1), in: QFIAB 65 (1985) 192–268.
230. W. SCHULZE, Die Erträge der Reichssteuern zwischen 1576 und 1606, in: Jahrbuch für die Geschichte Mittel- und Ostdeutschlands 27 (1978) 169–185.
231. W. SCHULZE, Landesdefension und Staatsbildung. Studien zum Kriegswesen des innerösterreichischen Territorialstaates 1564–1619. Wien 1973.
232. W. SCHULZE, Reich und Türkengefahr im späten 16. Jahrhundert. Studien zu den politischen und geschichtlichen Auswirkungen einer äußeren Bedrohung. München 1978.
233. A. STEINWENTER, Steiermark und der Friedensvertrag von Zsitvatorok (1606), in: AÖG 106 (1918) 157–240.
234. E. WERTHEIMER, Zur Geschichte des Türkenkrieges Maximilians II. 1565 und 1566, in: AÖG 53 (1875) 43–101.
235. E. WINTER, Die polnischen Königswahlen 1575–1587 in der Sicht der Habsburger, in: Innsbrucker Historische Studien 1 (1978) 61–76.

2.6 Das letzte Jahrzehnt vor dem Krieg

236. J. HAMMER-PURGSTALL, Khlesls, des Kardinals, Direktors des geheimen Kabinetts Kaiser Matthias', Leben. 4 Bde. Wien 1847–1851.
237. E. KOSSOL, Die Reichspolitik des Pfalzgrafen Philipp Ludwig von Neuburg (1547–1614). Göttingen 1976.
238. K. LORENZ, Die kirchlich-politische Parteibildung in Deutschland vor Beginn des dreissigjährigen Krieges. München 1903.
239. J. MÜLLER, Die Vermittlungspolitik Khlesls von 1613–1616 im Lichte des gleichzeitig zwischen Khlesl und Zacharias Geizkofler geführten Briefwechsels, in: MIÖG, Ergänzungsband 5 (1896–1903) 604–690.
240. V. PRESS, Calvinismus und Territorialstaat. Stuttgart 1970.
241. J. RAINER, Kardinal Melchior Khlesl (1552–1630). Vom „Generalreformator" zum „Ausgleichspolitiker", in: Römische Quartalschrift für christliche Altertumskunde und Kirchengeschichte 59 (1964) 14–35.
242. J. ROGGENDORF, Die Politik der Pfalzgrafen von Neuburg im Jülich-Klevischen Erbfolgestreit. Düsseldorf 1968.
243. H. SCHMIDT, Pfalz-Neuburgs Sprung zum Niederrhein. Wolfgang Wilhelm von Pfalz-Neuburg und der Jülich-Klevische Erbfolgestreit, in: Wittelsbach und Bayern II/1: Um Glauben und Reich. Kurfürst Maximilian I. Hrsg. v. H. GLASER. München/Zürich 1980, 77–89.

3. Der Dreißigjährige Krieg

3.1 Gesamtdarstellungen, Sammelbände, Terminologie

244. G. BARUDIO, Der Teutsche Krieg 1618–1648. Frankfurt am Main 1985.
245. R. BIRELEY, The Thirty Year's War as Germany's Religious War, in: Nr. 254, 85–106.
246. F. DICKMANN, Der Westfälische Frieden. Münster 1959. 5. Aufl. 1985.
247. Der Dreißigjährige Krieg. Beiträge zu seiner Geschichte (= Schriften des Heeresgeschichtlichen Museums in Wien 7). Wien 1976.
248. A. GINDELY, Geschichte des Dreißigjährigen Krieges. 3 Bde. Leipzig 1882–1884.
249. G. PARKER, Der Dreißigjährige Krieg. Frankfurt/New York 1987.
250. G. H. S. MUELLER, The „Thirty Years' War" or Fifty Years of War, in: The Journal of Modern History 50 (1978). On demand Supplement.
251. G. PARKER, The Soldiers of the Thirty Year's War, in: Nr. 254, 303–315.
252. J. V. POLIŠENSKÝ, The Thirty Years' War. London 1971.
253. J. V. POLIŠENSKÝ/F. SNIDER, War and Society in Europe 1618–1648. Cambridge 1978.
254. K. REPGEN (Hrsg.), Krieg und Politik 1618–1648. Europäische Probleme und Perspektiven. München 1988.
255. K. REPGEN, Über die Geschichtsschreibung des Dreißigjährigen Krieges: Begriff und Konzeption, in: Nr. 277, 1–84.
256. K. REPGEN, Noch einmal zum Begriff „Dreißigjähriger Krieg", in: ZHF 9 (1982) 347–352.
257. H. U. RUDOLF (Hrsg.), Der Dreißigjährige Krieg. Perspektiven und Strukturen. Darmstadt 1977.
258. S. H. STEINBERG, Der Dreißigjährige Krieg und der Kampf um die Vorherrschaft in Europa 1600–1660. Göttingen 1967.
259. S. H. STEINBERG, Der Dreißigjährige Krieg: Eine neue Interpretation, in: Nr. 257, 51–67.
260. C. V. WEDGWOOD, Der Dreißigjährige Krieg. München 1967.

3.2 Zur Politik Habsburgs und der Kurie

261. D. ALBRECHT, Der Regensburger Kurfürstentag 1630 und die Entlassung Wallensteins, in: Regensburg – Stadt der Reichstage. Vortragsreihe der Universität Regensburg. Hrsg. v. D. ALBRECHT. Regensburg 1980, 51–71.
262. R. BIRELEY, Religion and Politics in the Age of the Counterreformation. Emperor Ferdinand II., William Lamormaini S. J. and the Formation fo Imperial Policy. Chapel Hill 1981.
263. F. BOSBACH, Die Habsburger und die Entstehung des Dreißigjährigen Krieges. Die „Monarchia Universalis", in: Nr. 254, 151–168.
264. P. J. BRIGHTWELL, Spain and Bohemia: the Decision to Intervene, in: European Studies Review 12 (1982) 117–141.
265. J. H. ELLIOTT, Foreign Policy and Domestic Crisis: Spain, 1598–1659, in: Nr. 254, 185–202.

266. J. H. ELLIOTT, The Count-Duke of Olivares. The states-man in an age of decline. New Haven/London 1986.
267. M. FERNÁNDEZ ALVAREZ, Don Gonzalo Fernández de Córdoba y la Guerra de Sucesión de Mantua y del Monferrato (1627–1629). Madrid 1955.
268. J. FRANZL, Ferdinand II. Kaiser im Zwiespalt der Zeit. Graz/Wien/Köln 1978.
269. R. R. HEINISCH, Habsburg, die Pforte und der böhmische Aufstand 1618–1620, in: Südostforschungen 33 (1974) 125–165 und 34 (1975) 79–124.
270. J. I. ISRAEL, A Conflict of Empires: Spain and the Netherlands 1618–1648, in: Past and Present 76 (1976) 34–74.
271. G. LUTZ, Kardinal Giovanni Francesco Guidi di Bagno. Politik und Religion im Zeitalter Richelieus und Urbans VIII. Tübingen 1971.
272. G. LUTZ, Wallenstein, Ferdinand II. und der Wiener Hof. Bemerkungen zu einem erneuten Beitrag zur alten Wallensteinfrage, in: QFIAB 48 (1968) 207–243.
273. G. MANN, Wallenstein. Frankfurt am Main 1971.
274. J. PEKAŘ, Wallenstein 1630/34. Geschichte der Wallensteinschen Verschwörung. 2 Bde. Berlin 1937.
275. R. QUAZZA, La guerra per la successione di Mantova e del Monferrato. 2 Bde. Mantova 1926.
276. K. REPGEN, Die römische Kurie und der Westfälische Frieden. Idee und Wirklichkeit des Papsttums im 16. und 17. Jahrhundert. 2 Bde. Tübingen 1962–1965.
277. H. SCHMIDT, Wallenstein als Feldherr, in: Mitteilungen des Oberösterreichischen Landesarchivs 14 (1984) 241–260.
278. R. A. STRADLING, Olivares and the Origins of the Franco-Spanish War, 1627–1635, in: English History Review 101 (1986) 68–94.
279. E. STRAUB, Pax et Imperium. Spaniens Kampf um seine Friedensordnung in Europa zwischen 1617 und 1635. Paderborn 1980.
280. H. STURMBERGER, Kaiser Ferdinand II. und das Problem des Absolutismus, in: wie Nr. 180, 154–187. (Erstmals erschienen 1957.)
281. H. STURMBERGER, Aufstand in Böhmen. Der Beginn des Dreißigjährigen Krieges. München/Wien 1959.

3.3 Zur Politik der Reichsstände

282. D. ALBRECHT, Die Kriegs- und Friedensziele der deutschen Reichsstände, in: Nr. 254, 241–273.
283. D. ALBRECHT, Die auswärtige Politik Maximilian I. von Bayern 1618–1635. Göttingen 1962.
284. R. ALTMANN, Landgraf Wilhelm V. von Hessen-Kassel im Kampf gegen Kaiser und Katholizismus 1633–1637. Ein Beitrag zur Geschichte des Dreißigjährigen Krieges. Marburg 1938.
285. K. BIERTHER, Der Regensburger Reichstag von 1640/41. Kallmünz 1971.
286. R. BIRELEY, Maximilian von Bayern, Adam Contzen S. J. und die Gegenreformation in Deutschland 1624–1635. Göttingen 1975.
287. H. HAAN, Der Regensburger Kurfürstentag von 1636/37. Münster 1967.

288. A. KRAUS, Kurfürst Maximilian I. von Bayern und die französische Satisfaktion (1644-1646). Neue Quellen zu einem alten Problem, in: Festschrift für Max Spindler zum 90. Geburtstag. Hrsg. v. A. KRAUS. Bd. 2. Kallmünz 1984, 21-50.
289. N. MOUT, Der Winterkönig im Exil. Friedrich V. von der Pfalz und die niederländischen Generalstaaten 1621-1632, in: ZHF 15 (1988) 257-272.
290. F. NEUER-LANDFRIED, Die Katholische Liga. Gründung, Neugründung und Organisation eines Sonderbundes 1608-1620. Kallmünz 1968.
291. K. SCHWEINESBEIN, Die Frankreichpolitik Kurfürst Maximilians I. von Bayern, 1639-1645. Diss. München 1967.
292. A. WANDRUSZKA, Reichspatriotismus und Reichspolitik zur Zeit des Prager Friedens von 1635. Graz/Köln 1955.

3.4 Zur Politik Frankreichs

293. W. F. CHURCH, Richelieu and Reason of State. Princeton 1972.
294. F. DICKMANN, Rechtsgedanke und Machtpolitik bei Richelieu. Studien an neuentdeckten Quellen, in: HZ 196 (1963) 265-319.
295. B. KROENER, Les Routes et les Etapes. Die Versorgung der französischen Armeen in Nordostfrankreich 1635-1641. Ein Beitrag zur Verwaltungsgeschichte des Ancien Régime. 2 Bde. Münster 1980.
296. A. D. LUBLINSKAYA, French Absolutism: The Crucial Phase 1620-1629. Cambridge 1968.
297. R. MOUSNIER, Les crises intérieures françaises de 1610 à 1659 et leur influence sur la politique extérieure française surtout de 1618 à 1648, in: Nr. 254, 169-183.
298. O. A. RANUM, Richelieu and the councillors of Louis XIII. Oxford 1963.
299. W. H. STEIN, Protection Royale. Eine Untersuchung zu den Protektionsverhältnissen im Elsaß zur Zeit Richelieus. Münster 1978.
300. H. WEBER, Richelieu und das Reich, in: wie Nr. 147, 36-52, 60.
301. H. WEBER, Vom verdeckten zum offenen Krieg. Richelieus Kriegsgründe und Kriegsziele 1634/35, in: Nr. 254, 203-217.
302. H. WEBER, Frankreich, Kurtrier, der Rhein und das Reich 1623-1635. Bonn 1969.

3.5 Zur Politik Schwedens

303. G. BARUDIO, Gustav Adolf der Große. Eine politische Biographie. Frankfurt am Main 1982.
304. S. GOETZE, Die Politik des schwedischen Reichskanzlers Axel Oxenstierna gegenüber Kaiser und Reich. Kiel 1971.
305. K. KRÜGER, Dänische und schwedische Kriegsfinanzierung im Dreißigjährigen Krieg bis 1635, in: Nr. 254, 275-298.
306. S. LUNDKVIST, Die schwedischen Kriegs- und Friedensziele 1632-1648, in: Nr. 254, 219-240.
307. M. ROBERTS, Gustavus Adolphus. A History of Sweden 1611-1632. 2 Bde. London 1953-1958.
308. M. ROBERTS, Oxenstierna in Germany, 1633-1636, in: Scandia 48 (1982) 61-105.

4. Nachtrag 2010

4.1 Zur Entwicklung des europäischen Staatensystems

309. M. S. ANDERSON, The Origin of the Modern European State System 1494–1618. London 1998.
310. R. BABEL, Deutschland und Frankreich im Zeichen der habsburgischen Universalmonarchie, 1500–1648. Deutsch-Französische Geschichte 3. Darmstadt 2005.
311. F. BRENDLE/A. SCHINDLING (Hrsg.), Religionskriege im Alten Reich und in Alteuropa. Münster 2006.
312. A. GOTTHARD, Das Alte Reich, 1495–1806. Darmstadt 2003.
313. C. HIRSCHI, Wettkampf der Nationen. Konstruktionen einer deutschen Ehrgemeinschaft an der Wende vom Mittelalter zur Neuzeit. Göttingen 2005.
314. M. HOCHEDLINGER, Die französisch-osmanische ‚Freundschaft' 1525–1792. Element antihabsburgischer Politik, Gleichgewichtsinstrument, Prestigeunternehmung – Aufriß eines Problems, in: MIÖG 102 (1994) 108–164.
315. Kaiserhof – Papsthof (16.–18. Jahrhundert), hrsg. von R. BÖSEL/G. KLINGENSTEIN/A. KOLLER. Publikationen des Historischen Instituts beim Österreichischen Kulturforum in Rom, Abhandlungen 12. Wien 2006.
316. H. KLEINSCHMIDT, Geschichte der Internationalen Beziehungen. Stuttgart 1998.
317. A. KOHLER, Expansion und Hegemonie. Internationale Beziehungen 1450–1559. Paderborn 2008.
318. A. KOLLER (Hrsg.), Die Außenbeziehungen der römischen Kurie unter Paul V. Borghese (1605–1621). Tübingen 2008.
319. G. KOMATSU, Die Türkei und das europäische Staatensystem im 16. Jahrhundert. Untersuchungen zu Theorie und Praxis des frühneuzeitlichen Völkerrechts, in: C. ROLL (Hrsg.), Recht und Reich im Zeitalter der Reformation. Festschrift für Horst Rabe. Frankfurt am Main 1996, 121–144.
320. M. KURZ/M. SCHEUTZ/K. VOCELKA/T. WINKELBAUER (Hrsg.), Das Osmanische Reich und die Habsburgermonarchie. Akten des internationalen Kongresses zum 150-jährigen Bestehen des Instituts für Österreichische Geschichtsforschung, Wien, 22.–25. September 2004. Wien-München 2005.
321. F. MAJOROS/B. RILL, Das Ottomanische Reich 1300–1922. Die Geschichte einer Großmacht. Regensburg 1994.
322. M. A. OCHOA BRUN, Historia de la diplomacia española. 6 Bde. und ein Apendice. Madrid 1990–2002.
323. M. A. OCHOA BRUN, Die Diplomatie Karls V., in: A. KOHLER/B. HAIDER/C. OTTNER/M. FUCHS (Hrsg.), Karl V., 1500–1558. Neue Perspektiven seiner Herrschaft in Europa und Übersee, Österreichische Akademie der Wissenschaften, philosophisch-historische Klasse, Historische Kommission, Zentraleuropa-Studien, hrsg. von G. KLINGENSTEIN/A. SUPPAN. Wien 2002, 181–196.

324. H. SCHILLING, Konfessionalisierung und Staatsinteressen. Internationale Beziehungen 1559–1660. Paderborn 2007.
325. G. SCHMIDT, Geschichte des alten Reiches, Staat und Nation in der Frühen Neuzeit, 1495–1806. München 1999.
326. B. STOLLBERG-RILINGER, Das Heilige Römische Reich Deutscher Nation. Vom Ende des Mittelalters bis 1806. München 2006.
327. T. WINKELBAUER, Ständefreiheit und Fürstenmacht. Länder und Untertanen des Hauses Habsburg im konfessionellen Zeitalter. 2 Teilbde. Österreichische Geschichte 1522–1699. Wien 2003.

4.2 Das Reich als Teil der „Monarchia universalis" Kaiser Karls V.

328. K. BLASCHKE (Hrsg.), Moritz von Sachsen – Ein Fürst der Reformationszeit zwischen Territorium und Reich. Internationales wissenschaftliches Kolloquium vom 26. bis 28. Juni 2003 in Freiberg (Sachsen). Stuttgart 2007.
329. W. BLOCKMANS, Emperor Charles V, 1500–1558. London 2002.
330. Carolus. Keizer Karel V, 1500–1558, hrsg. von H. SOLY/J. VAN DE WIELE, Katalog der Ausstellung in der Kunsthalle De Sint-Pieterabdij zu Gent, 6. Oktober 1999 – 30. Januar 2000, Gent 1999. Französische Ausgabe: Carolus. Charles Quint 1500–1558.
331. Carolus, Katalog der Ausstellung im Museo de Santa Cruz in Toledo, 6. Oktober 2000 – 12. Januar 2001, hrsg. von der Sociedad Estatal para la Conmemoración de los Centenarios de Felipe II y Carlos V. Madrid 2000.
332. P. CHAUNU/M. ESCAMILLA, Charles Quint. Paris 2000.
333. Die Korrespondenz Ferdinands I., Familienkorrespondenz, hrsg. von W. BAUER/A. LACROIX/H. WOLFRAM/C. THOMAS/F. LAFERL/C. LUTTER, bisher 4 Bde. [bis 1534]. Wien bzw. Wien/Köln/Weimar 1912/1984/2000.
334. M. FERNÁNDEZ ÁLVAREZ, Carlos V, el César y el Hombre. Madrid 1999.
335. J. A. FÜHNER, Die Kirchen- und die antireformatorische Religionspolitik Kaiser Karls V. in den siebzehn Provinzen der Niederlande, 1515–1555. Leiden-Boston 2004.
336. G. HAUG-MORITZ Der Schmalkaldische Bund, 1530–1541/42. Leinfelden-Echterdingen 2002.
337. J. M. HEADLEY, The Habsburg World Empire and the Revival of Ghibelinism, in: D. ARMITAGE (Hrsg.), Theorie of Empire, 1450–1800. Aldershot 1998.
338. J. HERRMANN, Moritz von Sachsen (1521–1553). Landes-, Reichs- und Friedensfürst. Beucha 2003.
339. Kaiser Karl V. (1500–1558). Macht und Ohnmacht Europas. Katalog der Ausstellung in der Kunst- und Ausstellungshalle der Bundesrepublik Deutschland, Bonn, 25. Februar – 21. Mai 2000. Bonn 2000.
340. I. KODEK, Der Großkanzler zieht Bilanz. Die Autobiographie Mercurino Gattinaras aus dem Lateinischen übersetzt, Geschichte in der Epoche Karls V. 4, hrsg. von A. KOHLER/M. FUCHS. Münster 2004.
341. A. KOHLER, Karl V., 1500–1558. 3. Aufl. München 2001. 2005.
342. A. KOHLER, Ferdinand I. 1503–1564. Fürst, König und Kaiser. München 2003.

343. A. KOHLER, Kaiser Ferdinand I. – Zur Forschungsgeschichte eines Zweitgeborenen, in: Kaiser Ferdinand I. Aspekte eines Herrscherlebens, hrsg. von M. FUCHS/A. KOHLER, Geschichte in der Epoche Karls V. Bd. 2. Münster 2003, 235–245.
344. A. KOHLER/B. HAIDER/C. OTTNER/M. FUCHS (Hrsg.), Karl V., 1500–1558. Neue Perspektiven seiner Herrschaft in Europa und Übersee, Österreichische Akademie der Wissenschaften, philosophisch-historische Klasse, Historische Kommission, Zentraleuropa-Studien, hrsg. von G. KLINGENSTEIN/A. SUPPAN. Wien 2002, 10–19.
345. Maria von Ungarn (1505–1558). Eine Renaissancefürstin, hrsg. von M. FUCHS/O. RÉTHELY, Geschichte in der Epoche Karls V. Bd. 8. Münster 2007.
346. J. PÉREZ, Carlos V. Madrid 2004 (mit einem Prólogo von Bartolomé Bennassar).
347. H. RABE (Hrsg.), Karl V. Politische Korrespondenz. Brieflisten und Register. 20 Bde. Konstanz 1999.
348. Der Reichstag 1486–1613: Kommunikation - Wahrnehmung - Öffentlichkeiten, hrsg. von M. LANZINNER/A. STROHMEYER. Göttingen 2006.
349. Deutsche Reichstagsakten, Jüngere Reihe. Reichstagsakten unter Kaiser Karl V., hrsg. v. d. Historische Kommission bei der Bayerischen Akademie der Wissenschaften Bd. 1 [Wahlakten 1519], hrsg. v. A. KLUCKHOHN. Gotha 1893 (Nachdruck Göttingen 1962). Bd. 2 [Der Reichstag zu Worms 1521], hrsg. v. A. WREDE. Gotha 1896 (Nachdruck Göttingen 1962). Bd. 3 [Reichstage zu Nürnberg 1522/23], hrsg.v. A. WREDE. Gotha 1901 (Nachdruck Göttingen 1963). Bd. 4 [Reichstag zu Nürnberg 1524], hrsg. v. A. WREDE. Gotha 1905 (Nachdruck Göttingen 1963). Bd. 7 [Tagungen 1527–1529], hrsg. v. J. KÜHN. Stuttgart 1935 (Nachdruck Göttingen 1963). Bd. 8 [Tagungen 1529 bis zum Beginn des Reichstags 1530], hrsg. v. W. STEGLICH. Göttingen 1970. Bd. 10 [Der Reichstag in Regensburg und die Verhandlungen über einen Friedstand mit den Protestanten in Schweinfurt und Nürnberg 1532, hrsg. v. R. AULINGER. Göttingen 1992. Bd. 12: Der Reichstag zu Speyer 1542, hrsg. v. S. SCHWEINZER-BURIAN. München 2003. Bd. 13: Der Reichstag zu Nürnberg 1542, hrsg.v. S. SCHWEINZER-BURIAN. München 2010. Bd. 15: Der Speyrer Reichstag von 1544, hrsg. v. E. ELTZ. München 2001. Bd. 16: Der Reichstag zu Worms 1545, hrsg. v. R. AULINGER, 2 Teilbde. München 2003. Bd. 17: Der Reichstag zu Regensburg 1546, hrsg. v. R. AULINGER. München 2005. Bd. 18: Der Reichstag zu Augsburg 1547/48, hrsg. v. U. MACHOCZEK. München 2006. Bd. 19: Der Reichstag zu Augsburg 1550/51, hrsg. v. E. ELTZ. München 2005. Bd. 20: Der Reichstag zu Augsburg 1555, hrsg. v. R. AULINGER/E. ELTZ/U. MACHOCZEK. München 2009.
350. M. RIVERO RODRÍGUEZ, Memoria, escritura y Estado: la autobiografía de Mercurino Arborio di Gattinara, Gran Canciller de Carlos V, in: Congreso Internacional: Carlos V y la quiebra del humanismo político en Europa (1530–1558). Madrid, 3–6 julio de 2000. Bd. 3, hrsg. von J. MARTÍNEZ MILLAN. Madrid 2001, 13–21.
351. C. STROSECKI (Hrsg.), Aspectos históricos y culturales bajo Carlos V/ Aspekte der Geschichte und Kultur unter Karl V. Münster 2000.

352. J. D. Tracy, Emperor Charles V, Impresario of War. New York 2002.
353. J. D. Tracy, Holland under Habsburg Rule, 1506–1566. The Formation of a Body Politic. Berkeley/Los Angeles 1990.

4.3 Das konfessionell geteilte Reich und seine Nachbarn

354. W. L. Bernecker/H. Pietschmann, Geschichte Spaniens. Von der frühen Neuzeit bis zur Gegenwart. 4. Aufl. Stuttgart 2005.
355. F. Edelmayer, Philipp II. (1527–1598). Die Biographie eines Weltherrschers. Stuttgart 2009.
356. M. van Gelderen, The Political Thought of the Dutch Revolt, 1555–1590. Cambridge 1992.
357. H. G. Koenigsberger, Monarchies, States Generals and Parliaments. The Netherlands in the Fifteenth and Sixteenth Century. Cambridge 2001.
358. M. Lanzinner, Konfessionelles Zeitalter, 1555–1618, Gebhardt, Handbuch deutscher Geschichte. Bd. 10. 10. Aufl. Stuttgart 2001, 1–203.
359. O. Mörke, Wilhelm von Oranien (1533–1584). Fürst und „Vater" der Republik. Stuttgart 2007.
360. J. P. Niederkorn, Die europäischen Mächte und der ‚Lange Türkenkrieg' Kaiser Rudolfs II. (1593–1606). Wien 1993.
361. Deutsche Reichstagsakten, Reichsversammlungen 1556–1662. Der Reichstag zu Augsburg 1566, hrsg. v. M. Lanzinner/D. Heil. München 2002. Der Reichstag zu Regensburg und der Reichskreistag zu Erfurt 1567, hrsg. v. W. Wagner/J. Leeb/A. Strohmeyer. München 2007. Der Reichstag zu Speyer 1570, hrsg. v. M. Lanzinner. Göttingen 1988. Der Reichstag zu Augsburg 1582, hrsg. v. J. Leeb. München 2007. Der Reichsdeputationstag zu Worms 1586, hrsg. v. T. Fröschl. Göttingen 1994.

4.4 Der Dreißigjährige Krieg

362. Acta Pacis Westphalicae. Im Auftrag der Vereinigung zur Erforschung der Neueren Geschichte, hrsg. von M. Braubach/K. Repgen. 28 Bde. in 41 Teilbdn. Münster 1962–2009. www. pax-westphalica.de/apw/apw-frame.html (17.02.2010)
363. J. Burkhardt, Der Dreißigjährige Krieg. Frankfurt am Main 1992.
364. J. Burkhardt, Das größte Friedenswerk der Neuzeit. Der Westfälische Frieden in neuer Perspektive, in: GWU 49 (1998) 592–618.
365. H. Duchhardt (Hrsg.), Der Westfälische Friede. Diplomatie - politische Zäsur - kulturelles Umfeld – Rezeptionsgeschichte. München 1998 (auch als: HZ Beiheft N.F. 26).
366. L. Höbelt, Ferdinand III., 1608–1657. Friedenskaiser wider Willen. Graz 2008.
367. M. Kaiser, Politik und Kriegführung. Maximilian von Bayern, Tilly und die Katholische Liga im Dreißigjährigen Krieg. Münster 1999.
368. Ch. Kampmann, Europa und das Reich im Dreißigjährigen Krieg. Geschichte eines europäischen Konflikts. Stuttgart 2008.

369. R. Rebitsch, Matthias Gallas (1588–1647). Generalleutnant des Kaisers zur Zeit des Dreißigjährigen Krieges. Eine militärische Biographie, Geschichte in der Epoche Karls V. Bd. 7, hrsg. von M. Fuchs/A. Kohler. Münster 2006.
370: K. Repgen, Dreißigjähriger Krieg und Westfälischer Friede. Studien und Quellen, hrsg. von F. Bosbach/Ch. Kampmann. 2. Aufl. Paderborn 1999.
371. M. Rohrschneider, Der gescheiterte Frieden von Münster. Spaniens Ringen mit Frankreich auf dem Westfälischen Friedenskongress (1643–1649). Münster 2007.
372. M. Rüde, England und Kurpfalz im werdenden Mächteeuropa 1608–1632. Konfession - Dynastie - kulturelle Ausdrucksformen. Stuttgart 2007.
373. G. Schmidt, Der Dreißigjährige Krieg. 7. Aufl. München 2006.
374. P. Schmidt, Spanische Universalmonarchie oder „teutsche Libertet". Das spanische Imperium in der Propaganda des Dreißigjährigen Krieges. Stuttgart 2001.
375. G. Schormann, Dreißigjähriger Krieg, 1618–1648, Gebhardt, Handbuch deutscher Geschichte. Bd. 10. 10. Aufl. Stuttgart 2001, 205–279.
376. U. Schultz, Richelieu. Der Kardinal des Königs. Eine Biographie. München 2009.
377. P. Wolff u.a. (Hrsg.), Der Winterkönig. Friedrich V. Der letzte Kurfürst aus der Oberen Pfalz. Amberg - Heidelberg - Prag - Den Haag. Katalog zur Bayerischen Landesausstellung, Veröffentlichungen zur Bayerischen Geschichte und Kultur 46/03. Augsburg 2003.
378. Das Strafgericht Gottes. Kriegserfahrungen und Religion im Heiligen Römischen Reich Deutscher Nation im Zeitalter des Dreißigjährigen Krieges. Beiträge aus dem Tübinger Sonderforschungsbereich „Kriegserfahrungen – Krieg und Gesellschaft in der Neuzeit", hrsg. von M. Asche/A. Schindling. 2. Aufl. Münster 2002.

Register

Das Register umfaßt geographische Begriffe (Orts-, Länder- und Flußnamen) und Personennamen sowie eine knappe Auswahl von Sachbetreffen. Regierende Fürsten stehen – abgesehen vom Haus Habsburg – unter ihren Ländern. Der häufig wiederkehrende Begriff des römisch-deutschen Reiches wurde nicht aufgenommen. Autorennamen sind durch KAPITÄLCHEN gekennzeichnet.

Aachen, Hans von, Maler 28
ADAMS, S. 35
Adrianopel, Friede (1568) 27
Ägypten 2
Afrika 59
Alba, Fernando Alvarez de Toledo, Herzog von, 23f., 85
ALBRECHT, D. 39, 99, 101–103, 105
Algier 11
Anhalt, Christian von, Statthalter von Amberg 93f.
Aragon 62
ARETIN, K. O. VON 23, 79–81
Artois 9f., 45, 68
Asti 9
Augsburg, Reichstag 1530 13
– Reichstag 1550/51 20
– Reichstag 1555 83
– Reichstag 1559 77
– Reichstag 1566 25
Augsburger Religionsfriede (1555) 21, 24f., 32, 46, 111
Aztekenreich 3

Baden, Markgrafschaft 25
Bärwalde, Vertrag (23.1.1631) 40, 108
Bagno, Giovanni Franceso Giudi di, Kardinal 105
Banér, Johan, schwedischer General 45
Barbareskenstaaten 11
Barcelona, Friede (29.6.1529) 10, 12
BARUDIO, G. 94, 97

Báthory, Haus 90 – siehe auch Siebenbürgen
BAUER, W. 57
BAUMGARTEN, H. 57, 73
Bayern 10, 12, 17, 21, 41, 113
– Ludwig X., Herzog 65f.
– Maximilian I. Herzog, Kurfürst 35, 38, 40, 42, 45f., 93, 99–103
– Wilhelm IV., Herzog 65f.
– Wilhelm V., Herzog 30
Belgrad, Eroberung durch die Osmanen (29.8.1521) 2, 11
BIBL, V. 84
BIRELEY, R. 99
Böhmen 14, 32–34, 45, 47, 88, 94, 102
Böhmisch-pfälzischer Krieg (1618–1623) 33–35, 98
BOGYAY, T. VON 74
Bologna 10, 18, 81
BORN, K. E. 72
BOSBACH, F. 52, 97f.
Botero, Giovanni 1
Boulogne 71
Bourbon, Connétable de 9, 60, 70
– Haus 95
Brandenburg, Haus, Mark 31, 39, 55
– Georg Wilhelm, Kurfürst 36, 38–41, 43, 100, 103
– Johann Georg, Kurfürst 85
– Johann Sigismund, Kurfürst 31
Brandenburg-Küstrin, Hans von, Markgraf 18, 20, 67

Brandenburg-Kulmbach, Albrecht Alcibiades, Markgraf 18
BRANDI, K. 58f., 70f.
Braunschweig, Christian, Herzog 34, 36
- Erich, Herzog 18
- Friedrich Ulrich, Herzog 34
Breisach, Festung 45, 108
Breitenfeld, Schlacht (17.9.1631) 41, 110
Bremen 36, 110
BRIGHTWELL, P. J. 103
Brüssel 35, 58
Brüsseler Vertrag (1522) 7
Brulart de Léon, französischer Gesandter 38
BUCHOLTZ, F. B. VON 75f.
Buda 11, 74
Burgund 1, 56, 59f.
- Freigrafschaft siehe Franche Comté
- Herzogtum 9f., 60
- Maria, Herzogin 82
Burgundischer Reichskreis 82
Burgundischer Vertrag (26.6.1548) 19, 24, 82f.
BUSSE, K. H. v. 78

Calvin, Jean 16
Cambrai 21
- Friede (3.8.1529) 10, 72
CARANDE, R. 58, 61
CARDAUNS, L. 58, 71
Casa de Austria siehe Habsburg, Haus
Cateau-Cambrésis, Friede (1559) 22, 70
CHABOD, F. 58, 70, 79
Chambord, Vertrag (1552) 20, 68f.
Cherasco, Friede (19.6.1631) 39
Chièvres, Wilhelm von Croy, Herr von 5
CHUDOBA, B. 51
CHURCH, W. F. 105
Clemens VII., Papst 9f., 12
Cobos, Francisco de los 7
Cochlaeus, Johannes 54f.
Cognac, Heilige Liga (22.5.1526) 10, 65

Coligny, Gaspard de, Admiral von Frankreich 25
Condé, Heinrich 25
- Ludwig II. 45
CONSTANTINI, C. 80
Contzen, Adam, S. J. 99
Cortés, Hernan 3
Crépy, Friede (18.9.1544) 16f., 58, 67, 70f.
Dänemark 37, 44, 52, 77, 85
- Christian IV., König 34, 36f.
- Friedrich, Sohn Christians IV. 36
Dänisch-niedersächsischer Krieg (1625–1629) 37, 98
DEHIO, L. 49
Den Haag, Bündnis (9.12.1625) 34, 36
Deputationstag 1564 86f.
Deputationstag 1569 25, 87
Dessauer Brücke, Schlacht (25.4.1626) 37
DIAZ, F. 79
DICKMANN, F. 35, 96, 100, 105–107, 109, 111f.
Donau 75f.
Donauwörth 90
DONNERT, E. 78
Doria, Andrea, genuesischer Kapitän 10
Dortmund 31
Dreißigjähriger Krieg siehe böhmisch-pfälzischer –, dänisch-schwedischer –, schwedischer –, schwedisch-französischer Krieg
DREYER, A. 78
Dubrovnik/Ragusa 53
DUCHHARDT, H. 71
DÜRIEGL, G. 74f.

Eck, Leonhard von, bayerischer Rat 65
EDELMAYER, F. 22, 79, 81, 83, 85
Ehrenbreitstein, Festung 108
Eidgenossenschaft 1, 55, 82
Elbe 37
ELLIOTT, J. H. 103f.
Elsaß 32, 42, 44f., 107f.
ENGEL, J. 50, 95
England 1, 21, 26, 30, 37, 52, 85f., 93, 113

- Elisabeth I. Königin 26
- Heinrich VIII., König 66, 71
- Jakob I., König 34–36, 38
- Maria, Tochter Heinrichs VIII. 21

Erasmus von Rotterdam 1, 4f.
Erlau/Eger 28
Estland 77
EVANS, R. J. W. 88f., 91

FERNÁNDEZ ALVAREZ, M. 57f.
Finale 23, 32, 81
FINKEL, C. 90
FISCHER-GALATI, S. A. 56
Flandern 3, 9f., 45, 68, 103f., 107
Florenz, Herzogtum 10, 23, 79 – siehe auch Toskana
Fontainebleau 40
Franche Comté 54
Frankfurt am Main 33
Frankfurt an der Oder 41
Frankreich 1, 3, 5f., 8–11, 15–17, 19, 21f., 24, 26, 31–33, 35–40, 42–46, 50–53, 56, 59f., 64, 69–71, 73, 78, 82, 85f., 93, 103–105, 107f., 111, 113 – siehe auch Hugenottenkriege
- Franz I., König 9f., 16f., 54, 65–67, 69–72
- Heinrich II., König 17, 20f., 24, 63, 67–70, 72, 78
- Heinrich III. von Valois 27
- Heinrich IV., König 25f., 30f., 52
- Karl, Herzog von Orléans 17, 70
- Karl VIII., König 72
- Karl (IX.) von Valois 27
- Ludwig XIII., König 33, 36, 43, 107

FRANZL, J. 99
FRAUENHOLZ, E. VON 87
Fürstenaufstand (1552) 20f., 63, 67, 69, 72, 113
FUETER, E. 49, 51

Gardie, Jakob de la 112
Garzweiler, Paul 23
Gattinara, Mercurino, Großkanzler Karls V. 5, 7–9, 59f., 70
Geldern 16
Genua 6, 9f., 23, 36, 80

Gesandtschaftswesen 4, 50, 53f.
Ghibellinismus/Neoghibellinismus 5, 9, 60
GINDELY, A. 94
GLEZERMAN, A. 71
GOETZE, S. 111f.
Gonzaga, Haus 79
Gran/Esztergom 28
Granada 2, 85
Granvelle, Antoine Perrenot de, Bischof von Arras 7, 24
- Nicolas Perrenot de 7
GRASSMANN, A. K. 55
Graubünden 35
Großwardein, Friede (24.2.1538) 14
Güns/Kőszeg 14

HAAN, H. 100
Habsburg, Haus 2f., 8, 10, 12, 14, 17, 19f., 22, 26–28, 32, 42f., 46f., 49, 55f., 59, 64–68, 71, 74, 76, 78, 80, 84f., 91, 95, 97f., 100, 102, 104, 106f.
- Anna, Erzherzogin, Tochter Ferdinands I. 17
- Anna, Erzherzogin, Tochter Maximilians II. 85
- Don Carlos 24, 85
- Eleonore, Königinwitwe von Portugal 10, 70
- Ernst, Erzherzog, Sohn Maximilians II. 27
- Ferdinand I., Kaiser 2, 7f., 11–15, 20f., 26, 57, 61–67, 74–76 – siehe auch Königswahl, römische
- Ferdinand II., Kaiser 23, 29, 32f., 35, 37–40, 42–45, 93, 98–102, 105, 107, 110f., 113
- Ferdinand III., Kaiser 38, 45f., 111
- Karl V. 1f., 4–22, 25, 46, 50–54, 57–73, 76, 79–83, 85, 113 – siehe auch Kaiserwahl 1519, Kriege Karls V. gegen Franz I. und Heinrich II., schmalkaldischer Krieg
- Karl (II.) von Innerösterreich 84
- Leopold, Erzherzog 31
- Margarete, Tochter Maximilians I. 7, 57

- Maria, Königinwitwe von Ungarn 7, 57f.
- Maria, Infantin, Tochter Karls V. 7, 17
- Matthias, Kaiser 23, 28f., 32f., 93, 101f.
- Maximilian I., Kaiser 5f., 65
- Maximilian II., Kaiser 7, 20, 22–27, 47, 81, 84f., 87f., 91, 113f.
- Maximilian III., Erzherzog 27
- Philipp II., König von Spanien 2, 4, 7, 19–24, 30, 46, 50f., 70, 78, 80f., 83–85, 88
- Philipp III., König von Spanien 23, 30, 32, 80
- Philipp IV., König von Spanien 38, 46
- Rudolf II., Kaiser 23, 28–31, 47, 83, 88–91, 93, 113f.

Halberstadt 37
Hamburg 46
Hanse 78
Hardegg, Ferdinand Graf 28
HARSGOR, M. 71
HASSINGER, E. 51
HAUPT, H. 90
HEADLEY, M. 60
HECKEL, M. 112
Heidelberg 35
Heilbronner Bund (1633) 42–44
Heinrich von Navarra siehe Frankreich, Heinrich IV.
Herberstein, Adam von 92
- Sigismund von 53
Hessen 25
- Philipp der Großmütige, Landgraf 15, 18, 66
Hessen-Kassel, Wilhelm V., Landgraf 40, 44f., 101
Holland siehe Niederlande, Generalstaaten
Höss, I. 55
Holstein 85 – siehe auch Dänemark
Holstein-Gottorp, Christine, Mutter Gustavs II. Adolf von Schweden 112
HÜFFER, H. J. 61
Hugenotten, Hugenottenkriege 25f., 30, 46, 86, 105
HUMMELBERGER, W. 74

HURTER, F. 98
Hutten, Ulrich von 54

Ingermanland 52
Inkareich 3
Innsbruck
Interim (1548)
Italien 2, 5f., 8–12, 19, 22f., 31, 35, 39, 41, 49–51, 53f., 56, 59f., 63, 66–68, 71–73, 80f., 103–107

Joseph, Père, französischer Gesandter 38f.
Jülich-Kleve 23, 31f., 71
- Johann Wilhelm, Herzog 31
- Wilhelm V., Herzog 16, 71
- Jeanne d'Albret, dessen erste Gattin 16
Jülich-klevischer Erbfolgestreit 31f., 52, 94f.
Jütland 37

Kärnten 20
Kaiserwahl (1519) 5f., 8
Kanischa/Nagykanizsa 28
KANN, R. A. 84, 90, 92
Kardis, Friede (1661) 95
Kastilien 61f.
Katalonien 45
KELLENBENZ, H. 61, 72
Kirchenstaat 10, 80, 105
Klesl, Melchior, Bischof von Wien 32, 93
Kleve siehe Jülich-Kleve
KÖHBACH, M. 91f.
Köln 30, 45, 108
- Adolf von Schauenburg, Erzbischof 68
- Hermann von Wied, Erzbischof 16
- Salentin von Isenburg, Erzbischof 24
Kölner Krieg (1582/83) 30
Kölner Pazifikation (1579) 83
KÖNIG, J. 87
KOENIGSBERGER, H. E. 58
Königswahl, römische (1531) 6f., 62, 64–66
KOHLER, A. 61f., 64–67
Konstanz 58

KOURI, I. 85
Krakau, Vertrag (1525) 55
KRAUS, A. 103
Kriege Karls V. gegen Franz I.
- 1. Krieg (1521–1526) 8f., 70
- 2. Krieg (1526–1529) 8, 10, 70
- 3. Krieg (1536–1538) 8, 70, 72f.
- 4. Krieg (1544) 8, 16, 70f.
Krieg Karls V. gegen Heinrich II. (1552) 8, 21, 70
Krieg Karls V. gegen Jülich-Kleve 16
Kroatien 12, 27
Küstrin 41
KUPELWIESER, L. 74

La Bicocca, Schlacht (27.4.1522) 9
Lamormaini, Wilhelm, S. J. 38, 99
Langhen 80
LANZ, K. 57
LANZINNER, M. 24, 78, 86–88
LAUBACH, E. 62
Lausitzen 34
Leicester, Robert Dudley, Earl of 26
Leipzig 41
- Bündnis (12.4.1631) 40
LEITSCH, W. 91
Leo X., Papst 8
Leobersdorf bei Wien 14
Lerma, Francisco Gómez de Sandoval y Rojas, Herzog 30, 104
Lettland 77
Leyva, Antonio, General Karls V. 9
Liga, katholische (1609) 31–33, 36–38, 93, 101f.
Linz 20
Litauen 26, 77
Livland 26, 55, 77f.
Lombardei 10, 35, 72, 80
LORENZ, K. 93
Lothringen 1, 54, 106, 108 – siehe auch Straßburg
LUBLINSKAYA, A. D. 105
Lucca 79, 81
Lübeck, Friede (22.5.1629) 37, 103
Lützen, Schlacht (17.11.1632) 42
LUNDKVIST, S. 53, 110–112
Lunigiana 23, 80
LUNITZ, M. 50, 53

Luther, Martin 16
LUTTENBERGER, A. P. 68, 72
Lutter am Barenberge, Schlacht (26.8.1626) 37
LUTZ, G. 99, 104
LUTZ, H. 2, 22, 38, 44, 50, 54–56, 59f., 62–65, 67–71, 78f., 84, 91, 93f., 104–106
Lyon, Bund (7.2.1623) 36

Maas 71
Machiavelli, Niccolò 1, 4
Madrid 20, 23, 58, 79, 85
- Vertrag (14.1.1526) 9, 65
Mähren 33, 45
Magdeburg 37, 41
Mailand, Stadt 8f., 12
- Herzogtum 3, 6, 9f., 17, 19, 22f., 68, 70, 79–81, 104
- Francesco II. Maria Sforza, Herzog 10
Main 35, 43, 108
Mainz 41
- Albrecht von Brandenburg, Erzbischof 6, 8
- Daniel Brendel von Homburg, Erzbischof 24
- Sebastian von Heusenstamm, Erzbischof 68
Malgrado 23
MANN, G. 99
Mannheim 35
Mansfeld, Ernst von, protestantischer Heerführer 34, 36f.
Mantua 23, 81, 107
- Karl von Gonzaga-Nevers, Herzog 39
Mantuanischer Erbfolgekrieg (1627–1631) 22, 38f., 41, 104
Marne 71
Marseille 73
Massa 81
MATTINGLY, G. 50, 53
Mecklenburg 37
- Adolf Friedrich, Herzog von Mecklenburg-Schwerin 37, 40
- Johann Albrecht I., Herzog von Mecklenburg-Schwerin 20
- Johann Albrecht II. von Mecklenburg-Güstrow 37, 40

Medici, Haus 79
MERRIMAN, R. B. 51
Meszökeresztes 28
Metz 1, 20f., 68f., 77f.
Modena 10, 81
Mohács, Schlacht (26.8. 1526) 2, 11, 74
Mohammed, Prophet 76
Moldau, Fürstentum 28, 91
Montferrat 36, 81
Montmorency, Anne de, Connétable de France 73
Morisken 85
MOZZARELLI, C. 79
Mühlberg an der Elbe, Schlacht (24.4.1547) 18
MUELLER, G. S. 96
MÜLLER, J. 93
München 61, 63, 86, 103
Münchener Vertrag (8.10.1619) 101
Münster 46

Neapel, Königreich 7, 9f., 19, 22, 68, 80
NECK, R. 91
Neckar 35
NEHRING, K. 92
NEUHAUS, H. 99
Niederlande 1, 3, 7f., 17, 19, 22–24, 26, 30, 41, 45, 52, 55, 58, 68, 70, 72, 78f., 81–83, 85f., 95, 103f., 113f. – siehe auch Burgund
– Generalstaaten 26, 31f., 34–37, 42, 45, 108
– Waffenstillstand mit Spanien (1609) 26, 31, 34
– südliche, spanische 26, 31, 33, 35
Niederländischer Aufstand 24–26, 46
Niederösterreich, Österreich unter der Enns 33
Niedersächsischer Reichskreis 34, 36
Nizza 58, 71
Nördlingen, Schlacht (6.9. 1634) 43
NOFLATSCHER, N. 27
Nordafrika siehe Barbareskenstaaten
Nürnberg 42

Nürnberger Kurfürstentag (1640) 46

Oberösterreich, Österreich ob der Enns 33, 102
Oberpfalz 35, 102f.
Österreich, österreichische Erbländer 7, 11–14, 22, 24, 32, 34, 47, 55, 59, 64, 74, 84, 88, 111
Ofen 13f., 76
– Pascha von 27
Oliva, Friede (1660) 95
Olivares, Graf Gaspar de Guzmán, Herzog von San Lucar 36, 103f.
Oñate, Vertrag (1617) 23, 32, 104
Opposition gegen das Herrschaftssystem Karls V. 10, 19, 63–67, 83
– siehe auch Fürstenaufstand
Oranien, Moritz von 31
– Wilhelm von 24
Orléans siehe Frankreich
Osmanisches Reich 1, 2–4, 10f., 13–15, 26–29, 37, 47, 53f., 56, 58, 73–76, 88–92, 114
– Ahmet I. Sultan 29, 91f.
– Murat IV., Sultan 37
– Selim II., Sultan 27
– Süleyman I., der Prächtige 11–15, 54, 67, 74–76, 84
– Waffenstillstand mit Ferdinand I. (1547) 76
Osnabrück 46
Ostfriesland, Grafen von 24
Ostkarelien 52
Oxenstierna, Axel, schwedischer Kanzler 42–44, 110–112

Paris 31, 58, 71
PARISET, J.-P. 69f.
PARKER, G. 35, 43, 72, 94, 103–105
Parma 79, 81
Passau 20
– Vertrag (1552) 21, 63
Paul III., Papst 15–18
Pavia 81
– Schlacht (24.2.1525) 9, 65
PEKAŘ, J. 99
Perosa 39
Persien 29, 91
Pest 15

Register

PETRI, F. 71
PETRITSCH, E. D. 76
PETTER, W. 61
Pfalz, Kur-, Rheinpfalz 35f., 103
- Friedrich, Pfalzgraf 13, 75
- Friedrich III., Kurfürst 24f., 30, 88
- Friedrich IV., Kurfürst 30
- Friedrich V., Kurfürst, König von Böhmen 32–36, 39, 93
- Johann Kasimir, Pfalzgraf 30, 85
- Ludwig VI., Kurfürst 30
Pfalz-Neuburg 31, 94
Philippsburg 45, 108
Piacenza 79, 81
PICARD, B. 53
Piemont 80, 107 – siehe auch Savoyen
Pinerolo 39, 107
Piombino 23, 32
Pirma, Vertrag (1634) 44
Pisa 81
Pitschen 27
Pizarro, Francisco und Gonzalo 3
PLATZHOFF, W. 51, 68, 85
Polen 3, 26f., 29, 36f., 40, 44, 47, 52, 55, 77, 110, 114
- Sigismund II. August, König 26
POLIŠENSKÝ, J. V. 94
Pommern 37, 39, 42, 110, 112
Portugal 45
- Isabella, Gattin Karls V. 7
Prag 28, 41, 88, 91, 100
Prager Friede (1635) 44, 99, 100, 103
PRESS, V. 82f., 93
Preßburger Friede (1627) 37
Preußen 42, 55, 77
- Albrecht, Herzog 20
Provence 9, 73
Pyrenäenfriede (1659) 95, 97

QUAZZA, R. 79

Raab/Györ 28
RABE, H. 63
RACHFAHL, F. 81f.
Rain am Lech, Schlacht (15.4.1632) 41
RAINER, J. 93

RANKE, LEOPOLD VON 57
RASSOW, P. 57–59, 70, 73
Ravenna 10
Regensburg, Reichstag 1532 13
- Reichstag 1541 14
- Reichstag 1546 17
- Reichstag 1576 89
- Reichstag 1603 89
- Reichstag 1608 89f.
- Reichstag 1613 90, 93
- Reichstag 1640/41 45f.
Regensburger Friede (13.10.1630) 39
Regensburger Kurfürstentag (1630) 38, 40, 105
Regensburger Kurfürstentag (1636/37) 100
Reggio 10
Reichsitalien 2, 6, 8, 22f., 32, 79–81, 114
Reichsregiment (1521–1530) 8, 12, 64
REPGEN, K. 52, 94–99, 110, 112
Restitutionsedikt (1629) 37f., 40, 44, 101, 103, 110
Rhein 35, 45, 69, 106–108
Rhodos 11
Richelieu, Armand Jean du Plessis 36–39, 42f., 52f., 97, 103, 105–108
RILL, G. 80
RITTER, M. 68, 77f., 84–86, 94f., 98, 113
ROBERTS, M. 52, 109f.
Rocroi, Schlacht (19.5.1643) 45, 51
ROGGENDORF, J. 94
Rom 81
ROMERO GARCÍA, E. 79
Romzughilfe 12f., 73f.
RUDOLF, H. U. 94, 110
Rußland 26, 52, 77f., 91, 96
- Iwan IV., Zar 77

Sacco di Roma (6.5.1527) 10
Sachsen 18, 25
- August, Kurfürst 30, 85
- Christian I., Kurfürst 30
- Johann, Kurfürst 66
- Johann Friedrich, Kurfürst 18, 67
- Johann Georg, Kurfürst 32, 38–41, 43f., 100, 103, 110

- Moritz, Herzog und Kurfürst 18, 20, 63, 67, 72
Sachsen-Weimar, Herzöge 34, 40
- Bernhard, Herzog und Feldherr 43–45
Save 27
Savona 23
Savoyen 19, 23, 54, 80 – siehe auch Piemont
- Karl Emanuel I., Herzog 31, 36
SCHILLING, H. 33, 51 f., 54–56, 102
Schlesien 37, 43, 45
Schmalkaldischer Bund 16, 18
Schmalkaldischer Krieg 18, 62, 72
SCHMID, P. 73
SCHMIDT, H. 94, 99
SCHULZE, W. 25, 50 f., 54, 56, 78 f., 84, 89–91, 113
Schweden 3, 34, 36, 39, 42–46, 52 f., 77, 85, 95, 106, 108–113
- Christina, Tochter Gustavs II. Adolf 42
- Gustav II. Adolf, König 36 f., 39–43, 53, 101, 109–112
- Sigismund III. Wasa 27
Schwedischer Krieg (1630–1635) 39–44, 98
Schwedisch-französischer Krieg (1635–1648) 45 f., 98
Schwendi, Lazarus von 87
SELLA, D. 79
Siebenbürgen 14 f., 28 f., 74, 91
- Báthory, Siegmund, Fürst 28
- Báthory, Stephan, Fürst 27
- Bethlen, Gabor, Fürst 35, 37
- Bocskay, Stephan, Fürst 28 f., 90
Siena 23, 54
Simancas 58
Sissek/Sisak 27
Sizilien 22, 80
SKALWEIT, S. 68 f.
Spanien 1, 3, 5, 7–10, 15, 19, 22 f., 26, 30, 32, 34–36, 41–43, 45, 51 f., 59, 61 f., 72, 81, 93, 97, 103 f., 107 f., 113 – siehe auch Habsburg (Philipp II.–IV.)
- Friede mit England (1604) 30
„Spanische Straße" 45, 103, 107
Spanische Sukzession 2, 20, 62, 76
Speyer 68

- Reichstag 1529 75
- Reichstag 1544 16
- Reichstag 1570 24 f., 78, 86–88
Spinola, Ambrosio, General 31, 35
St. Dizier 71
Stadtlohn, Schlacht (6.8.1623) 36
STEGLICH, W. 15, 73–75
Steiermark 14
STEIN, W. H. 107
STEINBERG, S. H. 94–97
STIEVE, F. 98
Stolbova, Friede (27.2.1617) 52
Stralsund 37, 110
Straßburg 68 f., 108
- Karl von Lothringen, Bischof 30
Straßburger Kapitelstreit (1583–1604) 30
STRAUB, E. 103 f.
Stuart, Haus 35
STURMBERGER, H. 89 f., 101 f.
SUTTER, B. 75

THAM, W. 109
Theiß 14, 76
THOMAS, C. 62
Thurn, Georg Graf 43
Tilly, Johann Tserclaes Graf 35–38, 41, 102
TOCCI, G. 79
Torgauer Abrede (6.10.1548) 67
Torgauer Bündnis (1551) 67
Torstenson, Lennart Graf von Ortala, General 45
Toskana 81
- Ferdinand I., Großherzog 23
- Ferdinand II., Großherzog 38
Toul 1, 20 f., 68 f., 77 f.
Trient, Konzil 18, 88
Trier 23, 43, 107 f.
- Jakob III. von Eltz, Erzbischof 24
- Johann V. von Isenburg, Erzbischof 68
Türken, Türkei siehe Osmanisches Reich
Türkenabwehr, Türkenhilfe, Türkensteuer 10–16, 25 f., 56, 63, 67, 73, 75, 84, 89
Türkenkrieg (1532) 14 f.
Türkenkrieg (1541) 14 f.

Türkenkrieg (1593–1606) 27f., 90f.
Tunis 11, 71
TURBA, G. 81
TYLER, R. 57–59

Überseegebiete, spanische 7, 59
Una 27
Ungarn, Üngürüs 12–15, 26f., 29, 47, 56, 73–76, 88f.
- Isabella, Königinwitwe 14f.
- Johann I. Zápoly, König 12–14, 66f., 74
- Johann II. Zápolya, König 14f., 27
- Ludwig II., König 11, 58, 74
Union, protestantische (1608) 31, 33f., 93, 101
Urban VIII., Papst 38, 41, 45, 104f.

Valois, Haus 1, 8, 10, 22, 46, 49, 70f.
Veltlin 35f., 106f.
Venedig 4, 9–11, 36, 38, 53, 80
Venlo, Friede (7.9.1543) 16
Verden 36
Verdun 1, 20f., 68f., 77f.
Villach 20
Visegrad 28
VOCELKA, K. 90
VOGLER, B. 86
VOGLER, G. 54

Walachei 28, 91
- Wojwode 28
Waldburg, Gebhard, Truchseß 30
Wallenstein, Albrecht von 37f., 42f., 99, 108, 110
WALSER, F. 60, 63
WANDRUSZKA, A. 100
WARTENBERG, G. 67, 72
WEBER, H. 43, 69f., 106–109
WEDGWOOD, C. V. 94

WEISS, C. 57
Weißer Berg, Schlacht (8.11.1620) 33f., 102
Westfalen 37
Westfälischer Friede (Münster, Osnabrück, 1648) 39, 46, 49, 95–97, 100, 106, 109f.
Wien 13f., 20, 23, 58, 79, 85
- Friede (1606) 28f., 91
- Friede (1616) 92
- Türkenbelagerung (1529) 2, 12f., 74f.
- Türkenbelagerung (1683) 75
WIGHT, M. 49
WINDELBAND, W. 51
Wismar 110
Wittelsbach, Haus 103
- Ernst von, Bischof von Freising, Lüttich und Hildesheim 30
WOHLFEIL, R. 60, 63
Worms 68
- Vertrag (1521) 7
- Reichstag 1521 11
Württemberg 15, 25
- Ulrich, Herzog 15, 18, 21
WYBRANDS-MARCUSSEN, W. R. 82f.

Xanten, Vertrag (12.11.1614) 31f.

YÜCEL, Ü. 74

ZEEDEN, E. W. 32, 78, 84, 89, 93, 111
ZELLER, G. 69
ZERNACK, K. 52, 109
ŽONTAR, J. 53
Zsitva 28
Zsitvatorok, Friede (11.11.1606) 28f., 76, 91f.
Zúñiga y Requesens, Don Luis 36, 104
Zutphen 16

Enzyklopädie deutscher Geschichte
Themen und Autoren

Mittelalter

Agrarwirtschaft, Agrarverfassung und ländliche Gesellschaft im Mittelalter (Werner Rösener) 1992. EdG 13	Gesellschaft
Adel, Rittertum und Ministerialität im Mittelalter (Werner Hechberger) 2. Aufl. 2010. EdG 72	
Die Stadt im Mittelalter (Frank Hirschmann) 2009. EdG 84	
Die Armen im Mittelalter (Otto Gerhard Oexle)	
Frauen- und Geschlechtergeschichte des Mittelalters (Hedwig Röckelein)	
Die Juden im mittelalterlichen Reich (Michael Toch) 2. Aufl. 2003. EdG 44	
Wirtschaftlicher Wandel und Wirtschaftspolitik im Mittelalter (Michael Rothmann)	Wirtschaft
Wissen als soziales System im Frühen und Hochmittelalter (Johannes Fried)	Kultur, Alltag, Mentalitäten
Die geistige Kultur im späteren Mittelalter (Johannes Helmrath)	
Die ritterlich-höfische Kultur des Mittelalters (Werner Paravicini) 2. Aufl. 1999. EdG 32	
Die mittelalterliche Kirche (Michael Borgolte) 2. Aufl. 2004. EdG 17	Religion und Kirche
Mönchtum und religiöse Bewegungen im Mittelalter (Gert Melville)	
Grundformen der Frömmigkeit im Mittelalter (Arnold Angenendt) 2. Aufl. 2004. EdG 68	
Die Germanen (Walter Pohl) 2. Aufl. 2004. EdG 57	Politik, Staat, Verfassung
Das römische Erbe und das Merowingerreich (Reinhold Kaiser) 3., überarb. u. erw. Aufl. 2004. EdG 26	
Das Karolingerreich (Jörg W. Busch)	
Die Entstehung des Deutschen Reiches (Joachim Ehlers) 3., um einen Nachtrag erw. Aufl. 2010. EdG 31	
Königtum und Königsherrschaft im 10. und 11. Jahrhundert (Egon Boshof) 3., aktual. und um einen Nachtrag erw. Aufl. 2010. EdG 27	
Der Investiturstreit (Wilfried Hartmann) 3., überarb. u. erw. Aufl. 2007. EdG 21	
Könige und Fürsten, Kaiser und Papst im 12. Jahrhundert (Bernhard Schimmelpfennig) 2. Aufl. 2010. EdG 37	
Deutschland und seine Nachbarn 1200–1500 (Dieter Berg) 1996. EdG 40	
Die kirchliche Krise des Spätmittelalters (Heribert Müller)	
König, Reich und Reichsreform im Spätmittelalter (Karl-Friedrich Krieger) 2., durchges. Aufl. 2005. EdG 14	
Fürstliche Herrschaft und Territorien im späten Mittelalter (Ernst Schubert) 2. Aufl. 2006. EdG 35	

Frühe Neuzeit

Bevölkerungsgeschichte und historische Demographie 1500–1800 (Christian Pfister) 2. Aufl. 2007. EdG 28	Gesellschaft

Umweltgeschichte der Frühen Neuzeit (Reinhold Reith)
Bauern zwischen Bauernkrieg und Dreißigjährigem Krieg (André Holenstein) 1996. EdG 38
Bauern 1648–1806 (Werner Troßbach) 1992. EdG 19
Adel in der Frühen Neuzeit (Rudolf Endres) 1993. EdG 18
Der Fürstenhof in der Frühen Neuzeit (Rainer A. Müller) 2. Aufl. 2004. EdG 33
Die Stadt in der Frühen Neuzeit (Heinz Schilling) 2. Aufl. 2004. EdG 24
Armut, Unterschichten, Randgruppen in der Frühen Neuzeit (Wolfgang von Hippel) 1995. EdG 34
Unruhen in der ständischen Gesellschaft 1300–1800 (Peter Blickle) 2., stark erw. Aufl. 2010. EdG 1
Frauen- und Geschlechtergeschichte 1500–1800 (N. N.)
Die deutschen Juden vom 16. bis zum Ende des 18. Jahrhunderts (J. Friedrich Battenberg) 2001. EdG 60

Wirtschaft
Die deutsche Wirtschaft im 16. Jahrhundert (Franz Mathis) 1992. EdG 11
Die Entwicklung der Wirtschaft im Zeitalter des Merkantilismus 1620–1800 (Rainer Gömmel) 1998. EdG 46
Landwirtschaft in der Frühen Neuzeit (Walter Achilles) 1991. EdG 10
Gewerbe in der Frühen Neuzeit (Wilfried Reininghaus) 1990. EdG 3
Kommunikation, Handel, Geld und Banken in der Frühen Neuzeit (Michael North) 2000. EdG 59

Kultur, Alltag, Mentalitäten
Renaissance und Humanismus (Ulrich Muhlack)
Medien in der Frühen Neuzeit (Andreas Würgler) 2009. EdG 85
Bildung und Wissenschaft vom 15. bis zum 17. Jahrhundert (Notker Hammerstein) 2003. EdG 64
Bildung und Wissenschaft in der Frühen Neuzeit 1650–1800 (Anton Schindling) 2. Aufl. 1999. EdG 30
Die Aufklärung (Winfried Müller) 2002. EdG 61
Lebenswelt und Kultur des Bürgertums in der Frühen Neuzeit (Bernd Roeck) 1991. EdG 9
Lebenswelt und Kultur der unterständischen Schichten in der Frühen Neuzeit (Robert von Friedeburg) 2002. EdG 62

Religion und Kirche
Die Reformation. Voraussetzungen und Durchsetzung (Olaf Mörke) 2005. EdG 74
Konfessionalisierung im 16. Jahrhundert (Heinrich Richard Schmidt) 1992. EdG 12
Kirche, Staat und Gesellschaft im 17. und 18. Jahrhundert (Michael Maurer) 1999. EdG 51
Religiöse Bewegungen in der Frühen Neuzeit (Hans-Jürgen Goertz) 1993. EdG 20

Politik, Staat, Verfassung
Das Reich in der Frühen Neuzeit (Helmut Neuhaus) 2. Aufl. 2003. EdG 42
Landesherrschaft, Territorien und Staat in der Frühen Neuzeit (Joachim Bahlcke)
Die Landständische Verfassung (Kersten Krüger) 2003. EdG 67
Vom aufgeklärten Reformstaat zum bürokratischen Staatsabsolutismus (Walter Demel) 2., um einen Nachtrag erw. Aufl. 2010. EdG 23
Militärgeschichte des späten Mittelalters und der Frühen Neuzeit (Bernhard R. Kroener)

Das Reich im Kampf um die Hegemonie in Europa 1521–1648 (Alfred Kohler) 2., um einen Nachtrag erw. Aufl. 2010. EdG 6 Altes Reich und europäische Staatenwelt 1648–1806 (Heinz Duchhardt) 1990. EdG 4	Staatensystem, internationale Beziehungen

19. und 20. Jahrhundert

Bevölkerungsgeschichte und Historische Demographie 1800–2000 (Josef Ehmer) 2004. EdG 71 Migration im 19. und 20. Jahrhundert (Jochen Oltmer) 2010. EdG 86 Umweltgeschichte im 19. und 20. Jahrhundert (Frank Uekötter) 2007. EdG 81 **Adel im 19. und 20. Jahrhundert (Heinz Reif) 1999. EdG 55** **Geschichte der Familie im 19. und 20. Jahrhundert (Andreas Gestrich) 1998. EdG 50** Urbanisierung im 19. und 20. Jahrhundert (Klaus Tenfelde) **Von der ständischen zur bürgerlichen Gesellschaft (Lothar Gall) 1993. EdG 25** **Die Angestellten seit dem 19. Jahrhundert (Günter Schulz) 2000. EdG 54** **Die Arbeiterschaft im 19. und 20. Jahrhundert (Gerhard Schildt) 1996. EdG 36** Frauen- und Geschlechtergeschichte im 19. und 20. Jahrhundert (N. N.) **Die Juden in Deutschland 1780–1918 (Shulamit Volkov) 2. Aufl. 2000. EdG 16** **Die deutschen Juden 1914–1945 (Moshe Zimmermann) 1997. EdG 43**	Gesellschaft
Die Industrielle Revolution in Deutschland (Hans-Werner Hahn) 2., durchges. Aufl. 2005. EdG 49 **Die deutsche Wirtschaft im 20. Jahrhundert (Wilfried Feldenkirchen) 1998. EdG 47** Agrarwirtschaft und ländliche Gesellschaft im 19. Jahrhundert (N.N.) **Agrarwirtschaft und ländliche Gesellschaft im 20. Jahrhundert (Ulrich Kluge) 2005. EdG 73** **Gewerbe und Industrie im 19. und 20. Jahrhundert (Toni Pierenkemper) 2., um einen Nachtrag erw. Auflage 2007. EdG 29** Handel und Verkehr im 19. Jahrhundert (Karl Heinrich Kaufhold) **Handel und Verkehr im 20. Jahrhundert (Christopher Kopper) 2002. EdG 63** **Banken und Versicherungen im 19. und 20. Jahrhundert (Eckhard Wandel) 1998. EdG 45** **Technik und Wirtschaft im 19. und 20. Jahrhundert (Christian Kleinschmidt) 2007. EdG 79** Unternehmensgeschichte im 19. und 20. Jahrhundert (Werner Plumpe) Staat und Wirtschaft im 19. Jahrhundert (Rudolf Boch) 2004. EdG 70 Staat und Wirtschaft im 20. Jahrhundert (Gerold Ambrosius) 1990. EdG 7	Wirtschaft
Kultur, Bildung und Wissenschaft im 19. Jahrhundert (Hans-Christof Kraus) 2008. EdG 82 **Kultur, Bildung und Wissenschaft im 20. Jahrhundert (Frank-Lothar Kroll) 2003. EdG 65**	Kultur, Alltag und Mentalitäten

	Lebenswelt und Kultur des Bürgertums im 19. und 20. Jahrhundert (Andreas Schulz) 2005. EdG 75 Lebenswelt und Kultur der unterbürgerlichen Schichten im 19. und 20. Jahrhundert (Wolfgang Kaschuba) 1990. EdG 5
Religion und Kirche	Kirche, Politik und Gesellschaft im 19. Jahrhundert (Gerhard Besier) 1998. EdG 48 Kirche, Politik und Gesellschaft im 20. Jahrhundert (Gerhard Besier) 2000. EdG 56
Politik, Staat, Verfassung	**Der Deutsche Bund 1815–1866 (Jürgen Müller) 2006. EdG 78** **Verfassungsstaat und Nationsbildung 1815–1871 (Elisabeth Fehrenbach) 2., um einen Nachtrag erw. Aufl. 2007. EdG 22** **Politik im deutschen Kaiserreich (Hans-Peter Ullmann) 2., durchges. Aufl. 2005. EdG 52** **Die Weimarer Republik. Politik und Gesellschaft (Andreas Wirsching) 2000. EdG 58** **Nationalsozialistische Herrschaft (Ulrich von Hehl) 2. Aufl. 2001. EdG 39** **Die Bundesrepublik Deutschland. Verfassung, Parlament und Parteien (Adolf M. Birke/Udo Wengst) 2., überarb. und erw. Aufl. 2010). EdG 41** **Militär, Staat und Gesellschaft im 19. Jahrhundert (Ralf Pröve) 2006. EdG 77** Militär, Staat und Gesellschaft im 20. Jahrhundert (Bernhard R. Kroener) **Die Sozialgeschichte der Bundesrepublik Deutschland bis 1989/90 (Axel Schildt) 2007. EdG 80** **Die Sozialgeschichte der DDR (Arnd Bauerkämper) 2005. EdG 76** **Die Innenpolitik der DDR (Günther Heydemann) 2003. EdG 66**
Staatensystem, internationale Beziehungen	**Die deutsche Frage und das europäische Staatensystem 1815–1871 (Anselm Doering-Manteuffel) 3., um einen Nachtrag erw. Aufl. 2010. EdG 15** **Deutsche Außenpolitik 1871–1918 (Klaus Hildebrand) 2. Aufl. 1994. EdG 2** **Die Außenpolitik der Weimarer Republik (Gottfried Niedhart) 2., aktualisierte Aufl. 2006. EdG 53** **Die Außenpolitik des Dritten Reiches (Marie-Luise Recker) 1990. EdG 8** **Die Außenpolitik der Bundesrepublik Deutschland 1949 bis 1990 (Ulrich Lappenküper) 2008. EdG 83** **Die Außenpolitik der DDR (Joachim Scholtyseck) 2003. EDG 69**

Hervorgehobene Titel sind bereits erschienen.

Stand: (April 2010)

www.ingramcontent.com/pod-product-compliance
Lightning Source LLC
Chambersburg PA
CBHW020412230426
43664CB00009B/1262